中公文庫

江戸川乱歩トリック論集

江戸川乱歩

中央公論新社

目次

Ⅰ　類別トリック集成

II　探偵小説の「謎」――トリック各論

資料

【本書を読まれる方へ】

本書は、探偵小説のトリックに関する著者の評論・随筆を独自に編集し、収録したものです。そのため、文中では多くの小説作品のトリックや核心部分に触れています。大半の場合、著者は未読の読者への配慮として著者名・作品名を伏せていますが、論の必要上、あるいは著名な作品については、特に断りなく明かしている箇所もあります。あらかじめ、そのことをご了承の上お読みください。

具体的にどのような作品が挙げられているかについては、巻末に掲載した「トリックに関する本文中の主な言及作品一覧」を適宜、御覧ください。

（中公文庫編集部）

江戸川乱歩トリック論集

I　類別トリック集成

「幻影城」以後の評論随筆の類が相当厚い一冊の本になるほど溜まったので、近く早川書房から出版することにしたが、内容を列《なら》べてみると、今度の集〔「続・幻影城」〕では「英米短篇探偵小説吟味」と「探偵小説に描かれた犯罪動機」の二つが最も長文の記事である。

この二つの稿は数年前「宝石」に連載したものだが、その連載をはじめる少し前、私はカーの長篇「魔棺殺人事件〔三つの棺〕」の中の「密室講義」を初めて英文で読んで、甚だ興味深く感じ、もし探偵小説の全トリックについて、こういうものが書けたら面白いだろうという野望のようなものを持った。

そこで、その資料を蓄積する意味で、英米の探偵小説を読むにしたがって、トリックのメモを取ることをはじめた。幸い、戦後英米の長篇を相当読み、簡単なメモがとってあったので、それを母体としてそれまで余り読まなかった短篇のメモを集めることにした。私は当時、英米の著名な短篇傑作集十数冊を所蔵していたので、これを通読して、作品のカードを作り、傑作集収録頻度表を拵《こしら》え、次に「新青年」その他の探偵雑誌のバック・ナンバーを殆んど漏れなく調べて、邦訳カードを作り、邦訳の頻度表をも作製して、英米傑作集の頻度表と対照したりした。そんな風にして、短篇のトリック・カード四、五百を採集したのである。

「英米短篇吟味」と「犯罪動機」の二稿は、その副産物のようなものであった。この二編を読み返して見ると、到る所に、トリック分類表作製の準備として書いているのだということが記してある。だから、今度の評論集に、この二篇だけを載せて、肝腎のトリック論がのらないのでは、どうも首尾一貫しない。序論だけで本論がないことになる。それでは読者も物足りないだろうし、私自身も不満である。そこで、兎も角も、私のトリック分類表と、その解説を、大急ぎで書くことにしたのである。

「宝石」に右の二つの稿を連載したあとで、私はトリック分類表を一応は作って見たが、どうも意に満たなかった。もともと、著名な英米の長篇と短篇を次々と読んだメモを、帰納的に類によって分かち、それをなるべく順序よく列《なら》べて見たにすぎず、演繹《えんえき》的に考え出した分類ではないので、分類表として妙にチグハグなのである。二度三度分類をやり直してみたが、どうも得心ができない。

そこで私は、一つ探偵クラブの探偵小説通の連中に相談してみようと考えた。それまで私は日本の作品のメモは全く作っていなかったので、日本のものをよく読んでいる人々に作例の追加もしてもらいたく、岩谷書店の三階へ数回足を運ぶことにしたのである。

岩谷書店の三階応接間には、毎週土曜日に、探偵作家クラブ員の中の特別に探偵小説好きな人々数名が集まることになっている。そのメンバーは時によって変ったが、最も熱心な常連ともいうべき人々は、渡辺剣次、武田武彦、黒部龍二、中島河太郎、桂英二の諸君で、私が出かけたときには、このほかに、やはり常連に近い人々で、二宮栄三、宇野利泰、千代《ちよ》有三《ゆうぞう》、岡田鯱彦、楠田匡介《きょうすけ》、鷲尾三郎などの諸君の顔が見えた。私は確か四週間だったと思うが、土曜毎にそこへ出かけて行って、私の作った分類表と七百何十種のトリックの作例を読み上げ、諸君の助言を乞うたのである。

七百数十種のトリック例というと非常な数に思われるが、そこに集まった連中は皆内外の探偵小説通なので、作者と題名を告げただけで、トリックの内容が分ってしまう場合が多く、ただ人々の未読の作についてだけ、簡単に説明すればよかったのだから、各回四、五時間ずつ四回、約二十時間で事が運んだのである。

その人々の中で最もよく助言してくれたのは、二宮栄三、桂英二、渡辺剣次、中島河太郎、楠田匡介の諸君で、私の表に記入されていなかった作例を聞くに従ってメモして行き、殊にトリックのある日本の作品を多数追加することが出来た。

しかし、このやり方は、むろん万全の方法ではなかった。私がトリック表を説明して行くと、右の人々が「それにはまだこういう作例がある」と、咄嗟に思い出したものだけを教えてくれたので、その時誰も思い出さなかったものは抜けているわけである。西洋の作例は私が読んだものと、二宮君などが幾つか追加してくれたものに限られ、日本の作例は四回の会合で人々の頭に浮かんだものだけに限られている。以下に記す各トリックの作例を見て、殊に日本のものでは、こんな大切な作品が抜けているではないかと、指摘を受ける箇所が多いと思うが、この点については、私はむしろ、そういう指摘を待つという気持である。著名作でここに漏れているものを気づかれた読者は、私までご一報の労を惜しまれないことを期待する。

「通」の諸君に相談して、一応やるだけのことはやったわけだが、それで、すぐ分類表の完成にとりかかったかというと、私は以来今日まで、何もしていないのである。その理由を考えて見ると、七、八百の作例ではまだ充分と云えないこと、思ったほど見事な形の分類が出来なかったこと、これをカーの「密室講義」のような調子で書くのには、非常な枚数を要し、不完全なメモだけでは足らず、その都度作品を読み返して見なければならないことも予想され、こんなことにそれほどの時間と労力を費やすねうちがあるのかという疑いを抱いたこと、又、それには一々原作名をあげて説明しなければ面白くないのだが、それをやると、手品の種あかしと同じ作用をして、その作をまだ読んでいない読者には、いざ読むときの感興を半減する結果になりはしないか、といって、作品名を伏せて書くのには、長い文章を要し、ひどく骨が折れる上に、トリック論そのものの価値が半減される。とやせんかくやと惑っている内に、月日がたったのである。

尚、つけ加えるならば、探偵小説以前の文学、歴史などにある同じ型の話にまで遡り、夫々《それぞれ》のトリックの祖先調べをして、各項目にトリック源流考のようなものをつけ加えることが出来たら面白いだろうと考え、「顔のない死体」「密室」「被害者即犯人」などについては、いくらか遡り得たのだが、凡てのトリックについて、これを調べることは到底早急には出来ないので、その調べが揃うまではという気持も、いくらか手伝っていたのである。

ところが、前にも記した通り「英米短篇吟味」などを中心として本を作るとなると、どうしてもトリック論を除外することができない。せめて、私の作ったトリック表の項目だけでも記し、それに最小限の説明を加えて、私の気休めにし、読者の諒恕《りょうじょ》を乞うほかはないと考えるようになった。もし私に、ここ一、二年のうちに、カーの「密室講義」ほどの詳しさで一冊の（それは充分一冊の分量になる）トリック論を書く気があれば、今度の本にはその断り書きをつけるだけで気がすむのだが、私はトリック論のために、この上大きな時間をさく気がないのである。だから、この際、この骨格だけでも活字にしておかないと、折角《せっかく》作ったトリック表が、日の目を見ないで終ることになる。それも心残りだから、甚だ不完全な未成品を承知の上で、私のトリック論の梗概のようなものを、大急ぎで書きつけておくわけである。

さて、トリックの分類だが、最初私は出来るだけ分類らしい形を整えたいという気持が先に立って「人間に関するトリック」「空間に関するトリック」「時間に関するトリック」という三大別を考え、資料をそれに当てはめて見たが、そうすると、純粋に時間に関するトリックは実例がひどく少くて、チンバの感じになってしまう。そのほか、いろいろ統一原理を考えて見たが、どうも満足するような形にならない。一つはそのために、嫌気がさして投出していたのでもある。しかし、上述の事情で、ここに発表するとなると、何とか曲りなりにも纏めておかなければならない。そこで、形のよい分類というようなことはひとまず棚上げにして、採集した資料本位に、全く帰納的に、類によって集め、それを漫然と列べておくことにする。

本文では説明が入っていて、分類の姿がよく分らないと思うので、ここに前もって全項目を一目で見られるように、謂《い》わば目次の形で記しておく。各項目の下の数字は、本文に挙げた作例の数である。作例総数八二一でこれらの数を割れば、その項目の含む作例のパーセンテージが分るわけである。

【第一】犯人（又は被害者）の人間に関するトリック（二二五）

（A）一人二役（一三〇）

（1）犯人が被害者に化ける（四七）（2）共犯者が被害者に化ける（四）（3）犯人が被害者の一人を装う（六）（4）犯人と被害者とが全く同一人（九）（5）犯人が嫌疑をかけたい第三者に化ける（二〇）（6）犯人が架空の人物に化ける（一八）（7）替玉——二人一役、双生児トリック（一九）（8）一人三役、三人一役、二人四役

（七）

（B）一人二役のほかの意外な犯人（七五）

（1）探偵が犯人（一三）（2）裁判官、警官、典獄が犯人（一六）（3）事件の発見者が犯人（三）（4）事件の記述者が犯人（七）（5）幼年又は老人が犯人（一二）（6）不具者、病人が犯人（七）（7）死体が犯人（一）（8）人形が犯人（一）（9）意外な多人数の犯人（二）（10）動物が犯人（一三）

（C）犯人の自己抹殺（一人二役以外の）（一四）

（1）焼死を装う（四）（2）その他の偽死（三）（3）変貌（三）（4）消失（四）

（D）異様な被害者（六）

【第二】犯人が現場に出入りした痕跡についてのトリック（一〇六）

（A）密室トリック（八三）

（1）犯行時犯人が室内にいなかったもの（三九）

【イ】室内の機械仕掛け（一二）【ロ】窓又は隙間を通しての室外からの殺人（一三）【ハ】密室内にて被害者自ら死に至らしめる（三）【ニ】密室に於ける他殺を装う自殺（三）【ホ】密室に於ける自殺を装う他殺（二）【ヘ】密室に於ける人間以外の犯人（六）

われるものの錯覚（一）（5）早業殺人（六）（6）群衆の中の殺人（三）（7）「赤髪」トリック（六）（8）「二つの部屋」トリック（五）（9）プロバビリティーの犯罪（六）（10）職業利用の犯罪（一）（11）正当防衛トリック（一）（12）一事不再理のトリック（五）（13）犯人自身がその犯行を遠方から目撃するトリック（二）（14）童謡殺人（六）（15）筋書殺人（六）（16）死者からの手紙（三）（17）迷路（四）（18）催眠術（五）（19）夢遊病（四）（20）記憶喪失症（六）（21）奇抜な盗品（二）（22）交換殺人（一）

【第七】暗号記法の種類（小説の例三七）

（A）割符法（B）表形法（四）（C）寓意法（一一）

（D）置換法（三）

（1）普通置換法（一）（2）混合置換法（3）挿入法（二）（4）窓板法

（E）代用法（一〇）

（1）単純代用法（七）（2）複雑代用法（三）

【イ】平方式暗号法（一）【ロ】計算尺暗号法（一）【ハ】円盤暗号法（一）【ニ】自動計算機械による暗号

（F）媒介法（九）

右の通り、結果として九つの大項目になったが、【第七】以下はそれより前の諸項とは性質を異にするので、分類癖から云えば、これらは別の項目を設けて区別すべきだが、そういう煩わしいことをしないで、単に併列の方式を採った。また【第一】から【第六】までも分類の体《てい》をなさず、殊に【第六】の項などは、それまでどの項にも含め難いものを、雑然と集めた形で、甚だ不整頓だが、私にはほかに名案もなかった。

以下の本文は、時間と枚数を節約したために、察し読みをしてもらわねばならないような個所が非常に多くなっている。探偵小説を読みなれぬ読者には理解しにくい個所もあると思うが、誰にも分るよう面白く書くためにはこの数倍の紙数を要するのだから、ご諒恕を乞うほかはない。説明文は繁簡《はんかん》まちまちになっているが、邦訳のない作品やそのトリックについては、やや詳しく記し、誰でも知っているような事は、出来るだけ省筆したからである。

作例は他の項目と重複して挙げた個所が幾つかある。それらを整理すると、作例総計は一、二割減ると思うが、記述の都合上、そこまで厳密にしないでおいた。日本の作品は周知のものが多いので作者題名共に記したが、西洋の作例は、多くは作者名を記すのみにとどめた。それらの原作名は私の原簿には記入して保存してある。

【第二】犯人（又は被害者）の人間に関するトリック（二二五例）

（A）一人二役（一三〇例）

私が採集したトリック例の総計は、八二一であるが、そのうち「一人二役」型のトリックは、一三〇例に及び、最高の頻度を示している。これにつぐものは後に記す「密室」トリックの八三例だが、「一人二役」にせよ、「密室」にせよ、よくもこんなに重複して使われたものだと、探偵小説の局外者にはバカバカしく感じられるであろう。しかし、同じ「一人二役」「密室」の中にも、いろいろな変化があり、それぞれ創意があり、探偵小説好きは、そういう変化と創意さえあれば、決して又かという嫌悪感を持たないのである。さて、「一人二役」型のトリックを私は左のように分けて見た。

（1）**犯人が被害者に化ける**（四七例）「一人二役」のうちの被害者即犯人トリック、又はそれに準ずるものを、ここに集めた。細分すると次のようになる。

【甲】犯行前に化けるもの（一六例）

【イ】犯人が自分こそ被害者として狙われているように装い、自分を嫌疑の圏外に置こうとするトリック。邦訳ある周知の作で云えばパーシヴァル・ワイルドの「インクェスト」が適例である。この項目に属する作例は、長篇では右の外《ほか》にクリスティー二篇、メースン、マーシュ、短篇ではクリスティー、ブラマ、合せて七例を採集した。

【ロ】人間入れ替りのトリック。戦友が金持の戦死者になりすまして、又は難船の生き残りが、素性を知悉《ちしつ》した金持の死亡者になりすまして、年を経て帰郷し天一坊をきめこむもの。更に、そうして入れ替っておいて重罪を犯すというトリック。周知の適例はクロフツの「ポンスン事件」、この項に属するもの、長篇は右のほかにマキンネス、マーカム、コール、アントニー・ホープ、チャムリ、短篇、横溝正史、江戸川、ニコラス・ブレイディー、合せて九例。

【乙】犯行後に化けるもの（三一例）

【イ】被害者を殺した後で犯人自身が被害者に化けて、まだ生きていたと見せかけてアリバイを作る。適例はクロフツの「マギル卿最後の旅」。長篇ではディクスン、クイーン、チャンドラー、短篇ではクリスティー、ベントリー、チェスタトン四例、ヒルトン、ベリズフォード、計一四例。

【ロ】犯人が被害者と入れ替ってしまう。殺した被害者に化けきってそのまま生活をつづける。このトリックを用いた作品の私の知る限りで古いものはディケンズの「バーナビー・ラッジ」（一八四一年「モルグ街」と同年の発表）である。これについては別項「ディケンズの先鞭」に詳記した〔本文庫では割愛〕。近代の作例ではドイルの長篇「恐怖の谷」が古く、外に長篇ではカー、イネス、ストラーン、ヘキスト、クロフツ、ガードナー、短篇ではベイリー、ショーアア、ドイル、ディクスン、チェスタトン三例、クリスティー、江戸川。計一七例。
（2）共犯者が被害者に化ける（四例）犯人自身ではなく共犯者が被害者に化けて人目にふれ、犯人のアリバイを作る。長篇ではカーの「夜歩く」のほか、クリスティー、江戸川、短篇ではディクスン。
（3）犯人が被害者の一人を装い、嫌疑を免れる（六例）ヴァン・ダイン「グリーン家殺人事件」のほか、長篇、クリスティー、ステーマン、クイーン、短篇、チェスタトン二例。
（4）犯人と被害者と同一人（九例）犯人と被害者は相対立するものだから、決して同一人ではあり得ないという常識を破って、不可能を可能ならしめる所に異常の興味がある。これには次の三つの場合がある。
【イ】自分で自分の物を盗む。借金の言いのがれのために、自分の金庫を破り盗難があったと見せかけるたぐい。モリスンの古い短篇「スタンウェイ・カメオ事件」などは自分で自分の家に忍び込みさえする。ほかにポースト二例、チェスタトンなど、いずれも短篇。四例。

【ロ】後に記す「他殺と見せかけた自殺」とは少し違ったもので、自から傷つけ、又は自から服毒して、外部からは他殺又は殺人未遂と見えるもの。一例は私の中篇「何者」。ほかにクイーンとポストゲイトの長篇、サキの短篇。計四例。

【ハ】これはノックスの短篇に、たった一例しかない風変わりな着想だが、犯人が一人二役を勤め、架空の方を抹殺して、自分がその殺人犯人だと見せかけるトリック。この主人公は、不治の病に罹《かか》って自殺したいのだけれども、その勇気がないので、殺人罪を犯したようにみせかけて、死刑になろうとするという常識はずれの着想である。この筋は、別項「異様な犯罪動機」の「逃避の別の例」の最後に詳記した。

（5）犯人が嫌疑をかけたい第三者に化ける（二〇例）この例は内外ともに非常に多いので漏れなく記すことは出来ないが、適例はフィルポッツの「赤毛のレドメイン」のほか長篇ではルルウ、クリスティー二例、ガボリオー、クロフツ、クイーン、ヘキスト、ヒルトン、ディクスン、ルブラン、谷崎潤一郎、短篇ではドイル二例、チェスタトン三例、オルツィー、クリスティー、セイヤーズなどの作例がある。

（6）犯人が、架空の人物に化けて犯行し、嫌疑を免れる（一八例）

【イ】二重生活をして本人の方を抹殺し、架空の人物として残り犯行する。そうすれば動機が不明になるのである。ロードの長篇「プレエド街の殺人」のほか、フリーマン、クロフツ、ザングウィル、ハーヴェイ、アボット、ディクスンなどの長篇、ドイル、チェスタトンの短篇、私の「石榴」。計一〇例。

【ロ】二重生活をして、架空の方で犯行した上、その架空の方を抹殺する。一例、ドイル「脣《くちびる》の曲った男」。ほかに長篇、クリスティー、スカーレット、短篇、ノックス、チェスタトン三例。計七例。

【ハ】被害者の方が偶然一人二役を演じた機会を利用して、その一方が他方を殺し行方不明になったと見せかけ、実は犯人が殺しているという手のこんだトリック。ミルンの「赤い家の秘密」一例しかない。

（7）替玉（二人一役と双生児トリック）（一九例）他人を自分の替玉にしてアリバイを作り嫌疑を免れる。そのほか一人二役というよりも二人一役と考えた方がふさわしい各種トリック。双生児が二人一役を勤めるトリックもここに加えた。長篇ではブッシュの「完全殺人事件」のほか、カー、エバハート、ストラーン、チャンドラー、マキンネス、コール、マッカレー、木々高太郎、江戸川、短篇では、ドイル三例、クリスティー、チェスタトン二例、クローストン、ヴァッケル、マロッホ、オースチン。

（9）一人三役、三人一役、二人四役（七例）「一人二役」に関連してここに加えた。余り例は多くない。「一人三役」は、フィルポッツの「赤毛」、コールの「百万長者」、私の「陰獣」のほかにチェスタトンの奇抜な人間消失の短篇「妖書〔古書の呪い〕」など。「三人一役」は、カーの「一角獣殺人事件」。二人四役は、セイヤーズの「ストロング・ポイズン〔毒を食らわば〕」、甲賀三郎の「姿なき怪盗」。

（B）一人二役のほかの意外な犯人トリック（七五例）

（1）探偵が犯人（一三例）探偵即犯人の萌芽はポーの「お前が犯人だ」に見られるが、正しい意味でこのトリックに先鞭をつけたのは、私の知る限りでは一八九一年に出版〔発表」されたザングウィルの長篇である。それについで、あまり人に知られていないがLeighton 夫妻合作の *Michael Dred, Detective*（一八九九）があり、周知のルルウの「黄色の部屋」（一九〇七）はその次に来る。その後近年までにこのトリックを用いた著名な長篇で、私の気づいたものは、ルブラン、フィールディング、ラインハート、クリスティー二例、クイーン、浜尾四郎などの作、短篇ではチェスタトンに二例がある。

（2）裁判官、警官、典獄が犯人（一六例） 裁判長が現に自から裁いている当の事件の犯人であったというのも、実に奇抜なトリックだが、この着想の祖先は西洋でも東洋でもかなり古く遡り得るように想像されるけれども、今私には、その智識がない。知っている範囲で古いのはドイツの作家クライスト（一八一一歿）の短篇「壊れ瓶《がめ》」である。探偵作家の作品ではポーストの「ナボテの葡萄園」（一九一八年版短篇集に収む）が早く、チェスタトンの短篇に一例があり、近年ではクイーンの長篇にこのトリックが使われている。判事でなくて検事が犯人であったというのは、A・K・グリーンの「暗い穴」、高木彬光の「能面殺人事件」、警察官では、久生十蘭の「魔都」が総監を犯人にし、カーの「絞首台の秘密」が、副総監を犯人にしている。そのほか警官が犯人であったというトリックを使っているのはハメット、デイリー・キング、トマス・バーク（例の有名作「オッタモール氏の手」）、チェスタトン、ベイリーなどの短篇、典獄即犯人はクイーンの長篇とチェスタトンの短篇にあり、ついでにつけ加えると、カーの長篇には収監中の囚人が犯人であったという不可能犯罪が考案されている。

（3）事件の発見者が犯人（三例）今殺人事件があったと云って訴えてきた人物が真犯人だったという例は、実際にも多く、平凡なので、ここにはそういうものは含まれていない。また、後に「密室」の項があるので、密室に於ける発見者即犯人のトリックも、ここには省いた。適例はクリスティーの「山荘〔シタフォード〕の秘密」と今一つの長篇、また、ベントリーの短篇に一例がある。

（4）事件の記述者が犯人（七例）これも「密室」と組合さっているものは除く。このトリックを最初に使った作はスエーデンのドゥーゼ「スミルノ博士の日記」（原作初版一九一七年でクリスティーの「アクロイド」一九二六年より遥かに早い）。ほかにアントニー・バークレー、ヴァージル・マーカム、ニコラス・ブレイク、横溝正史、高木彬光などに作例がある。

（5）犯行不能と思われた幼年又は老人が犯人（一二例）幼少年の例はクイーンの「Yの悲劇」のほかに、長篇ではベリズフォード、ドイル、クイーンの他の長篇、ポストゲイト、ブレイク、短篇ではドイル、サキなど。老人が犯人の例はワイルドの「インクェスト」のほかに、ファージョン、木々高太郎、海野十三《じゅうざ》に作例がある。

（6）不具者、病人が犯人（七例）不具者ではオーストリーのグロルラーの短篇「異様な痕跡〔奇妙な跡〕」が最も著名、ほかにカーの二長篇とフレッチャー、日本では海野十三に作例がある。病人が犯人の例は、西洋にもむろんあると思うが、私はノートしていない。日本では、木々高太郎の「折芦《おれあし》」、島田一男にも作例がある。

（7）死体が犯人（一例）実に突飛な着想だが、死人の手にピストルを握らせておき、死後硬直によって指に力が入り、引金が引かれて、その室にいた被害者が死ぬ。アーサー・リースの「死人の指」一例あるのみ。尚、こういうことが実際に起った例を、ヴァン・ダインが「ケンネル殺人事件」第十三章に挙げている。

（8）人形が犯人（一例）木製人形にピストルを握らせておき、天井から滴る水滴によって、木が膨張する力で人形の指が動き発射する。A・K・グリーンが随筆の中に、そういうフランスの小説があることを紹介していた。作者題名とも不明。（「新青年」大正十一年夏増刊号参照）

（9）意外な多人数の犯人（二例）クリスティーの「十二の刺傷〔オリエント急行の殺人〕」、〔E・V・〕ノックスの短篇「藪をつつく」。

（10）動物が犯人（一三例）人間が犯人だと思い込んでいたのに実は動物であったという意外性を狙ったもの。ポー「モルグ街」のオラン・ウータンにはじまり、ドイル「まだらの紐」の毒蛇これをつぎ、妖犬、馬、獅子の顎《あご》、牛の角、一角獣、猫、毒グモ、蜂、蛭《ひる》の池、オーム（これは泥棒）とあらゆる動物犯人が考案せられた。その作家は、右にあげたほかに、ドイル三例、ハンシュー、フリーマン、クロフツ、クリスティー、アボット、ウイン、ホワイトチャーチ、モリスンなどである。日本の作例も多いと思うが、今つまびらかでない。

(C) 一人二役以外の犯人の自己抹殺（一四例）

(1) 焼死を装う（四例）火事で焼け死んだと思わせる場合が多い。火事跡から人骨が出てくるが、それは動物の骨であったり、生理学標本の骨であったりする。また、その裏を考えて、そういうトリックが行われたと思いこませて、実はそうでないという複雑なのもある。短篇ではドイル、フリーマン二例、長篇ではクロフツ。

(2) その他の偽死（三例）水に溺れて死んだと見せかけ、他の人物に化けて生き永らえるという類は一人二役として既述したのでここには加えない。そうすると、ごく僅かの例しか残らないのである。数人の登場人物が全部変死を遂げたと見せかけて実はその中の一人だけが生き残っているという作例が二つある。ステーマンとクリスティー。また、ディクスンは、山中で猛獣に出会ったとき、死んだまねをしてのがれるという手を、一時的自己抹殺に応用した。あらしの海岸の岩の上に倒れているので、それを発見した友人が驚いてかけつけ、脈をとって見ると、全く絶えている。友人が急を知らせる為に町へ走り去ると、その男は、ノコノコと起き上がって、どこかへ行ってしまう。あとでは、波にさらわれたと信じられる。脈をとめて見せる手品がある。気力で止まるというけれども、そうではない。脇の下に小さいボールのようなものを入れて、腕をしめつけ、動脈を圧迫するのだ。この犯人はその奇術を用いたのである。

（3）変貌（三例）顔を傷つけたり、硫酸で焼いたりして、自己抹殺をやる例は少なくないが、一歩進んで、整形外科手術をして、元の容貌を全く変えてしまうことを、小説家も考え、実際の犯人も考えた。これらは容貌を変えて別人になるのだから、形式上は「一人二役」の架空の人物になり切ってしまうトリックに属するのだが、必ずしもそう云えないような場合もあるので、ここにつけ加えておくわけである。作例としては、「一人二役」の（6）の【イ】に挙げたものの一部は、この項にも該当するが、変貌に重点がおかれたものは、アボットが中心となった合作「大統領探偵小説」（これについては別項「異様な犯罪動機」の「逃避」の項に詳説した）や、涙香《るいこう》訳の「幽霊塔」や私の「石榴」などを思い出して下さい。

（4）消失（四例）文字通りの消失である。古くはホフマンが「スキュデリー嬢」で人間消失を書いている。塀をよじのぼるとか、駆け出すとかしても、姿を消すことは不可能な状態に於いて、人間が消失する。謂わば路上の密室である。ホフマンは塀に隠し戸のような仕掛けがあることにしたが、探偵小説でないからいいようなものの、「密室」に秘密戸があったりしては余り面白くない。ガボリオー時代の探偵小説には、高い塀でかこまれた袋小路に逃げ込んだ犯人が、蒸発したように消えうせてしまうことがよく書かれた。近年になっても、冒険的探偵小説には、こういう場面が屢々《しばしば》出てくるが、名トリックというようなものには余りお目にかからない。長篇ベスト級の作品では、アリンガムの「判事への花束」でこれを扱っているが、奇術ではなくて、体術のような解決なので、さしたることもない。奇術作家カーは、勿論幾つも消失トリックを扱っていて、「青銅ランプの呪」などは人間消失を中心テーマとしているが、主人が咄嗟に召使と入れ変わるという手品で、大したこともない。そこへ行くと、最近現れたハーバート・ブリーンの「ワイルダー一家の失踪」のトリックは面白い。これは幾つもの人間消失小説で、その内の一、二のトリックは、なかなかよく出来ている。お祭りの日に、階上の窓の有る密室から消えうせるトリックや、海岸の砂浜で、ポツンと足跡がなくなってしまい、そのまま帰って来ないトリックは、全くの奇術趣味ではあるが充分面白い。自己抹殺については、もっと書くことがあるような気がするが、このトリックの私のノートが甚だ不完全なので、今はこれ以上思い出せない。

（D）異様な被害者（六例）

被害者についてのトリックの作例は、問題にならないほど少いので、別の項を立てるほどのこともなく、ここに繰入れて記しておくことにする。犯人の謎、犯罪方法の謎、動機の謎などのほかに、被害者の謎というものも当然考えられるわけで、犯人を探すのではなくて逆に被害者を探す探偵小説も書かれている。例えばパット・マガーの作品の如きである。故国を遠く離れた場所で、数人の者が、故国の新聞を手に入れ、面白い犯罪記事を読むが、被害者の名前の所が破れていて分らないので、その新聞記事に基づいて被害者が誰であったかを当てっこする話である。

被害者を探すのではないけれども、異様な被害者であるために、何のためにそんな殺人事件が起ったのか、まるで見当がつかないという着想がある。つまり動機が不明なのだから、動機の項に記すべきかと思うが、「動機の謎」よりも「被害者の謎」の方が強く表面に出てくるので、ここに記しておきたいような作例が幾つかある。この型の作品は、被害者が数人であって、その被害者相互に何の聯絡もなく、殺人狂の無目的な兇行のようにも見えるが、結局合理的な解釈が下されるという種類のものが多い。クリスティーの「誰もいなくなった」、ウールリッチの「黒衣の花嫁」、ロードの「プレエド街の殺人」、ライスの「第四の郵便屋」、ステーマンの「殺人環」などが、この型に属する。

【第二】犯人が現場に出入りした痕跡についてのトリック（一〇六例）

（A）密室トリック（八三例）

探偵小説として最も早く密室の「不可能」を主題とした作品はポーの「モルグ街」であるが、このポーの作品や、ずっと後に出たルルウの「黄色の部屋」にテーマとして示唆を与えた実際の事件があった。私は今から四十年前、一九一三年一二月号の「ストランド・マガジン」に、ジョージ・シムズがそれを書いているのを読み、今もノートに貼りつけてある。要約すると、シムズが今から百年ばかり前と書いているのだから、十九世紀の初め頃と思われるが、パリのモンマルトルのあるアパートの最上階、地上六十呎《フィート》もある一室に住んでいたRose Delacourt《ローズ・ドラクール》という娘さんが、昼になっても起きてこないので、警官がドアを打破って室に入ると、娘さんはベッドに寝たまま胸を刺されて死んでいた。兇器は刺さったままで、非常な力でやったものと見え、そのきっ先が背中まで突き通っていた。窓は内部からしまりが出来ていたし、入口の唯一のドアは内部から鍵がかけられ、鍵は鍵穴にさしたままで、その上閂《かんぬき》までかかっていた。唯一の通路は暖炉の煙突だが、調べて見ると、どんなに痩せた人間でも通りぬけることは不可能であった。盗難品は何もなく怨恨関係も捜査線上に現れてこなかった。この事件は其後、犯罪研究家によって色々論議されたが、百年後の今日（一九一三年）に至るも未解決のまま残っているというのである。

しかし、密室の謎を扱った物語は、もっとずっと古代まで遡ることが出来る。紀元前五世紀のヘロドトスの「歴史」の中に紀元前一二〇〇年頃のエジプト王ランプシニトスの話があり、密室の謎の原始形が見られる。王の宝庫を建てることを命じられた建築技師が、自分の子供達のために、秘密の抜け穴を作っておいて、その開き方を遺言し、息子達がそこから忍び込んで宝物を盗み出す話である。同じギリシアの紀元二世紀の作家パウサニアスも、建築家アガメデスとトロポニオスの話で、同じ抜け穴のある密室の謎を書いている。

今一つの古い例は旧約聖書のアポクリファ（外典）にある「ベルの物語」である。バビロン王はベルという偶像神を崇拝していた。羊や穀物やあまたのお供物《くもつ》をそなえて、神殿の扉をとざし、錠をかけて誰も出入りできないようにしておいても、一夜のうちにお供物が消えてなくなる。密室の怪である。これはベル神が喰べてしまうのだと信じられていたのを、ダニエルという青年が探偵の役目を勤めてその秘密のカラクリを暴露する。神殿内の祭壇の下に秘密の通路が出来ていて、夜中そこから坊主共が忍び込み、お供物を持ち去っていたのである。

ヘロドトスにしても聖書外典にしても、秘密の出入口があるので、今の目で見れば、アンフェアな密室の謎だが、そういえばポーの「モルグ街」にしても、窓のさし釘が内部で折れていたというアンフェアなものである。では、そういう欠点のない最初の「密室」小説は何であろうか。ドイルの「まだらの紐」(それの収められた「ホームズの冒険」は一八九二年出版)とザングウィルの長篇(一八九一年出版〔発表〕)とが殆ど同じ頃に書かれたが、「まだらの紐」の単純に比べて、密室としてはやはり後者の長篇の方が読みごたえがある。この作品は、西洋でも大して問題にされていないけれど、当時としては最も進んだ密室トリックを用い、また今一つの大トリックに先鞭をつけている意味で、大いに重視しなければならない。

さて、私は各種のトリックを、①犯行時、犯人が室内にいなかったもの②犯行時、犯人が室内にいたもの③犯人と被害者が室内にいなかったものの三つに大別し、それを又小分けして左のように分類して見た。カーの「密室講義」を参照したことは云うまでもないが、分類法は私流になっているし、あの講義にない項目も多少加わっている。

(1)犯行時、犯人が室内にいなかったもの(三九例)

【イ】室内の機械的な装置によるもの。作例、電話器より弾丸発射(コールの短篇)、受話器に強電流(リーヴの長篇)、鍵穴ピストル装置(ヴァン・ダイン長篇)、時計捲き発砲(カーの講義)、短剣落下(フィルポッツ長篇)、振子仕掛け殴打(セイヤーズ短篇、飛鳥高《あすかたかし》「犯罪の場」)、窒息ベッド(涙香訳で読んだ記憶あり、ボアゴベイか。天蓋ベッドが自働的に折りたたまれて箱のようになり、睡眠中の人を窒息させる)、毒瓦斯《ガス》発生ベッド(フィルポッツ長篇)、氷の溶解又は水が凍る膨張力を動力としてピストル発射その他の仕掛け(カー講義)、化学薬品による時限放火(甲賀三郎「琥珀のパイプ」)、時計と電流の時限爆弾による放火(ハルの長篇)等々、いずれも機械的に過ぎ、二、三の例外を除いて幼稚なトリックたるを免れない。(一二例)

【ロ】室外よりの遠隔殺人(少し開いた窓——但し地上三階以上の室にて窓より侵入は不可能——又は、小さな隙間のある密室)。作例、向側のビルの窓より、短剣を銃に装塡して撃つ(フリーマン短篇)、遠方より窓を通して岩塩で作った弾丸を撃ち込む(ディクスン長篇、岩塩は体内で溶ける)、被害者が窓から首を出したときに、上階から輪になった縄を下げ、つるし上げて絞殺、そのまま死体を地上におろし、縊死《いし》を装わしめる（チェスタトン短篇）、窓外より撃ったピストルを室内に投げ込み、犯人が室内にいた如く見せかける（ディクスン長篇）【以下は室が一階にある場合】レージイ・トングス（××××型の伸び縮みをするおもちゃ）で、少し開いた窓のカーテンの隙間から室内の卓上の兇器をつまんで、別の兇器ととりかえ、証拠を湮滅《いんめつ》する（ディクスン長篇）、「ユダの窓」トリック（ディクスン長篇、種明かしを避く）、絹紐つきの毒矢を隙間から射込んで後に外へたぐりだす（ディクスン長篇）、そのほか、数行では説明できないトリックの作例、長篇ではハーリヒ、スカーレット、短篇ではノックス、ロバーツ、フットレル、ディクスンなど。（一三例）

【ハ】自殺ではなくて被害者自から死に至らしめるトリック。適例はカー「赤後家殺人事件」、ほかにアリンガム長篇、カーの講義にある「予め被害者に心理的恐怖を与えておいて、恐怖の余り半狂乱になり、過失死をとげさせる」方法。（三例）

【ニ】他殺を装う自殺（密室でない「他殺を装う自殺」は後に【第六】に記す）。この項に該当するのは横溝正史「本陣殺人事件」、ジェプスンとユーステース合作の短篇。これに準ずるもので、密室内で一人芝居をして自から傷つけ、悪霊の為に傷つけられたと偽るのがある（カー短篇）。（三例）

【ホ】自殺を装う他殺（密室内でないものは前記と同じ）。前出のチェスタトン作、上階の窓から首を吊り上げて地上の枝に縊死を装わしめるもの、ちょっと一口で説明できな

いノックスの短篇。（二例）

【へ】人間以外の犯人。【第一】の（B）などに前述したものと重複するが「人間外の犯人」と「密室」と結びついている作例は、ポー、ドイル、モリスンの短篇、それにポースト、ルブラン、江戸川などの「太陽と水瓶の殺人」トリック。（六例）

（2）犯行時、犯人が室内にいたもの（三七例）

【イ】ドアのメカニズム。犯人が犯行後室外に出て、ドアの内側から鍵穴にさしこんでおいた鍵を、外から廻すメカニズム、又、外から内側の閂をしめたり、掛け金をおろしたりするメカニズム。作例、ヴァン・ダイン長篇、ゼンキンズ短篇、フロースト短篇、高木彬光「刺青《しせい》殺人事件」、カー長篇、クリスティー中篇、ウォーレス長篇、楠田匡介短篇。磁石で閂を動かす（ウォーレス長篇）、鍵はかけたまま、ドアの蝶番《ちようつがい》をはずして出入りし、外から蝶番を元通りにしておく（ザングウィル、ロースン等の作中探偵の引例）、死体をドアにたてかけ、その重さによって密室が出来る（クイーン長篇）、犯行後、外から普通に鍵をかけ、その鍵を持って、ドアを破って室内に入る人々の中にまじり、手早く、こわれたドアの鍵穴の内側から鍵をさしこんでおく（ザングウィル、ロースン、カーの引例）、鍵を内側からさしこんで、外に出、ドアをしめ、外から鍵穴に「ウースティティ」という、ピンセットのような道具の先を入れて、鍵の先端をはさみ、回転して鍵をかける。この道具はアメリカの犯人社会では知れ渡っているものの由（犯罪捜査学書所見)。内外二つの鍵トリック。同じ鍵を二つ用意し、一つをドアの内側にさして外に出、ドアを閉めて第二の鍵を外から鍵穴に入れると、内側の第一の鍵は室内に落ちる。そして、外からの鍵でしまりをし、それを抜いて持ち去る(ザングウィル作中引例)。(一七例)

【ロ】実際より後に犯行があったと見せかける。後に記す「音響による時間アリバイ」の項と重複するが、犯行後密室内に、被害者の声を吹き込んだレコードをかけておく方法(クリスティ長篇、ヴァン・ダイン長篇)、犯行後に密室内に銃声を発せしめアリバイを作る方法(リース、カー、ディクスン、スカーレットの各長篇)、紙袋に息を入れて強く叩いて破れる音で偽銃声を作る(クリスティー中篇)、室内の大時計が倒れるような仕掛けをして、その倒れた音の時犯行があったと思わせる(マイヤーズ長篇)、腹話術の利用(カーの長篇の引例)。

第三者の視覚に訴えてすでに死んだ被害者がまだ生きていたように見せかける。腰かけて死んでいる死体の向きをかえて、窓のカーテンに写る影を見せる(スカーレット長篇)、黄色の大きな紙を糸でつるし、ガウンを着た人間の後姿と見せかけ(ガラスごしに遠方から)別の糸でそれをストーヴの中に引き込み、焼いてしまう(H・H・ホームズ長篇)、この二例これだけの説明では分らないが、他のあらゆる状況は、このトリックに都合がよく出来ているものと想像されたし。

今一つは犯行後、犯人又は共犯者が被害者に化けてアリバイを作る。これも「一人二役」の（1）の【乙のイ】と重複するものが多いが密室と組合されたこのトリックはベントリー、カー、ディクスン二例（いずれも長篇）などである。（二五例）

【ハ】実際より前に犯行があったと見せかける。密室に於ける犯罪発見者が犯人。予め被害者に多量の睡眠薬を与えておいて、ドアを叩いても返事がないので、おし破って室に入り、その刹那に早業殺人を行い、ドアを破る前に殺されていたように見せかける（ザングウィル長篇、チェスタトン短篇）。密室でない場合の「発見者が犯人」の作例は【第一】の（B）の（3）に既述した。（二例）

【追記】この項目に属する非常に大きなトリックを書きもらしていた。それは、密室の屋根の一部をジャッキで持上げて、すきまを作り、そこから犯人が出入するという奇抜な考えで、昨年クイーン雑誌のコンテストに入選したロバート・アーサーという人の短篇「五十一番目の密室」がこれである（京都の同人雑誌「密室」の昭和二十八年六月号に、山下暁三郎君が訳している）。後に鷲尾三郎君はこれに一歩を進めて、屋根の一部ではなくて、小屋の屋根全体を万力《まんりき》で引上げて出入りし、又元のようにしておくというトリックを考え、短篇を書いた。更に今一段奇抜なのは、双葉十三郎君に聞いたのだが、たしかハーバート・ブリーンの作だったかと思う〔実際はW・ハイデンフェルト〕。まず野外で人を殺しておいて、その死体の上に大急ぎで小屋を建築して、密室を作るという着想である。簡単な小屋なら一夜で建てられるのだから、これは不可能ではない。殺人の後で家を建てるというのは、チェスタトンでも思いつきそうな手品趣味で、いかにも面白いと思った。

【ニ】犯罪発見者達がドアを押し開いて闖入《ちんにゅう》した際、犯人はドアのうしろに身を隠し、人々が被害者の方に駆け寄る隙に逃げ出すという簡単な方法がある。これはトリックとしてはバカバカしいような方法だが、複雑に考える癖になっている探偵読者の意表を突き、却って意外感を与えるので、トリック専門の大家が、これを使って長篇を書いている例がある（ロースンの長篇）。（一例）

【ホ】列車の密室。コンパートメント内、電気機関車内の殺人など。殊に列車進行中には、外部と隔離されるため、恰好な密室となる（クロフツ中篇。芝山倉平「電気機関車殺人事件」）。船室も同様の条件を備えている。クリスティーの短篇に作例がある。尚、船全体を一つの密室と考えれば幾つも例があるが、作者が純粋の密室を意図していないものが多い。（三例）

（3）犯行時、被害者が室内にいなかったもの（四例）密室事件で被害者の方が室内にいなかったというと、不思議に思われるが、他の場所で殺した死体を、その部屋に持ち込み密室を構成するか、被害者が重傷を受けてから、室に入り、何かの事情で内部から鍵をかけて死ぬ場合などである。前者の死体を運び入れてから密室を作るという例は見当たらない。死体移動だけで充分アリバイを構成するからであろう。被害者自から密室を作るのは、犯人をかばうためか、敵の追撃を恐れるためか、いずれかである。前者の例はルブランの短篇にあり、後者の例は島久平《しまきゅうへい》の「硝子の家」である。ほかに、被害者が致命傷を受けたのち、その室に入り、そこへ別の犯人が来て、被害者がすでに絶命していると知らず、ピストルで撃ってから、密室を拵える筋（ヴァン・ダイン長篇）、更に、外で殺した死体を高い窓から密室の中に擲《ほう》り込むという思いきった筋もある（ディクスン長篇）。

（4）密室脱出トリック（三例）ついでにここにつけ加えておく。脱獄のトリックである。私の知っている例は、ルブランの「ルパンの脱獄」、フットレルの「十三号独房の問題」、ロースンの「首のない女」の三例で、いずれもよく出来ている。尚、脱獄トリックについては、アメリカの大奇術師、故フーディニの伝記に色々面白い実例が書いてある。彼は世界を巡歴して各国の牢獄を脱出して見せ、又金庫の中へとじこめてもらい、抜け出して見せる奇術もやった。

（B）足跡トリック（一八例）

あとじさりに歩いて、来たのを帰ったと、また、帰ったのを来たと見せかける（ニコラス・ブレイク長篇、私の「何者」）、逆立して手で歩く（グロルラー短篇、ディクスン短篇）、馬に牛の足型をはめて歩かせる（ドイル短篇）、竹馬に乗って足跡をごまかす（ディクスン長篇の中の引例、私の「黒手組」）、全く同じ靴を二足作り、偽の足跡を残して捜査を混乱させる（クロフツ長篇）、靴の底に蹄鉄をうち、馬の足跡と思わせる（ジョージ・シムズ随筆に引例）、全く足跡が残らないようにする種々のトリックでは、ケーブルカー式に空中を移動する（高木彬光「白雪姫」）、ブーメラングの利用（チェスタトン短篇中の引例）、軽気球の錨《いかり》が地上の人の頭を打ち殴打殺人と誤られる（セクストン・ブレイク物語の一篇）、その他二、三行では説明のできない方法、ディクスン長篇、チェスタトン短篇二。足跡ではないが、タイヤの跡のトリック、ドイル、チェスタトン各短篇。

足跡トリックの歴史も古い。正確に云えば「足跡発見」のトリックに属するものだが、前に引用した旧約外典「ベルの物語」には、犯人が現れる室に予め粉を撒いておいて、その上に残った足跡を証拠にするトリックが書かれている。これはドイルの「金縁の鼻眼鏡」でホームズが床に煙草の灰を一面に落しておいて、その室に隠れていた人物を発見するトリックと同工である。

（C）指紋トリック（五例）

指紋、掌紋、足紋、脣紋《しんもん》など、手掛りとしては屢々使われるが、トリックとして使われた例は、私の採集した中には殆んどなかった。ドイルはまだ指紋捜査が一般化していない頃、早くも指紋偽造トリックを使っているし（ノーウッドの建築師）、フリーマンもよく指紋を使ったが（長篇「赤い拇《ぼ》指紋」が代表的）、指紋の偽造などは実話としては面白くても、トリックとしては大して面白くないのである。「裏指紋」のトリック（インクを拭いとった後の指の隆腺と隆腺との間の凹所に残っていたインクが捺され、写真で云えばネガチヴの指紋が現場にあった場合、鑑別を誤る話）は、私も「双生児」に使ったが、カーもある長篇に使っている。

指紋小説の元祖はマーク・トウェーンであり、それからドイルの指紋小説までの間にも幾つかの作例が発見されているが、それらはいずれも犯人推定の証拠として指紋を取扱ったもので、指紋トリックの作品ではないし、そういう指紋小説の歴史については別項「明治の指紋小説」に詳説したので、ここには繰返さない。

【第三】犯行の時間に関するトリック（三九例）

犯行の時に現場にいることが時間的に不可能だったという情況を拵えてアリバイを作るトリックである。前に記した、殺してしまったあとで被害者に化けて人目にふれる方法なども、広く云えば、やはり時間的アリバイであるが、ここには直接、時間について行うトリックのみを集めた。

（A）乗物による時間トリック（九例）

自転車が発明されて間もなく、田舎ではまだ知られていない頃、ひそかに自転車を使って、常識では考えられない早さで、犯罪現場と自宅との間を往復して、アリバイを作る話（ボアゴベイ「海底の重罪」、ミルワード・ケネディーの短篇）。旅客飛行機などまだない時分に、汽車の代りに飛行機を利用してアリバイを作った作例もある（ウォーレス長篇）。クロフツは、汽車や自動車の巧みな利用によって、きわどい時間アリバイを作る名手で、彼の作の多くにそれが見られる。一例は「ポンスン事件」。又、スキーを利用したり（クリスティー長篇）、陸を廻れば遠い所を泳いでアリバイを作ったり（クリスティー長篇）、潮流を利用したり（蒼井雄「黒潮殺人事件」、飛鳥高の短篇）、奇抜なのは、モーター・ボートに、一時的にもう一つ別のモーター・プロペラを取りつけて速力を倍加し、時間アリバイを作る着想もある（クロフツ長篇）。

（B）時計による時間トリック（八例）

殺人の際に破壊された時計の針を、あとから動かして時間を誤認せしめる（ドゥーゼ長篇、ビガーズ長篇、ドイル短篇）。夜、鏡に写った時計の文字盤を本物と思い、左右逆に判読したため時間の相違が生じる（メイスン長篇）。電圧低下による電気時計の誤差（木々高太郎「折芦」）。奇抜なのは田舎の一軒家に住んでいる人物が、邸内の大小あらゆる時計を、召使の懐中時計に至るまで、悉《ことごと》く同じ時間おくらせて、召使に自分の外出した時間を誤認せしめ、目的を果たした後、悉くの時計を又元に戻しておくというトリック（ブッシュ長篇）。その他カーの長篇、アームストロングの探偵劇などにも作例がある。

（C）音による時間トリック（一九例）

【電話】による時間アリバイの偽造（クロフツ、カー、アリンガム各長篇）。既に死んだ人物の声を【レコード】で聴かせる時間アリバイ（クリスティー、ヴァン・ダイン、スカーレット各長篇。前記「密室」におけるレコード・トリックと重複）。外に「新青年」昭和十一年春増刊の井上良夫「アリバイの話」に作例がある。【ラジオ】によって時間アリバイを作る（マスターマン長篇、ヒルトン短篇）。ピストル殺人の場合、実際の殺人はサイレンサーをつけて、ひそかに行い、後に【偽砲音】を発せしめて時間アリバイを作る（リース、フィールディング、カー二篇、ディクスン、スカーレット各長篇、フィッツジエラルド短篇。この内には「密室」に於ける偽砲音トリックと重複するものもある）。又、夜大きな【物音】をたてて、その時殺人が行われたと思わせるトリック（ディクスン、マイヤーズ各長篇）。【腹話術】の利用（ディクスン長篇、チェスタトン短篇）。なお【声帯模写】を利用する話が日本の昔の講談にあったが、今その題名を思い出せない。

（D）天候、季節、その他の天然現象利用（三例）

夏時間と、普通時間との変り目の錯覚利用（千代有三「痴人の宴」）。天然現象ではないが、これに似たもので、大洋航行中に一日の誤差が生じるのを利用（ルーファス・キング長篇）。寒国で深夜、ランプの石油が凍るのを利用するトリック（楠田匡介「雪」）。その他、犯行当日の天候、日蝕、月蝕などを利用する場合もある。

【第四】兇器と毒物に関するトリック（九六例）

（A）兇器のトリック（五八例）

殺人手段とは考えられないような器具、又は方法によって殺害し、捜査を困難ならしめるトリック。種々雑多なものがあって、系統的な分類は出来ないので、順序もなく幾つかの項目を列べる。この項の作例は前記「窓のある密室」の項と重複するものが多いが、それらも省かないで再記した。

（1）異様な刃物（一〇例）氷の鋭い破片で刺殺すれば、兇器は、あとかたもなく溶けてしまう（ジェプスンとユーステース合作の短篇）。ツララで刺殺（大坪砂男「立春大吉」）。尚、氷は他の幾つかの項目に亘《わた》って種々の利用法がある。これらについては、別項「兇器としての氷」に詳しい。ガラスの破片で刺殺し、血を拭って大きなガラス鉢の水中に隠す（ディクスン短篇）。短剣を銃に仕込んで発射（フリーマン短篇）。剣投げ曲芸の利用（カー長篇、ポースト短篇）。大時計の針を兇器に使う（カー長篇）。ブーメラングの殺人（チェスタトン短篇二例）。銛《もり》を兇器に使う（ドイル短篇）。

（2）異様な弾丸（一二例）太陽と水瓶の殺人（ポースト、ルブラン、江戸川各短篇）。岩塩弾（ディクスン長篇）。氷弾（A・K・グリーン短篇）。氷の矢（紀元一世紀のローマ詩人マルティアリスのエピグラム。ハンシューの四十面相クリークの一篇）。ゴルフのクラブの先端に爆弾を仕掛ける（ベントリー短篇）。その他弾丸に関するトリック例、ロード短篇、マーシュ長篇、コール短篇、グリッブル短篇など。

（3）電気殺人（六例）受話器に強電流（ウォーレス長篇）。電気風呂による殺人（ディクスン長篇、ウールリッチ短篇、海野十三「電気風呂の怪死事件」）。電流により殺し、落雷死と見せかける（ブラマ短篇）。チェスの盤に電流（クリスティー短篇）。

（4）殴打殺人（一〇例）高所から鉄鎚を投げて鉄兜を破る、加速度による殺人（チェスタトン短篇）。軽気球の錨による殺人（セクストン・ブレーク物語）。振子利用の殺人（セイヤーズ短篇、飛鳥高「犯罪の場」、島田一男「古墳殺人事件」）。高所より氷塊を落して殺す（江戸川「夢遊病者の死」）。マンドリンという意外な兇器（クイーン長篇）。大地が兇器であったという逆説（ポー、チェスタトン各短篇）。その他フランク・キング短篇など。

（5）圧殺（三例）巨大なシリンダーの中にとじこめて圧殺（ドイル短篇）。彫像が倒れるような仕掛けをしておいて圧殺（チェスタトン短篇）。石棺の蓋にて圧殺（チェスタトン短篇）。

（6）絞殺（三例）大トランクの中へ首を入れて探し物をしている上から、片手しかない男が、蓋を押えつけ絞殺（カー長篇）。足を括り逆さまに吊っておけば自然死のように見えるという着想（ミードとユーステース合作短篇）。水に濡れると甚しく収縮する植物の繊維で織った布を首に巻かせるように仕向け、驟雨《しゅうう》にあったとき、急に収縮して死ぬ（小酒井不木「殺人論」引例）。

（7）**墜落死**（五例）私が集めた実例は凡てエレベーター利用のものであった（ビガーズ、エバハート、スカーレット各長篇、チェスタトン、ロバート・ウイントン各短篇）。

（8）**溺死**（二例）洗面器の水の中に顔をおしつけて窒息せしめ溺死と見せかける（クロフツ長篇）。潜水服にて水中に潜み遊泳者を溺死せしめる（ヴァン・ダイン長篇）。

（9）**動物利用の殺人**（五例）多くは前記「意外な犯人」の動物の項と重複するので、ここには五例のみを挙げる。棒の先に獅子の爪のような金具をとりつけ、殴打して死に至らしめ、獅子にやられたと見せかける（ドイル短篇）。獅子にクシャミ薬を与え、獅子使いが口の中へ頭を入れる芸をやっている時にクシャミをさせ、噛み殺させる（ハンシュー短篇）。すれ違う貨車の中にいた牛が窓から首を出していたので、こちらの客車の窓から上半身を出した夫人の頭部に、牛の角が刺り、他殺と誤認される（フリーマン短篇）。一角獣の伝説を利用し、角を模した兇器で殺す（カー長篇）。ドイルの「まだらの紐」。

（10）**その他の奇抜な兇器**（二例）西洋寺院の鐘楼の鐘のそばの小部屋に監禁して、神経を破壊して死に至らしめる（イギリス著名作家の長篇）。女が接吻と見せかけて、相手の舌を噛み切り多数殺人を行う（曲亭馬琴「八犬伝」）。

（B）**毒殺トリック**（三八例）

毒物を扱った犯罪乃至《ないし》探偵小説は無数にあるが、トリックとして毒物を扱ったものはそれほど多くはない。未知の奇怪な毒物などを持出すことは、却って探偵小説の面白味をそぐのであって、そういう作例には、ここでは一切触れないことにする。毒物使用の興味ある例は探偵小説よりも、西洋中世期、殊にイタリーの犯罪史などに多い。西洋にはそういう毒殺史の本がいろいろ出ているが、日本では小酒井不木博士が大正末の「新青年」に連載された「毒と毒殺」（不木全集第一巻）と、古畑種基《たねもと》博士が現に「犯罪学雑誌」に連載されている「毒及毒殺物語」が、そういうものとして最も面白い。

毒物学では、毒をその化学的性質によって分類するが、探偵小説では、毒物の化学式などが重要なのではなく、毒の名称すらハッキリ書かない場合もあるので、ここでは、食道を通じて消化器に入る毒、皮膚を通じて血液にまじる毒、ガス体として肺臓に吸入せられる毒の三種に分けて記すのが便利のようである。

（1）嚥下毒（一五例）嚥下毒を扱った小説は無数にあるが、トリック表にのせるに足るような作例は、さほど多くはない。昔の犯罪小説では砒素がよく用いられたが、近年はやはり青酸類が最も多い。近年の著名の探偵小説の変った毒物としては毒茸（ブラマ短篇）、トリカブト（ハル長篇）、腐敗菌（アイルズ長篇）などが記憶に残っている。毒物をチョコレートに入れ（バークリー長、短二例）、サンドイッチにまぜる（アイルズ長篇、アーヴィン短篇など）。作用の時間をのばしてアリバイを作るためには、カプセルに入れ、糖衣に包み、或いは丸薬の瓶の底の方に一粒だけ有毒の丸薬を入れておく手（クロフツ長篇）、水薬の瓶の底に沈澱するような比重の重い毒物を用い、最後に服用されるようにたくらむ（クリスティー長篇）、毒液を凍らせておいて、飲み物を冷す為にコップに入れ、それが溶けない前に犯人が毒見して見せ、全く溶けてから被害者にのませるというトリックが、ディクスンの長篇に使われているが、「宝石」の別冊新人集の作品の中にも同工のものがあったのを記憶している。それから、歯科医が毒物を治療中の虫歯の穴に埋めておく手（クリスティー長篇）。虫歯治療中の男が、充塡物がとれて、歯から出血していることを知り、直接血液に混らなければ利目のないクラーレ毒を酒にまぜて、その男に自から呑むように仕向ける（ディクスン長篇）。切手の裏や本の頁や鉛筆の先に毒を塗り、それがなめられるのを期待する（クイーン短篇）。盃に毒のにじみ出す仕掛けのあるもの、接吻して毒を包んだカプセルを相手の口の中に入れる（いずれも西洋毒殺史）。毒液投擲《とうてき》、コップの水を散乱しないように一かたまりにして遠くへ投げる技術を修得し、窓のある密室にて室内の水槽に投げ込む（ロバーツ短篇）。ほかに、毒薬ではないが、ガラスを細粉にくだいて、食物に混ぜる方法も屢々用いられる（一例、オーモニア短篇）。

（2）**注射毒**（一六例）毒針の飛び出す椅子（ジェプスンとユーステース合作短篇）、握ると毒針が掌を刺す食卓ナイフ（西洋毒殺史実例）、握手をするとチクリと毒液を注射する指環（西洋毒殺史、小説の例もあったと思うが、今思い出せない）、六本指の骸骨の指に（ハンシュー短篇）、針金の針の束に（クイーン長篇）、針金製の蜘蛛の脚に（ケンドリック長篇）、毒液を塗っておく方法。毒蛇をまだらの紐と錯覚する（ドイル短篇）。頭髪の中に小毒蛇を潜ませておく（アワスラー短篇）。毒蛇をステッキの中に隠す（西洋短篇、今思い出せない）。彫刻と見せかけて生きた毒トカゲをパイプに這わせておく（ホーソンの息子が編纂した傑作集の作者不明の作品）。ある工作をしておいて蜂に刺させると死亡する（ウイン短篇）。毒矢いろいろ（クイーン短篇、ディクスン長篇、ドイル長短篇二例）。バンドの笛吹きが笛の中に小さな毒を塗った吹き矢を入れておいて、吹奏すると、舞踏者の頸《くび》にささり死亡する（グッドリッチ短篇）。そのほか毒シャツ、毒シーツ、毒靴など（いずれも西洋毒殺史）。毒シャツというのは、シャツの腰のあたりの内側に毒液をしみこませて乾燥したもの、それが帯の辺で絶えず皮膚をこすり、幽かな傷が出来、毒物が血液中に入る仕掛けである。尚、毒薬ではないが、静脈内への空気注射による殺人がある（セイヤーズ短篇、高木彬光「能面殺人事件」）。

（3）吸入毒（七例）室内のガス燈又はガス暖炉利用の殺人（フットレル短篇、谷崎潤一郎「途上」）、毒ガス発生ベッド（フィルポッツ長篇）、毒マッチ（チェスタトン短篇）、毒ランプ（ドイル短篇）、花の香気毒（西洋毒殺史、日本の新人に作例があったが今思い出せない）、毒蠟燭《ろうそく》（西洋毒殺史）、壁に毒液を塗り、温度の上昇によって、毒ガスを発生せしめる（リーヴ長篇）、液体空気を利用して炭酸ガスを室内に充満せしめる（赤沼三郎

「悪魔黙示録」）など。

【第五】人及び物の隠し方トリック（一四一例）

（A）死体の隠し方（八三例）

（1）一時的に隠す（一九例）奇抜な隠し場所、クロフツの樽、マーシュの羊毛梱《こり》、棺に二個の死体（ドイル短篇）。雪だるまの中（ニコラス・ブレイク長篇、セクストン・ブレイク物語）。蠟人形館の人形に見せかける（カー長篇）。軍隊の射的人形の中にまぜる（ディクスン長篇）。私は生《いき》人形、菊人形などを屢々使った（一例「吸血鬼」）。大きな塵芥《ごみ》箱の中（チェスタトン短篇、私の「一寸法師」）。一つの死体を隠すために戦死者の山（チェスタトン）。郵便物の大袋（チェスタトン）。冷蔵庫（大下宇陀児「紅座の庖厨《ほうちゅう》」）。洋服掛けの外套の中（チェスタトン）。椅子カバーの下（ディクスン長篇）。コントラバスの箱（横溝正史「蝶々殺人事件」）。ピクニック用の大型バスケット（カー短篇）。トランク（クリスティー短篇、江戸川「湖畔亭」）。

（2）永久に隠す（三〇例）

【イ】土中に埋める。発掘ずみの古墳に（ベイリー短篇）。古井戸を埋めると称して（江戸川「双生児」）。【ロ】水中に葬る（ポー短篇）。【ハ】死体に風船をつけて空中に葬る（水谷準「オ・ソレ・ミオ」、島田一男短篇）。【ニ】焼却。ランドルーは死体を暖炉で焼いた。探偵小説にもよく使われる。顔だけを焼けば後述の「顔のない死体」トリックになる。作例、ドイル、フリーマンの短篇、フレッチャー、クロフツの長篇、江戸川「湖畔亭」。【ホ】溶解。西洋の犯罪史には大きな劇薬タンクを作って、殺した人間を次々と溶解した例がある。探偵小説では西洋の作例を今思い出せないが、谷崎潤一郎の「白昼鬼語」は人間溶解を主題としている。【ヘ】塗りこめ。ポーの「アモンチリャドー」、バルザックの「高櫓館」のほかカーの長篇、チェスタトンの短篇、私の「パノラマ島」などがある。【ト】死体を他のものに変える。ミイラにする（フリーマン長篇、ドイル、ウェード短篇）。死蠟にする（江戸川「白昼夢」）。石膏像にする（チェスタトン）。死体に鍍金《めっき》して銅人とする（ディクスン長篇、セイヤーズ短篇）。細断してソーセージにする（ドイツ実話、楠田匡介の短篇）。セメントの炉に投入して細粉にする（葉山嘉樹「セメント樽の中の手紙」）。細断しパルプに混ぜて紙にする（楠田匡介「人肉の詩集」）。ドライアイスにして硬化せしめ粉々にくだく（北洋《きたひろし》の短篇）。【チ】動物の餌食にする。大蛇などの爬虫類に食わせる（海野十三の短篇）。鳥に食わせる（ウイリアムズ短篇）。動物ではなくて犯人である人間が喰べてしまう（ダンセニイ短篇）。

（3）死体移動による欺瞞（二〇例）文字通り隠すわけではないが、死体を移動せしめることが犯行隠蔽のトリックとなるもの。

【イ】短距離移動。致命傷を受けた被害者が自から歩いて位置を変える（ヴァン・ダイン、カー長篇)。死体投擲(ディクスン長篇、大坪砂男「天狗」、作者と題名を忘れたが日本の新人作品に雪掻き機関車が死体を遠くへはね飛ばす話があった)。その他面白い例が多いが、二、三行では説明出来ないので作者名だけをあげる。チェスタトン短、アリンガム短、ディクスン長二例、スカーレット長。(九例)

【ロ】長距離移動。死体を貨物列車の屋根にのせて遠くの地点に運ぶ(ドイル短、江戸川「鬼」、横溝「探偵小説」、フリンの長篇には同じ発想を二階つきバスに応用したものがある)。潮流によって移動せしめる(合作「フローティング・アドミラル〔漂う提督〕」、蒼井雄「黒潮殺人事件」、島田「社会部記者」)。その他短文で説明できないものにカー、ディクスン各長、チェスタトン短二例。(一一例)

(4) 顔のない死体(一四例) 顔を傷つけ又は焼く(ドイル、ディクスン、チャンドラー、ロード、クリスティー、クイーン各長、チェスタトン、ブラマ各短)、首を切断して隠し又は他の首と入れ替える(ヘロドトス「歴史」の中の挿話、クイーン、ライス、ロースン各長、チェスタトン短)、胴体の方を隠す(高木彬光「刺青殺人事件」)、このトリックについては別項「顔のない死体」に詳説した。

(B) **生きた人間の隠れ方**(一二例)

病院入院患者として(ドイル短、江戸川「鬼」)。他の軽罪により入獄して牢屋に隠れる(クリスティー短)。死体と同居して棺の中に(ドイル短)。大太鼓の中に忍ぶ(棠陰比事《とういんひじ》)。

脱獄囚が仮装舞踏会にまぎれこみ、囚人に仮装していると見せかける（チェスタトン）。咄嗟の場合畑の中の案山子《かかし》に化ける（チェスタトン）。郵便配達、車掌などに化けて、目の前にいる（チェスタトン短、クイーン長）。色の違った海水着を二重に着ていて、咄嗟に一枚を脱ぐ（大下宇陀児「蛭川博士」）。人形や石膏像に化ける（私の通俗物に例多し。ジゴマにも例があった）。

（C）物の隠し方（三五例）

（1）宝石（一一例）自分の傷口に押し込む（ビーストン短）。鵞鳥や駝鳥に呑ませる（ドイル短、ウエルズ短）。自分が呑む（私の採集中には作例なし）。石鹸の中に（クリスティー短）。石膏像の中に（ドイル短）。骨董品の壺の中に（モリスン長）。化粧クリームの中に（私の「一寸法師」）。植木鉢の土の中に（クロフツ短）。首飾りをクリスマス・ツリーの金ピカの中に引っかけておく（セイヤーズ短）。碁盤の脚の中に（甲賀三郎「水晶の角玉」）。パイプの中（ビーストン短）。

（2）金貨、金塊又は紙幣（五例）金塊を一箱のネジ釘に作りメッキの釘と見せかけて密輸入（フリーマン短）。金貨を鋳つぶし、紙のように伸ばして家中の壁紙の下に貼る（バーー短）。王水《おうすい》に溶かして見えなくして保存（小酒井不木の少年探偵小説）。紙幣を細く巻いてローソクの芯にする（例思い出さず）。ラジエーターの中に隠す（ディクスン短）。金塊を砂山に（ルブラン長）。

（3）書類（一〇例）何気なく人目にさらしておいて隠す（ポー「盗まれた手紙」）。聖書などの本の表紙の中に（ポースト、サミュエル・H・アダムス短）。帽子の鬢皮《びんがわ》の間に（クイーン、ルブラン長）。義眼の中に（ルブラン）。その他、クリスティー、ドイル二篇、アリンガムなど。

（4）その他（九例）船や自動車を急に塗り変えて（クロフツ長）。馬の全身に塗料を塗って毛色を変える（ドイル短）。海中に木の枝を投げて犬に拾わせる練習と見せかけて、仕込杖を投げる（チェスタトン短）。死体の匂を消す為にドアにペンキを塗る（ドイル短）。牧師のカラーを隠すために、あらゆるものをさかさまにする（クイーン長）。ピストルに紙テープを結び、その端を羊小屋の羊にくわえさせると、羊が紙を喰うに従ってテープがたぐりよせられ、それにつけたピストルが藁の中に隠れてしまう（楠田匡介短）。その他ディクスン短篇二、コール短篇など。

（D）死体及び物の替玉（一一例）

にせシグナル燈を造り、汽車を転覆（ブラマ短）。櫓《やぐら》を焼いて燈台の火と誤らせ船を暗礁に導く（チェスタトン短）。赤いポストのにせものを町角に置き錯覚を起こさせる（葛《くず》山《やま》二郎「赤いペンキを買った女」）。その他にせ死体（クリスティー長）、にせ手首（チェスタトン短）、にせ人骨（チェスタトン中、S・B・トムスン短）、にせ名画（フーラー長）、にせ写真（高木「刺青殺人」、江戸川「一寸法師」）、にせ映画（江戸川「猟奇の果」）

など。

【第六】その他の各種トリック（九三例）

【第五】までのいずれにも属しないトリックの目ぼしいものをここに集めた。これらの多くは前項の「人や物を隠す」のに対して「犯行を隠す」トリックに属するとも云えるが、必ずしもそればかりではない。

（1）鏡トリック（一〇例）鏡に写った姓、名の英語頭《かしら》字を、逆に読んだためにおこる人違い（クリスティー長）。鏡に写った時計の文字盤を逆読み（再出、メースン）。鏡利用の奇術を探偵小説に利用したもの種々（ディクスン短、ロースン長、フリーマン短、角田「奇蹟のボレロ」）。大鏡を使って一人を二人と見せて密室を作る（カー長）。ドアの裏の鏡に写る自分の姿を見て廊下に人が立っていると誤まる（チェスタトン短）。大鏡に写る自分を敵と誤り発砲（チェスタトン短）。其他スカーレット長篇など。

（2）錯視（九例）【色盲トリック】（ディクスン短、ポースト短、クイーン長、横溝「深紅の謎」、甲賀「緑色の犯罪」、木々「赤と緑」）。【近眼トリック】（ポー、ドイル各短）。ほかに江戸川「D坂」の格子トリックなど。

（3）距離の錯覚（一例）目隠しをして馬車又は自動車にのせ、長い時間どことも知れず運び、出発点から非常に遠い場所のように思わせて、実はグルグル同じ所を廻って、出発点に近い場所でおろす。ドイル「技師の拇指《おやゆび》」のほかにも二、三の例があったと思うが、今度の採集例の中には見つからなかった。

（4）**追うもの追われるもの**（一例）一例しかないが、手品趣味として面白いのでつけ加えておく。落語に、足の早い男が泥棒を追っかけて、思わず追い抜いてしまい、行人に「泥棒は？」と問われて「後から走って来ます」と答えるのがある。チェスタトンは、この心理的錯覚を使って、どちらが被害者か犯人か分らなくなるという短篇「赤勝て青勝て《ブルー》氏の追跡」」を書いた。これに関聯して、「喰うものと喰われるもの」の錯覚を使ったのが同じく落語の「蕎麦羽織」。大蛇が人間を呑んだあとで、ある草をなめると腹が小さくなったのをみて、蕎麦の喰べ比べの時、その草を用意して、なめると、逆に人間のからだが溶けて蕎麦だけが残り、蕎麦が羽織を着て坐っていたという話。小酒井さんが、生前、これは探偵小説の種になるとノートしておられたのを見たことがある。

（5）**早業殺人**（六例）目にも止まらぬ早業で殺害するために、人に気づかれぬというトリック。別項「英米短篇吟味」〔本文庫では割愛〕のチェスタトンの項に詳説した「ヴォードレイの消失」が適例である。同工のトリックを使っているもの、マスターマン、クイーン各長篇、チェスタトンの他の短篇。ほかに密室と結びついたものでは、ザングウィルの長篇、チェスタトンの又別の短篇などがある。

（6）**群衆の中の殺人**（三例）わざと衆目の前で殺人をやった方が却って安全だという逆

手。「盗まれた手紙」の「目の前に放り出しておくのが最もうまい隠し方だ」というのと同じ系統の着想である。ライス長、チェスタトン短二。

（7）「赤髪」トリック（六例）ドイルの「赤髪連盟」の類型に、仮りにこの名称をつけた。赤毛の人を募集するという奇抜な罪のないカムフラージで、別の大犯罪を目論むという着想。これの類型、ドイルの短篇に三例あり、ロバート・バーの短、シメノンの短、ブッシュの長など。

（8）「二つの部屋」トリック（五例）「新青年」大正十一年八月増刊に訳された「二つの部屋」という短篇が、深く印象されている。この原作者は「新青年」ではロバート・ウイントンとなっており、後に春陽堂の「探偵小説全集」に入ったときにはF・G・ハーストとなっている。どちらが本当かまだ確かめていないが、いずれも大して著名の作家ではない。ただその着想が面白かったのである。何から何まで全く同じ部屋を、ビルの一階と上の方の階とに作り、被害者を一階で身動き出来ないように縛り、そばに時限爆弾を仕かけて、何時何分にはお前は粉みじんになると云い渡し、それから眠り薬をのませて、被害者を上の階の部屋に運んでおく。被害者は、眠りから覚めると爆発寸前の時間なので、一階だと思い、ドアをあけて飛び出す。ところが、上の階のその部屋は、ドアの外にエレベーターの穴があるので、そこへ墜落して死ぬという、手を下さずして人を殺すトリックなのである。ディクスンの「存在しない部屋の犯罪」には、殺すためではないが、同じ着想が用いられ、クイーンの「神の燈火」（戦争直後、私が抄訳した「黒い家」）は部屋ではなくて、全く同じ建物が二つあるという類型を用い、通俗ものでは「ファントマ物語」に、二つの全く同じ部屋を上下につないで、大仕掛けのエレベーターを作り、上の部屋で殺人をやり、エレベーターを上昇させると、全く同じ下の部屋が現場の如く見えるので、殺人の痕跡がなくなってしまうという着想があり、私は「黄金仮面」の中に、これを借用している。

（9）プロバビリティーの犯罪（六例）谷崎潤一郎「途上」の類型。古くスティヴンソンの *Was It Murder?* という掌編が強いて云えばこの系列に属するが、探偵小説としては、フィルポッツ「悪人の肖像」、クリスティー「ポアロ一依頼者を失う〔もの言えぬ証人〕」の二長篇と、プリンス兄弟の短篇「指男」など、いずれも「途上」より後の作品。私の「赤い部屋」もこれに属する。

（10）職業利用の犯罪（一例）医師が悪人なれば、職業を利用して、誰にも悟られることなく殺すことも不可能ではないように、職業利用の犯罪というものがあり得るわけだが、その最も面白い作例はグリッブル（英）の短篇「ジェコブ・ヘイライン事件」で、歯科医が、治療中の患者の口中にピストルを打ち込んで殺人するというトリックを用いている。死体を別の所へ移しておけば、口中にピストルをうち込むなんて、自殺以外には考えられないので、嫌疑を免れるわけである。

例を知らない。

（11）正当防衛トリック（一例）やむを得ない正当防衛の如く見せかけて、実は故意の殺人を犯す欺瞞。私の「断崖」がこの着想を狙ったものだが、うまく書けなかった。他に作例を知らない。

（12）一事不再理トリック（五例）刑事訴訟で、一度審判せられ、確定裁判を経た事案については、重ねて審判せられることがないという原則がある（日本国憲法第三十九条。英、米も同様の法律あり）。これを利用するトリック。殺人事件で、真犯人がその事件につき別の軽い罪を犯している証拠を作っておき、早く自白して判決され、殺人罪の方を免れる。クリスティー「スタイルズ荘の怪事件」のほかに、ポースト短「鉄の指を持つ男」、バンクロフト長「ウェア事件」など。ヴァン・ダインの「スカラベ〔甲虫〕殺人事件」にも一部にそれが使われていたと記憶する。また、十数年前英米で大流行を見た、裁判記録、手紙、電報、新聞紙などを原形の通りに印刷し、あらゆる証拠品、毛髪、破れた写真、汽車の切符などを、やはり現物のまま添附した、実物探偵小説の代表作家デニス・ウイットリイの「誰がロバート・プレンティスを殺したか」という本の中心トリックが、やはりこの「一事不再理」を使ったものであった。

（13）犯人自身が遠方より殺人行為を目撃するという不可能を作り出して見せるトリック（二例）遠方から目撃していたのだから、絶対のアリバイが成立するわけ。私は戦争中雑誌「日の出」に連載したスパイ長篇でこのトリックを考案した（アメリカを敵国として描いているので、遠慮して本にはしていない）。戦後になってカーの「皇帝の嗅煙草入」を読むと、同じトリックを別のやり方で書いていることがわかり、同趣向に共感を覚えたものである。

（14）**童謡殺人**（六例）これはトリックというよりはプロットに属するのだが、童謡の文句の通り殺人が行われていく一種異様の不気味さを狙ったもの。ヘキスト「誰が駒鳥を殺したか」、ヴァン・ダイン「僧正殺人」、クリスティー「誰もいなくなった」、クイーン「ダブル・ダブル」、フェラーズ女史「私と蠅が云いました」などの長篇、クイーンの短篇「気狂いお茶会」。

（15）**筋書き殺人**（六例）童謡殺人と同じような不気味さを狙う。故人の言葉や古文書などの筋書き通りに恐ろしい事が起るという着想は日本の古い物語にもあり、ギリシアのオラクル〔神託〕だとか、中国の亀卜《きぼく》など、予言や占いの恐ろしさと相通ずるもので、聖書などにも屢々取入れられている着想だが、同じ恐ろしさを探偵小説に応用したもの。筋書殺人の例は、谷崎潤一郎「呪われた戯曲」、クリスティー「ABC殺人事件」、クイーン「Yの悲劇」、ニコラス・ブレイク「野獣死すべし」、横溝正史「獄門島」の俳諧殺人、「八つ墓村」など。

（16）**死者からの手紙**（三例）死者が生前でなくて死後に書いたとしか思われないような手紙が現れる。その心霊現象めいた不可思議が、結局トリックであったというおちになる話。ビーストン「死者の手紙」、ルブラン「虎の牙」、城昌幸「死人の手紙」など。
（17）迷路（四例）「謎」を形であらわしたものが迷路なのだから、迷路は探偵小説の象徴であり、切っても切れない縁があるが、迷路そのものをトリックとして、使用した例は大して多くはない。コニントンの長篇「迷路殺人事件」、ウィップルの長篇「鍾乳洞殺人事件」、カーの長篇「曲った蝶番」、ほかにクイーンの短篇が一つある。
（18）催眠術（五例）催眠術を使えば、どんなことでもやれるので、探偵小説の合理主義に添わないという意味から、ヴァン・ダインの二十則などでは、これを反則としている。催眠術がまだ珍らしい時分の大昔の探偵小説には、屢々使われているが、名作として残っているものは殆んどない。ただM・P・シールの中篇「プリンス・ザレスキー」だけは、今でも探偵小説史に明記されている。この人は他にも催眠術の作品が多くあるようだが、私の読んだものでは、右のほかに長篇「クラシンスキー博士の秘密」がある。近年のものではディクスンの「赤後家殺人事件」に催眠術の味が濃厚に取入れられ、短篇ではオースチンとフランコウの作品が私のメモにある。
【追記】ハーバート・ブリーンの近作長篇「夜が暗いほど」は催眠術を中心興味としている。
（19）夢遊病（四例）好例はコリンズの「月長石」。しかし、これも単純に正面から扱ったのでは、論理主義の邪魔になる。私の読んだものでは、ヘンリー・ジェームス・フォーマンの長篇「罪」（一九二四）、サックス・ローマーの短篇「楽屋の二悲劇」など。私自身の「夢遊病者の死」もこの項に属する。

（20）**記憶喪失症**（六例）これもトリックではなくプロットの部類。戦後欧米ではこのアムネジアを取入れた心理的スリラーが非常に流行したが、純探偵小説でこれを使ったものも古くからある。コリンズの二つの短篇、アーノルド・ポートの短篇など。昔涙香の訳で、汽車の衝突のために記憶を喪失した人物を使った探偵小説を読んだことがある。また、菊池幽芳《ゆうほう》が訳した「秘中の秘」〔ルキュー作〕の怪老人も今で云えばアムネジアに罹っていたわけである。一昨年だったか「トレント」の作者ベントリーが久方ぶりで、心理スリラーの長篇「象の仕業」を発表したが、これがやはりアムネジアを主題としたものであった。

（21）**奇抜な盗品**（二例）この項目はここに入れてはおかしいのだが、他に適当な場所もないので、ついでに記しておく。列車進行中に貨物列車の中から目的の一輛だけを盗み取るという奇抜なトリックを使った貨車消失事件（ホワイトチャーチの短篇「ギルバート・マーレル卿の名画」）、更に一列車全部を消失させるという思い切ったトリック（ドイルの短篇「消え失せた急行列車」）。

（22）**交換殺人**（一例）Aは遺産が早くほしいために父が死んでくれればよいと思っている。Bは悪妻に悩まされ、他に恋人が出来たので、妻をなくしたいと思っている。このABは友人でもない全くの他人なのだが、ある機会にお互の意識下の願望を知り合い、交換殺人を申合せる。即ちAはBの妻を殺し、BはAの父を殺すのである。そうすれば、AとBの妻、BとAの父とは顔を見知らぬ間柄なので、動機が推定できず、お互に嫌疑をかけられる心配がないのである。アメリカの作家パトリシア・ハイスミスの長篇*Strangers on a Train*（一九五〇）はこの着想を中心として書かれている。チャンドラーがこれを脚色し、ヒッチコックが演出した映画「見知らぬ乗客」はついこの間（昭和二十八年）公開されたのだから、読者の記憶に新たであろう。

【第七】暗号記法の種類（作品例は三七）

私は学生時代に暗号記法の分類というものを作ったことがあり、それを大正十四年の「探偵趣味」にのせ、昭和四年の随筆集「悪人志願」にも入れておいたが、それを少し補訂して左に掲げる。

戦争のおかげで、暗号記法が非常に進歩し、自動計算機械で複雑な組合せを作るようになったが、こうして機械化してしまうと、以前、暗号というものに面白みを与えていた機智の要素が全くなくなって来るので、小説の材料には適しなくなった。現代から暗号小説というものが殆んど影を消した所以である。

私の採集し得た暗号小説は僅かに三十七例にすぎないが、それらを私の分類の項目にあてはめて見ると、（C）の「寓意法」と（F）の「媒介法」に属するものが最も多い。これによっても、小説としては機智のある暗号が喜ばれることが分る。左の項目中作例数を全く記さぬものは、その項の小説例がないのである。

（A）**割符法**　プルタークの英雄伝によると、古代ギリシアのスパルタの将軍は、Scytale と呼ばれた同じ太さの棒を双方で持っていて、その棒に皮を巻いて合わせ目に通信文を書いて送り、受取った方では、同じ棒に巻かなければ、これを判読することが出来ないという方法を用いていた。割符《わりふ》の原理である。後に記す「窓板法」なども、原理としては、やはり、これと同じものだ。

（B）**表形法**（四例）物の形、或いは道順などを、子供のいたずら書きのような簡略な図形で現す方法。ルブランの「奇巌城」、甲賀三郎の「琥珀のパイプ」などに、これが用いられている。乞食や泥棒が仲間に指示するために、道端の石や塀に白墨その他で奇妙な彼らだけにわかる符牒《ふちょう》をしるしておくのも、この暗号記法の原始形である。これに類するものでは、犯人仲間ばかりでなく花柳界などでも用いる【指暗号】があり、軍隊の【手旗信号】なども表形法に属する。

表形法はまた一種の【略記法】でもある。昔の学問僧が漢字を省略して特別の字を作ったのも、今の学生が講義筆記用の略号を使っているのも、一種の略記暗号と云える。これに類するもので【絵探し暗号】とでも名づくべきものがある。探偵小説ではM・P・シールの「S・S」という暗号小説、スエーデンの探偵作家ヘルラーの長篇「皇帝の古着」などこにこれが使われている。実際のスパイが用いる方法では、蝶の写生図と見せて、実はその翅《はね》の模様が地図になっているなどの類である。

（C）寓意法（一一例）日本古代の恋愛和歌、児島高徳《たかのり》の桜樹の詩、西洋の謎詩など、古くから寓意の暗号が行われているが、この暗号は機械的な所がなく、主として機智によって記され、また解かれるものだから、探偵小説には最も作例が多い。ポーの「黄金虫」の暗号の後半がこれであり、涙香の訳した「幽霊塔」の暗号呪文など最も適例である。このほか私の集めた実例を記すと、ドイル「マスグレイヴ家の儀式」、ポースト「大暗号」（邦訳「ショウバネーの探検日記」）、ベントリー「救いの神」、M・R・ジェームズ「トーマス寺院の宝物」、オ・ヘンリー「キャロウエイ君の暗号」、セイヤーズ「学問的冒険・龍の頭」、アリンガム「白象事件」、ベイリー「スミレ花園」、ベントリー「無邪気な船長」。

（D）置換法（三例）字、語、又は句を異常の並べかたにして人目をくらます方法で、左の種類がある。

（1）普通置換法（一例）【イ】逆進法。面をラツ、種をネタ、鞄をバンカというように逆にするもの。古い幼稚な暗号小説には、通信文を仮名で逆に書いたものがある。今実例を思い出せない。アルファベットのAの代りにBを、「いろは」の「い」の代りに「ろ」という風に、一つ次の字と置き換える方法も古く使われたが、これは後に記す代用法に属する。【ロ】横断法。同じ間隔で数行並べた文句を、英文なら縦に、日本文なら横に読むと意味の通じるもの。西洋にもこれを使った暗号小説があったと思うが、私の「黒手組」の暗号も一部分これに属する。【ハ】斜断法。同じく並んだ文字を斜めに読ませる手もあり得る。

（2）**混合置換法**　右のように順序よくしないで、字、語、句を双方申合せた法則に従って、一見めちゃめちゃに置き換える。これは法則の立て方によって、いくらでも複雑にすることが出来る。語による混合置換法はアージイル伯がジェームズ二世の謀反した時に用いたものとして有名である。

（3）**挿入法**（二例）所要の字、語、句の間へ、適宜無用の字、語、句を挿入して文意を不明ならしめる方法、ドイルの「グロリア・スコット号」の暗号は【語挿入法】に当る。The supply of game for London is going steadily up〔ロンドンのジビエ《ゲーム》肉の供給は着実に増えている〕の中から The game is up〔あの企《ゲーム》ては終わった〕を拾わせる。他の語は無用のものである。この場合挿入語を含めた全文にも別の意味があるような文章にするのが理想的である。句挿入法の場合も同様。ドイルの「ギリシア語通訳」は、会話の中へ所要のギリシア語をはさむ方法だから【句挿入法】に当るが、全体の意味が一貫するようなものではなかった。

（4）**窓板法**　この方法の単純なものは、やはり字挿入法と云えるので、全体としては少し違うけれども、ここに記しておく。方形の厚紙に縦横の線を引き、原稿紙のような桝目を作る。そして、そのあちこちの一桝ずつを、でたらめにくり抜いて、幾つも窓を作る。これを用紙の上において、その窓の中に順次一字ずつ、目的の言葉を書き入れ、次の窓板の厚紙をとりのけて字と字の間の空白に、でたらめのアルファベットを書き入れ、空白をなくしてしまう。こうして送れば、同じ窓板を持っている相手は、それをあてて読めばすぐ分るが、窓板のない人には全く判読出来ない。これが単純な窓板法である。

これを複雑にするには、上記のように窓の中へ文字を書いたあとで、窓板を四十五度右なり左なりに廻転する（その時前に書き込んだ字が、今度の窓の中へ入って来ないように、適当な窓のあけ方をしておく必要がある）。そして、前のつづきの言葉を、窓に書き入れる。こうして四十五度ずつ廻転して行けば、四回違った箇所に、窓々が開くことになり、四倍の文字が書き入れられる。そして最後に、空白をでたらめの字で埋めておく。受取った方は、やはり四十五度ずつ窓板を回転して、順次これを読めばよいのである。ほかに円形の窓板法もある。円盤の場合は角板のように四十五度回転がハッキリ出来ないけれども、やはり回転の工夫はつくのである。

（E）代用法（一〇例）暗号書には「暗号記法を二種に大別し、トランスポジションとサブスティテューションに分つ」と書いてあるが、トランスポジションは私の所謂《いわゆる》「置換法」であり、サブスティテューションは「代用法」である。この二つが暗号記法の大宗《たいそう》であることはいうまでもなく、殊に「代用法」は重要で、近代機械暗号は全てこれに属するのである。代用法とは字、語、句に他の字、語、句、数字又は図形を代用して意味を不明ならしめるもので、多くの場合通信者双方だけが知っている「鍵語」（キイ・ワード）を用いて解くのである。

（1）単純代用法（七例）

【イ】図形代用法（二例）【点代用法】電信記号、点字等もこの原理によるものである。スパイがモールス信号を暗号通信に使った例も屢々あった。【線代用法】古くチャールス一世が発明した、有名な線ばかりで出来た暗号があるが、【ジグザグ法】と呼ばれている暗号もこれに属する。アルファベットを一行に書いておいて、その下に紙を当てて、所要の文字の下から、下へ稲妻型に線を引き、同じ間隔のアルファベット紙片を持っている相手は、それをあてて見れば、すぐ分るという方法である。【図形代用法】ポーの「黄金虫」、ドイルの「舞踏人形」の暗号が適例である。【フリーメーソン暗号】と呼ばれている⊏·⊔⌊⊓·のような書き方もこれに属する。それぞれアルファベットの一字を代理するのである。

【ロ】数字代用法（二例）アルファベットの一字を一つの数字、又は幾桁かの数字（Aを一一一、Bを一一二、Cを一二一の如し）で代理させる。アントニー・ウインの長篇「二重の十三」はこの暗号を使っている。また逆に文章で数字を現す暗号もある。ある文章の中から古い時計の文字盤に使われたようなローマ数字IVXLCMなどを拾い出して並べると金庫の合鍵の数字になるというのがフリーマンの短篇「暗号錠」である。

【ハ】文字代用法（三例）原文の一字に対して一字又は数文字を以て代理させる。例えばF・A・M・ウェブスターの短篇「奇妙な暗号の秘密」はアルファベットの一字を他の一字で代表させる暗号を使い、リリアン・デ・ラ・トールの短篇「盗まれたクリスマス・ボックス」はFをaababで現わすというような複数文字代用法を使い、またアルフレッド・ノイズの「ヒアシンス伯父」はBon voyageでU-boatsを代理させるというような【語代用法】を使っている。尚、日本でも冗談に漢字の読み方をいろいろに使って別の意味を現すことが行われているが、英語にも同様のやり方がある。面白いので附記しておく。ghotiと書けばfish（魚）を意味することになる。そのわけはghはenoughのフであり、oはwomenのイであり、tiはignitionのシュである。即ちフィッシュとなるのである。

（2）複雑代用法（三例）

【イ】平方式暗号（一例）まずアルファベットを、第一行はAから、第二行はBから、第三行はCからという風に、一字ずつ喰い違わせて数十行書き並べ、アルファベットの平方を作る。この文字の平方の第一行の上部に普通のアルファベットを横に書き、平方の左側に、アルファベットを縦に書く。この縦横の二つのアルファベットが暗号作製のもとになるのである（この平方図式を、暗号史ではその発明者フランスの Blaise de Vigenére の名を冠して「ヴィジュネル表」と呼んでいる）。

さて、暗号記法には三つの要素がある。第一は通信すべき原文（これを clear と名づける）、第二は鍵語（key）、第三は出来上がった暗号文（cipher）である。前に記したアルファベット平方図のそばに、このクリーアと、キイとを書いた紙片を置く。例えばクリーアは ATTACKATONCE（直ちに攻撃せよの意）、キイは CRYPTOGRAPHY（暗号の意）とする。さて、送るべき言葉の第一字即ちAを、平方の上方の横に書いたアルファベットの中から見出す。それは勿論第一字目のAである。次にキイの第一字Cを、縦のアルファベットの中から見出す。それは第三行目である。この上方のAから垂直線を下し、Cの行と交わるところにある字が暗号文の字となる。この場合それは第三行のはじめの字だから、やはりCである。次にはクリーアの第二字Tを上辺のアルファベットの中から見出し、次にキイの第二字Rを縦のアルファベットの中から見出し、双方からの線の交わる所を見ると、Kがある。だから暗号文の第二字はKとなる。こうして作った暗号文は同じAを代理するものが、いつも最初のCとは限らない。Pの場合もありGの場合もあるという風に、解読が非常に困難になる。そこで、英文におけるアルファベットの頻度表により、暗号文中の頻度の最も高いものをEとするという解き方が利用できなくなる。アルファベット平方の代りに、数字平方を作れば、暗号文は数字ばかりにもなる。他人にはそのように解読困難だが、鍵語さえ知っていれば、右の方法を逆にたどればよいのだから、解読は極めて容易である。近代の機械化暗号法も、つまりはこの平方式の極度に複雑化されたものにすぎないのだが、それは平方というよりは、既に立方化されているのかも知れない。昔の暗号を直線的暗号とすれば、ここに記すのは平方的暗号であり、自動計算機によるものは立体的暗号にまで達しているとも云えるのであろう。平方式暗号のごく単純なものは、昔セクストン・ブレイクの探偵譚で読んだ。この原型は随分古いのである。

【ロ】 計算尺暗号法（一例） 原理は平方式と同じだが、それを技師などの用いるスライド・ルール式にやる様にしたのが、この計算尺暗号法である。まず物指しのような長い二本の厚紙（セルロイドその他何でも）の棒を作り、一本にはアルファベットをAからZまで書き、他の一本にはAからZまでを二度くり返した倍の長さのものを作る。前者を「インデックス」と呼び、後者を「スライド」と呼ぶ。この二つを並べ、前者を固定し、後者が左右にスライドするようにする。この場合鍵語はやはり定めてあるわけで、その鍵語の第一字を「スライド」の中から探し、その字が「インデックス」の方の最初の字即ちAの下に来るようにずらせる。

次に通信文の最初の字を「インデックス」の中から探し、その字の下にある「スライド」の方の字を暗号文の字とするのである。これを順次くりかえして全文を暗号化する。

受ける方も同じ計算尺を用意していて、右の逆を行えば解くことが出来るわけである。探偵小説ではヘレン・マクロイ女史の長篇「パニック〔牧神の影〕」にこれが使われ、この方法が詳細に説明されている。

【ハ】円盤暗号法（一例）計算機に円盤のものがあるように、暗号尺にもやはり円盤のものがある。原理は同じことで、二重円盤の一方を「インデックス」、一方を「スライド」として、左右にずらせる代わりに、丸くまわして答えを得ればよいのである。エルザ・バーカーの短篇「ミカエルの鍵」にこの円盤暗号が使われている。

【ニ】自働計算機械による暗号　軍事、外交用としては、現在ではもっぱらこれが使われている。原理は平方式から立体式にまで移っていると云えるかも知れない。乱数表などという数学的な表まで使われている。しかし、こういうものは、もはや、機智と推理を狙う暗号小説の材料にはなり得ないのである。

（F）媒介法（九例）いろいろな媒介手段を使って暗号を伝達する。探偵小説の暗号にはこの媒介法の作例が非常に多い。機智の要素に富むからである。【タイプライター】には記号と数字とが同一キイに記されているし、古くは記号とアルファベットが同一キイに記されていたのもあるらしい。だから記号で数字や文字を現すことが出来る。その媒介がタイプライターとわかればすぐ解けるのである。昔読んだマーチモントの「ホードレイ氏の秘密」という長篇はこれを中心興味に使っていた。【書籍】のページと行と何字目との三つの数字を並べて送ると、相手も同じ本を持っていてこれを解くというのは屢々小説に使われている。聖書とか有名な小説本などが利用されるが、ドイルの「恐怖の谷」は年鑑を使い、解き方は少し違うけれどもクロフツの「フレンチ警部最大事件」は株式売買票を使い、クリスティーの短篇「四人の嫌疑者」は花屋のカタログを使い、バウチャーの短篇「QL 696 C9」は図書館の図書分類表を使い、また、ドイルの短篇「赤い輪」は三行広告を使っている。【火光信号】で意味を伝えるものは同じくドイルの「赤い輪」にもあり、暗中に煙草の火でモールス信号をするのはパーシヴァル・ワイルドの「火の柱」である。またルブランには【鏡】に日光を反射させて窓と窓とで信号する短篇があった。私の「二銭銅貨」も点字を媒介としている意味でここに入るであろう。最も奇抜な例は古代ギリシアのヘロドトスの「歴史」の中にある挿話で【人間を媒介】としたものである。戦争中、密使を遣わすのに、文書ではあぶないので、奴隷の眼病を治してやると称して頭を剃り、頭の皮膚に通信文を刺青《いれずみ》し、髪の伸びるのを待って先方の陣に送る。先方ではその頭を剃って通信を読んだというのである。

その他、あぶり出し、隠顕《いんけん》インクの使用による秘密通信、音楽による代用法、楽譜の暗号、縄や紐の結び目による代用暗号法、暗号としての神代《じんだい》文字など、いろいろあるが、大体の種目は以上につきると思う。

【第八】異様な動機（三九例）

探偵小説に描かれた犯罪動機については、前章〔本文庫では第Ⅱ部「異様な犯罪動機」〕に詳説したので、ここにはただ項目だけを列記する。読んだ作品の全部の動機を分類して統計をとると面白いのだが、私はそれをメモしなかったので、メモに記した奇抜な動機のみを挙げるに止める。しかし、一般の動機は別にトリッキイではないのだから、トリック集成の中の動機の項としては、ここに挙げるような特殊なものがふさわしいのだとも云える。

（A）感情の犯罪（二〇例）

（1）恋愛（一）、（2）復讐（三）、（3）優越感（三）、（4）劣等感（四）、（5）逃避（五）、（6）利他の犯罪（四）

（B）利欲の犯罪（七例）

（1）遺産相続（一）、（2）脱税（一）、（3）保身防衛（三）、（4）秘密保持（二）

（C）異常心理の犯罪（五例）

（1）殺人狂（二）、（2）芸術としての殺人（二）、（3）父コンプレクス（一）

（D）信念の犯罪（七例）

（1）宗教上の信念（一）、（2）思想上の信念（二）、（3）政治上の信念（一）、（4）迷信（三）

【第九】トリッキイな犯罪発覚の手掛り（四五例）

私のメモは犯人の側のトリックを書きとめることを主眼としたのだが、犯人発見の方の機智も、気づいた場合は記しておいたので、整理をして見ると、そういうものの小さな一群が出来た。謂わば副産物のようなもので、一項を設けるほどの内容はないのだが、ともかくここに書き添えておく。

本当をいうと、全作品のメモに、一つ一つ発覚の手掛りを書きとめておいて、統計的に調べると面白かったかと思うが、そんなことをやって見ても、トリックとして奇抜な手掛りというものは、大して発見出来なかっただろうと考える。

探偵小説とか推理小説とか呼ばれるのだから、探偵の側の推理こそ創意の中心になるべきであるが、実際は、探偵小説の面白さは、主として犯人の側の考えぬいた、又は機智と独創のある犯罪隠蔽手段にあるので、作者の構想力は大部分この点に注がれ、探偵はただ、それの解説役にすぎない場合が多い。

探偵の側の興味ある手法は、探偵小説よりも、むしろ犯罪史上の捜査実例や、法医学、捜査学の書物に尽きている。凡て正攻法であって、他奇なく、小説的面白さは乏しいのである。フリーマンは探偵の推理の方に中心を置こうとした作家だが、それ故に彼の作風は却って退屈になっている。法医学書に書いてあることを、そのまま繰返して見たところで、小説としては大して面白くないのである。

血痕、指紋、足跡、毛髪などの鑑定、弾丸の個性鑑別、塵芥その他微細物の検鏡、偽造文書や筆蹟の鑑定、モンタージュ写真、嘘発見器のたぐい、等々、実際智識としては夫々興味深いのだが、それを小説家がそのまま祖述して見たところで、たいしたことはない。小説は創意を尊《たっと》ぶからである。

だから、そういう極まりきったものはメモしなかったので、残るところは、実に貧弱なものになってしまう。しかも、それらとても、必ずしも法医、鑑識の領分を出ているわけではない。例えばこんなものしか拾い出せなかったのである。

（A）物質的手掛り（一七例）

【靴底に針をさしておく】ビガーズ「黒い駱駝」の機智。嫌疑者が部屋のどの部分を歩き、又立ちどまったかが、リノリュームの表面の、目にも見えぬ幽かな針のあとで判定できる。

【ドアの下部に針を立てかける】夜間、その部屋へ忍び込んだものがあるかどうかを確かめる機智。ドアをいくらソッとあけても、立てかけた縫針は倒れ、犯人はそれに気づかない。西洋の有名な作にこの例があったと思うが、メモには漏れているので今思い出せない。又、針の代りに、蜘蛛の巣のような細い糸を張り渡しておく方法もある。

【石の下の草】ドイル「ボスコム谷」。石の下敷きになっている草が、まだ生き生きとしているので、石はごく近頃そこへ置かれたと判定する。私はこれから「一枚の切符」を着想した。

【紐の結び方の特徴】俗に「船員結び」というのがよく使われる。結び方によって職業が分かるのである。だから、犯罪現場に何かが結んであったときには、結び目を解かないで、他の箇所を鋏で切ってほどくことが、捜査官の常識となっている。結び目を手掛りとして使っているのは、ドイル「アベ・グランジ〔僧坊荘園〕」、同じく「ボール函《ばこ》」、私の「何者」など。尚、手を見て、タコの出来ている個所によって、職業が分ることは、捜査学の本に書いてある通りである。

【ズボンに跳ねた泥】シャーロック・ホームズは初対面の事件依頼者が、ロンドンのどの方面から来たかを当てて驚かせる。それはズボンに跳ねた泥の色を見て、それと同じ泥のある道路を通ったものと判断し、その方角を当てるわけ。ドイルとフリーマンが、この種の推理をよく書いている。泥やホコリによる探偵法は、実際の鑑識上重要な分野になっているが、その方面の先駆者、ハンス・グロースやロカールは、ホコリなどの微細物による探偵法は、探偵小説家に教えられる所が多かったと書いているほどである。

【指紋】は捜査科学の領分だが、指紋を個人鑑別に用いたことも、小説は非常に早かった（別項「明治の指紋小説」参照）。こういう風に、法医学、捜査学の領分の手法でも、それが一般化し、常識化する以前なれば、探偵小説に用いても充分面白いのである。

【われたガラスの復原】フリーマンの「オスカー・ブロズキー事件」では、現場におちていた眼鏡のガラスを集めて、復原して見たら、質と湾曲度のちがった小片がまじっていて、コップの破片と判明し、犯人が確かめられる。破れた写真や文書の復原、灰になった手紙の判読などいろいろあるが、いずれも今日では捜査科学の常識となっている。

【写真に写っている影の長さ】によって写した時間を判定し、いつわりの時間申立てを覆す。コニントン「当たりくじ殺人事件」。犯行当日の天候を天文台の記録で調べて、虚偽の申立てを覆す手法もよく用いられる。

【左利き】左利きに気づくことによって、犯人が決定する場合。クリスティー短篇「厩舎街」の殺人」、クイーンの「Zの悲劇」その他多くの作にこれが用いられている。

【急に大食になる】自室に犯人をかくまって隠しているので、自分の食事を分けてたべさせる。随《したが》って主人公は急に大食になったように見える。大食になったら誰かをかくまっていると考えるのが探偵の常識。ドイル「恐怖の谷」、同じく「金縁の鼻めがね」、カー長篇「剣《つるぎ》の八」。

【網膜残像】死の刹那に見た犯人の顔が、解剖すると網膜に残っていて、犯人推定の手掛りになる。ロバーツ短篇「イギリス製浄水槽」。こういう話は昔からあって、よく小説にも使われたが、科学的には否定されていたところ、最近は肯定するような研究も発表されるに至った。

【射手鑑別法】これは現に捜査上使用されているけれども、最も新らしい鑑別法に属するので、一言する。ピストルを発射すると、焰硝《えんしょう》の微粒子が射手《いて》の方へもはね返ってきて、ピストルを持つ手や袖や肩、胸などに附着する。むろん目には見えないが、化学薬品で操作すると、それが現われて来る。その場に居合わせた人々の内、誰が発砲者であるかは、面倒な探偵を要せずして忽ち判明するわけだから、指紋などと同じに、探偵小説の領域を、それだけ狭めたことになるが、やがて指紋の場合の手袋と似た、犯人の側の対抗手段が発案されるに相違ない。この新らしい鑑別法を探偵小説に取入れたのは、私の読んだ範囲では、クレイトン・ロースンの一九四〇年の長篇「首のない女」が早い。

そのほか、私のメモには、吸い取り紙に残った判読困難の文字は、鏡に写して見れば分る（ドイル「スリー・コーターの失踪」）とか、ホームズの得意な煙草の灰の鑑別とか、網膜血管の配置が指紋と同じように人によって異るので、個人鑑別に利用する話とか、刃物で刺殺された場合、着衣の穴が、弾力のために刃物の幅より小さいことから生ずる誤認をただす（皮膚や筋肉も同様）とか。鉛筆の削り屑からその鉛筆の製造会社を判定するとか、筆蹟鑑定によって、親子が半分ずつ書いた文章と判断して犯人を確定する（ドイル「ライゲートの地主」）とか、いろいろあるけれども、いずれも大したものではない。

（B）心理的手掛り（二八例）

【犯人がウッカリしていた盲点を突く】「罪と罰」の壁塗り、私の「心理試験」の屏風の傷、スカーレット「白魔」の雨滴《あまだ》れ、同じく「エンジェル家」（私の翻案「三角館の恐怖」）の紙幣の番号、カー「皇帝の嗅煙草入」の犯人の錯覚による最後の破綻、ブッシュの長篇「百パーセント・アリバイ」で、突発事件を組み入れる為夕刊のおくれたことを知らず、夕刊を買ったことを証拠に時間アリバイを作って失敗する話、フローストの短篇「恐ろしき夕刊」にも同じ着想が使われている。それからポーストの短篇「神わざ」もこの種の機智の適例である。聾唖者の書いた文章のミススペリングは、耳のきこえる常人のように、発音上の間違いでなくて、目で見る字形のとりちがえであることに気づき、アブナー伯父が偽造文書を看破する話。

【丁半と藁人形】丁半の方はデュパンの名言。「盗まれた手紙」の中にこんな意味の言葉がある。「その子は『丁か半か』の遊びで、云い当てる名人だった。一人がオハジキの石を手に握っているのを奇数か偶数か当てるのだが、その子の必勝法は、相手の利口さを判断して、それに応じて答えをするというやり方であった。第一回に『丁』の数を握ったとする。余り利口でない相手の時は、『前に丁を握ったのだから、今度は半にしよう』と考えるだろう。相手が少し利口な場合は、そのもう一つ裏を考えて、最初の通り『丁』の数を握るだろうし、もっと利口な相手は、更にその裏を行って『半』を握るだろうという風に、相手の利口さに応じて、表、裏、裏の裏、裏の裏の裏とやるのだ」この相手の智力に応じて推理するというのが、探偵のコツなのである。「藁人形」の方はアブナー伯父の名言。「普通の犯人は犯行の証拠を一つも残すまいとする。それより利口な犯人は、藁人形（偽証）を自分の戸口に立てる。更に一層かしこい犯人は藁人形を他人の戸口に立てる」というのである。デュパンの捜査哲学を今一歩進めた表現といってよい。

【読心術】一体に名探偵というものは人心観破術に長じているが、ここに云うのはポーの「モルグ街」でデュパンが「私」の目のつけどころや、ちょっとした動作からその心中を云い当てるのを、ドイルが真似て「滞在患者」と「ボール函」の中に、ホームズがワトスンの心中を云いあてることを書いている、あの読心術である。これらは直接犯罪事件の探偵には関係のない挿話だが、ヴァン・ダインは「ベンスン事件」などで、こういうものを事件解決の推理に使おうとして苦心したのである。

【美学的手掛り】美に鋭敏な人は、一度も見たことのない部屋でも、そこにちょっとした異常があれば、変だなと直感する。そういう美的直感によって、その部屋から消えうせていた小さな品物を推定し、犯人発見に成功する。一例、チェスタトン「極重悪の犯罪〔世の中で一番重い罪〕」。

【多すぎる証拠】二つも三つもの証拠が、易々と手に入ったときには、探偵は警戒しなければならない。真犯人が嫌疑をかけたい人物のために作った偽証の場合が多いからである（他人の戸口に藁人形）。古くはポーの「お前が犯人だ」、近代ではヴァン・ダインの「甲虫殺人事件」が適例である。更に、もう一つこの裏を行って、わざと自分に不利な証拠を見つけ、こんなに証拠が揃うところを見ると、彼は真犯人ではないだろうと思わせる逆手がある。クリスティーの「スタイルズの怪事件」の一部にこの着想が用いられている。

【囮戦術】「犯罪者の愚挙」を犯人が進んで演じるように、囮《おとり》戦術を使う場合がある。ミルンの「赤い家の怪事件」で、池をかいぼりして、問題の着衣を探すと云いふらし、犯人の方で深夜、先手を打って池に入る所を、押える手法などは、適例である。

【尾行戦術】サード・ディグリー式の訊問は、ていのよい拷問だという考え方からすれば、執念深い尾行も一種の拷問に相違ない。何も手出しをしないで、ただ尾行する。昼も夜も、どこへ旅行しても、たえずある男が身辺に付きまとっているというだけで、真犯人なれば、結局神経を消耗して兜をぬぐのである。この作例が二、三あったと思うが、今題名を思い出せない。これなど「手掛り」とは云えないが、関聯して思いついたまま記した。

【附記、心理的探偵小説】心理的手掛りのことを書いたついでに、一般に心理探偵小説についても簡単に触れておきたい。私は探偵小説を書きはじめた初期から、物質的証拠による探偵小説よりも、心理的証拠によるそれの方が、深味があって面白いと考えていた。「心理試験」（一九二五年発表）を書いたのも、そういう心持ちの一つの現われであった。ほかに、もっと心理的な手法を狙って書いた「疑惑」という短篇もあるが、これは失敗の作であった。「心理試験」は心理学者ミュンスターベルヒの著書「心理と犯罪」（一九一二）から思いついて、今の嘘発見器の前身ともいうべき脈搏計その他と、聯想語反応の遅速を計る心理試験に対抗する犯人の欺瞞が、結局「盲点」によって破れる話を書いたのだが、やはり何か物質的証拠がなくては極め手にならないので、ドストエフスキーの「罪と罰」の中の、心理的訊問に使われている「壁の塗りかえを見たかどうか」という手法をまねて、金屛風の掻き傷を用いたのである。ヴァン・ダインは、私よりあとで現れた作家だが、彼の第一作「ベンスン殺人事件」（一九二六）と第二作「カナリヤ殺人事件」（一九二七）には、あり来たりの物的証拠による推理ではなくて、心理的推理の小説を書こうとして努力したあとが歴々《ありあり》としてのこっているが、やはり裁判上の極め手として物的証拠をも併用せざるを得なかった。そして「グリーン家」以後の諸作では、当初の心理探偵への野心が段々うすらぎ、結局、ペダントリに含まれる物知りぶりと、教養とで美化した、普通の探偵小説に終っている。

このヴァン・ダインの心理探偵への関心は、彼が編纂した「世界探偵小説傑作集」の有名な長序にもよく現れていて、彼以前の心理探偵小説の二人の作家を挙げ、熱意を以て、その代表作を紹介している。それはアントニー・ウインの長篇 *The Sign of Evil*〔悪の徴〕（一九二五前後）と、ヘンリー・ジェームス・フォーマンの長篇 *Guilt*〔罪〕（一九二四）である。私は前者は本が手に入らなくて、まだ読んでいないが、同じ作者の他の長篇「二重の十三」を一読、これは一向面白くなかった。後者の「ギルト」は本が手に入って読んだが、これはやや面白かった。恋愛から起った殺人事件を、フロイト流の推理で解決している。（これについては終りの【附記】を見よ）

クイーンの短篇探偵小説史「クイーンの定員」（一九五一）には、精神分析的探偵小説に先鞭をつけたものとしてハーヴェー・オ・ヒギンズの短篇集 *Detective Duff Unravels It*（一九二九）を挙げている。その説明文に曰く「凡ての犯罪には二つの面がある。一つはその物質的の面で、これは警察が捜査する。もう一つは犯罪者の心中の問題で、この小説の主人公ダフ探偵は後者の方を追求する。彼はある犯罪を、被害者の夢分析によって解決した。ある犯罪では盗難品の持主の細君の深部心理にある恐怖感を分析することによって、犯人を発見した。ある誘拐事件では、美しい女の抑圧された願望を分析して真相を発見した。又、彼は精神病理的探偵の手段として、恋愛感情を利用することまで発明した」

日本の木々高太郎が最初の心理分析的探偵小説「網膜脈視症」を発表したのは一九三四年であった。初期の一連の心理的短篇には、彼の専門の条件反射学を取入れたものもあった。更に近くは、純精神分析の長篇「わが女学生時代の犯罪」を一九四九年から翌々年にかけて連載発表した。

以上列挙した諸作の多くは、従来の探偵小説の構成法を変えないで、心理的推理の手法を取入れたものだが、これとは別に、ここ二十年来、欧米では「心理的スリラー」という別の形式の小説が発達し、従来の探偵小説を圧倒する勢で流行している。この形式は「謎を論理的に解く」という制約がないので、いくらでも心理的に、また文学的に描き得るわけで、謎と形式論理にあきたらぬ作家は、大いにこの方面に進むべきだと思う。

以上、大急ぎで書いたので、不統一、疎漏を免れない。殊に【第九】の項などは、最初から計画してメモを取ったものでなく、全く体を成していないが、訂正増補は後日の機会に譲ることにして、ともかくも、私のトリック集成の第一稿を発表した次第である。御叱正を期待する。

【附記】左記は「宝石」昭和二十一年十二月号に書いた旧稿だが、前記の二つの心理探偵小説の説明として載せておく。

ヴァン・ダインの探偵小説論の中に心理探偵小説に言及した左の一項がある。

「普通の医学者の素人探偵はよく書かれるが精神病理学者の探偵というものも、あってよいわけである。従来ともこの方面に理解ある普通の医家が探偵として登場している作品は少なくないけれども、純粋の精神病理学者を主人公として幾つかの長篇を書いた作家はアントニー・ウィン Anthony Wynne である。かれの主人公、ハーリイ街の精神医ヘイリ博士は神経学と精神分析学とを併せ用いて、スコットランド・ヤードの企及し得ざる見事な探偵ぶりを示すのである（かれの諸作中では *The Sign of Evil* が最も優れている）。しかし精神分析探偵小説という意味ではフォーマン Henry James Forman の長篇 *Guilt* が一層際立っている。この作は素材や結末の推理形式において探偵小説の常道をそれたような所があるけれども、しかし非常に面白い」

私は以前からこの二つの作を読みたいと思いながら、つい果たさないでいたが、漸く今年のはじめウィンの「二重の十三」*The Double Thirteen*（一九二五）を、又ごく最近フォーマンの「罪」（一九二四）を読むことが出来た。（ウィンの代表作 *The Sign of Evil* はまだ本が手に入らない）。「二重の十三」はやはりヘイリ博士の登場する作であるが、これは少しも面白くなかった。国際秘密団体の葛藤に基づく殺人事件を扱ったもので、大して創意のない長文の暗号解読が主題となっている。作中心理分析という言葉は屢々出て来るけれども小説そのものは一向心理的でない。この作のヘイリ博士にくらべてはシャーロック・ホームズなどの方が遥かに心理的だとさえ云える。ウインのものはもう二冊 *The Horseman of Death* と *The Mystery of the Ashes* を手に入れたが、そういうわけでまだ読む気がしないでいる。だが *The Sign of Evil* だけは読んでみたい。

フォーマンの「罪」はウインに比べていくらか面白かった。と言っても是非翻訳してほしいほどではない。ヴァン・ダインは探偵小説の常道を外れていると書いたが、私はこれではまだはずれ方が平凡すぎると思う。もっとはずれてしかも探偵小説の体を成していれば更に面白かったであろう。真犯人以外に二人の人物が次々と疑われるが、その第一の方は全体の筋と必然のつながりが弱く、取って着けたようで面白くないが、第二の嫌疑者の推定動機は純粋に心理的でなかなか面白い。

AとBとは幼時からの親友でお互に独身、まるで兄弟のようにしてアパートに住んでいる。C嬢はAの恋人でやはり同じアパートにいる。C嬢はAとの結婚を熱望しているがAはいつまで待っても結婚しようとは云わない。C嬢が思うのにAはBと非常に仲がよくて、現在の生活に満足し切っているために結婚のことを考えないのだ。Bさえいなくなれば結婚出来る。だからBを殺す外はない。C嬢はこういう理由で疑われる。しかしこの心理は嘘ではないとしても、実際の下手人はほかにあった。最後に判明する真犯人はAである。この動機はフロイト的なコムプレックスである。意識では少しも憎んでいない親友Bを、彼の下意識は極度に憎悪していた。このコムプレックスから夢中遊行中の無意識殺人となったのである。それを犯人自身が自己催眠によって夢中遊行の再現を試み、自から真相を暴露するという筋である。たしかに変った作ではあるが、変り方がなまぬるい。余りに公式的である。又探偵小説のトリックとしては「月長石」につくような所もあって、大して創意が感じられない。これらの作が世界の代表的心理探偵小説というのでは甚だ心細いわけである。これらに比べては、作者の教養度においても、日本の木々高太郎の方が遥かに優れている。

しかしヴァン・ダインがこの種の作品に関心を示したのには別の理由がある。彼は初期においてもっと広い意味の心理探偵小説を企てていたからである。私は戦争中ヴァン・ダインの諸作を読み返して見て、この事を強く感じたのだが、彼は探偵小説に筆を染める当初においては、物的証拠によらず、心理的証拠のみによる探偵法を創案し、謂わば探偵小説の革命を意図していたのである。処女作「ベンスン殺人事件」を念読すれば、この彼の苦心のほどが歴然と現れている。この作には「グリーン家殺人事件」や「僧正殺人事件」以上の深い意味が、作者のエポックメーキングなうぶな野心がこもっている。しかし心理的証拠のみによる推理は難事中の難事であった。さすがの巨匠も成功し得なかったのである。（私の近読の作品で比較すれば、このヴァン・ダインの意図は、古いザングウィルの「ビッグ・ボウ・ミステリ」などにある程度扱いこなされているように思われる。チェスタトンの諸短篇にもそれが感じられる)。第二作「カナリヤ殺人事件」では、もう心理的証拠だけでは持ちきれなくなって、物的証拠が採用され、「グリーン家殺人事件」となると、物的証拠の方が圧倒的に優勢になってしまっている。

右のウインやフォーマン風の精神病理学、精神分析、木々高太郎風の条件反射学、ミュンスターベルヒ風の心理試験などを取入れたものを最狭義の心理的探偵小説とすれば、ヴァン・ダインの企図したものはそれよりずっと広く、それから第三には更にもっと広い意味のもの、普通文学でいえばドストエフスキーよりプルウストに至る所謂心理小説に属する作風がある。探偵小説ではシメノンなどがこれに該当する。「心理的」という形容詞にはこの三つの異った場合を含んでいるのである。私は三つのいずれをも愛するものであるが、第一の狭義の「心理的」は内外ともその作例が乏しくない。やや征服し得たものと云っていい。今後に期待されるのは第二、第三の「心理的」である。心理小説の手法(第三)によって、推理の内容をも心理的に(第二)というのが、来るべき探偵小説への私の一つの夢である。

尚、心理探偵小説については、次の二つの拙文を引用しておきたい。

【「幻影城」の序文の一節】本書「英米探偵小説界の展望」の中で、私はサンドゥーの評論に拠って、マーガレット・ミラーの長篇「目の壁」を紹介し、この作が新らしい本格探偵小説の一つの方向を示すものではないかと書いておいた。最近その「目の壁」を一読する機会を得たが、私の想像は少し大げさにすぎたようである。この小説は「意識の流れ」に近いほどの心理的手法で描かれているし、犯人は最後まで隠され、また非常に大きなトリックが用意されてはいるけれども、本格探偵小説の新方向と高唱するほどの創意は感じられなかった。この作の目新らしさは主として描写の心理的手法にあるが、それに対して犯人を隠すトリックが、どこかルパンめいた通俗的なもので、トリックと文体とがうまくマッチしていない恨みがある。登場人物が非常にデリケートな心理的洞察力を持っているくせに、このルパン式な欺瞞を少しも気づかなかったというのは、全体が心理的に描かれているだけに、一層不自然に感じられる。

本書の私の紹介の文章には、精神病学者が探偵の役目をするように書いたが、他の作は兎も角「目の壁」では、精神病医は登場はするけれども、大して働くわけではない。それよりも警察の探偵が、なかなかの心理学者で、主たる推理役をつとめている。又、私の紹介文には「作者は犯人の心理を入念に撰択された無数の断片に分けて描いているので、読者は犯人と知らずして、しかも犯人の恐怖心理を充分味いうるという、一見不可能なことが為しとげられているらしい」と書いている。これはサンドゥーの文章をそのまま紹介したもので、実はこの点に私は最も大きな期待をかけていたのだが、「目の壁」を読んでみると、そういう感じは殆んど受けなかった。犯人の隠し方は従来の探偵小説とあまり変っていない。発覚以前の犯人の恐怖心理が、殊更らよく書けているとは考えられなかった。たとえ幾らかそういうものが出ているとしても、従来の優れた本格物には、これ以上のものがいくらもあったという感じである（例えば「矢の家」）。しかし、そうは云うものの、描写の心理的手法には新鮮な特徴があり、それでいて、最後に大きなトリックが隠されている点、やはり一つの新らしい試みであって、一読の価値は充分あると思う。

【同人雑誌「密室」昭和二十八年八月号に寄稿した「新心理探偵小説の一例」と題する小文より】昨夜読んだばかりのマーガレット・ミラー（米）の「鉄の門」について一言する。これは近頃になく感銘したからである。

アメリカの批評家ジェームズ・サンドゥーはかつて、ミラーの代表作「目の壁」と「鉄の門」を評して「純探偵小説の興味を充分備えた心理的スリラー」だと云ったことがあり、そのことは拙著「幻影城」の「英米探偵小説の展望」の中に紹介しておいたが、私はサンドゥーの文章から想像して、これは心理的純探偵小説（「心理試験」風のものをいうのではない。心理そのものの謎やトリックを中心とするような作を指す）の新らしい方向を示すものではないかと考え、大いに期待して「目の壁」を読んでみたところ、期待ほどのものではなかった。（そのことも「幻影城」の序文の附記に書いておいた）。又、その後、昨年度好評であった彼女の長篇「瞬時に消ゆ（雪の墓標）」も一読したが、これは一層つまらなかったので、私はミラーをあきらめてしまっていた。

　ところが、今まで入手できなかった「鉄の門」の方を、ある人から借覧して一読するに及んで、サンドゥーの文章が決して嘘でなかったことが分った。大した期待もせず読んだせいか、非常に感心した。終りに近いところなど息もつげないほどの面白さがあった。戦後で云えば、アイリッシュの「幻の女」、クリスティーの「予告殺人」、ジョセフィン・テイの「時の娘」（この作については今年の二月号の「中央公論」に書いた）などと同じ程度、ある意味では、それら以上にも感心した。

　どう感心したかということは、短い文章では書けないが（いずれどこかへ詳しく書きたいと思っている）心理小説にして、しかも大きな謎が最後まで隠されていること、心理的伏線がいろいろ敷かれていて、読後思い当ることが多く、それがちょうど物質的トリックの探偵小説のデータに当る役目を果していること、それらのデータは心理分析の角度から眺めてはじめて理解される底《てい》のものだから、裁判上の証拠になるような確実度はないが、心理的には物的証拠より強い同感があり得ることなど、私のいつも云っている「心理的手法による純探偵小説の新分野」を充分示唆するものである。

この作品自身が、この型の新探偵小説の完璧なるものとは、まだ云えない。動機その他にも不満がないではない。しかしミラーのもう一つの作「目の壁」の謎と心理的描写の組合わせなどとは全く違った新らしいものがあった。心理的純探偵小説の曙光《しょこう》のようなものが感じられた。

（「宝石」一九五三・九〜十［のち補訂］）

II　探偵小説の「謎」——トリック各論

『探偵小説の「謎」』序——この本のなりたち

社会思想研究会出版部のすすめによって、私の随筆の中から、探偵小説のトリックを解説したものを集めてみた。トリックについては、私は別に「類別トリック集成」（早川書房版「続・幻影城」に収む）というものを書いているが、これは探偵小説に慣れた人々のための項目書きのようなもので、一般の読み物としては不適当なので、本書にはその目次のみを参考として巻末に加え、内容全部はのせなかった。のちに、その「トリック集成」の部分部分を、もっとわかりやすい書き方にした随筆が幾つかあるので、ここにはそれらを集め、ほかに類縁の「魔術と探偵小説」「スリルの説」などを加え、さらに本書のために新らしく「密室トリック」三十五枚を書き下して、首尾をととのえた。

「類別トリック集成」は八百余の各種トリックを九つの大項目にわけて解説したものだが、それらの項目と本書の随筆との関係を左にしるして御参考に供する。これには巻末の「類別トリック集成」目次〔本文庫では第Ⅰ部〕を参照されたい。

第一、犯人の人間に関するトリック

この項目では「一人二役」と、「その他の意外な犯人」の二つが最も大きなものだが、本書の「意外な犯人」と「奇矯な着想」(の一部)はその両者から面白そうな部分を抜きだして随筆にしたものである。

第二、犯罪現場と痕跡に関するトリック

この内訳は①密室トリック②足跡トリック③指紋トリックであるが、本書の「密室トリック」は①を詳しく書き直したもの、また、本書「明治の指紋小説」は③に関係がある。

第三、犯行の時間に関するトリック

この項目はくだいて書いた随筆がないので、本書にはのせられなかった。

第四、兇器と毒物に関するトリック

本書「兇器としての氷」と「異様な兇器」はこの項目の兇器の部分をくだいて書いたものである。毒物についてはそういう随筆がない。

第五、人および物の隠し方トリック

本書「隠し方のトリック」はこの項目の中から面白そうな例をひろいだして詳記したものである。

第六、その他の各種トリック

この項目には第一から第五までのどれにも属しない二十二種の異ったトリックが列挙し

てあるが、本書の「奇矯な着想」（の一部）と「プロバビリティーの犯罪」はそのうちの二、三種を詳記したものである。

第七、暗号記法の分類

この項目は原文がやや読みやすく書いてあるので、そのまま本書に再録した〔本文庫では第I部【第七】参照〕。

第八、異様な動機

これも前項と同様である。ただし多少の省略を加えた。

第九、犯罪発覚の手掛り

この項目は内容がはなはだ貧弱だし、別に書き改めたものもないので、本書には省かれている。

昭和三十一年五月

江戸川乱歩

（『探偵小説の「謎」』社会思想研究会出版部、一九五六）

奇矯な着想

昔の探偵小説家、ことに英米、アングロサクソン系の作家が、いかに奇矯な手品的トリックを考え出したかというお話である。

私は昭和二十八年に、古来の主として英米探偵小説にとりあつかわれたトリックを八百あまり蒐集《しゅうしゅう》して「類別トリック集成」という文章を書いたが、それは八百あまりのトリックを原稿紙百五十枚ほどに圧縮した、玄人むきの項目書きのようなものだから、その後、その中の一部分を随筆風にくわしく書いて雑誌などにのせた。たとえば「兇器としての氷」「顔のない死体」「隠し方のトリック」「プロバビリティーの犯罪」などである。

ここには、私の「トリック集成」の中から、右の諸稿に重複しない、なるべく奇矯なトリックを幾つかひろいだして、ややくわしく書いてみることにする。いずれも古い作品で、探偵小説通の読者には珍らしくもない話だが、そういう古い所にかえって面白い着想が多い。一般読者にはいくらか興味があるだろうと思う。

人間外の犯人

殺人事件があれば、まず人間の犯人を考える。その虚をついて、人間以外の犯人を持ちだして、アッといわせる手は、探偵小説の開祖エドガー・ポーが「モルグ街の殺人」で先例をひらいた。人間の犯人とばかり思って捜索していたのが、意外にも大猿オラン・ウータンであったというのだ。その後の探偵作家はこの着想を継承して、ほとんどあらゆるけもの、鳥、昆虫などを犯人に仕立てて、意外感をだしている。また、逆に動物が犯人だと思ったのが、実は人間の作為だったという手法もある。その奇矯な一例。

ある曲馬団に、獅子の口をひらいて、その中に自分の頭を入れるという芸をやる獅子使いがあった。千番に一番の危険術だ。ある日、見物の前で、獅子使いが獅子の口の中へ頭を入れると、どうしたことか、獅子がガッと口をとじて、首を噛みくだき、獅子使いはアッというまに殺されてしまった。

あんなによく慣らしてある獅子が噛みつくというのはおかしいと、いろいろ調べてみると、その獅子が殺人事件の少し前に鼻をしかめて笑っているのを見たという者が現われた。獅子が笑ったなんて実に恐ろしい話である。

結局、人間の犯人が逮捕される。種を割ればあっけないのだが、曲馬団員の中に獅子使いに恨みをいだくものがあって、獅子の仕業と見せかけて相手を殺す目的で、一つの妙計を案じだした。というのは、獅子使いの頭に、さとられぬようにクシャミ薬をふりかけておいて、その頭を獅子の口に入れると獅子がクシャミをする。その拍子に噛みつかせようという企みであった。その犯人が前もって獅子の口にクシャミ薬を入れて実験をやったときに、獅子が笑った。鼻がくすぐったくて、笑うような顔になったのである。これは三十数年前のイギリスの短篇だが、この筋は捕物帳に応用すれば面白いだろうと思う。もしかしたら、とっくに応用されているかもしれない。

人間以外の犯人で珍らしいのは、木製の人形がピストルを発射して人を殺したという着想である。ある部屋に等身大の人形が立ててある。夜中、その部屋に寝ていた男がピストルで殺される。ドアには中から鍵がかけてあって、誰も出入りした形跡がない。調べてみると、人形が右手にピストルを握っていた。それが最近一発、発射されていることがわかる。人形が人を殺したのである。

種あかしは、やはり人間の犯人がいて、人形の真上の花瓶かなんかから、雨だれのように、点々と水が滴る仕掛を作っておいたのだ。その水滴がたえまなく人形のピストルを持った手にあたり、数時間のうちには、木質の湿気による膨脹作用で、人形の指が動き、ピストルの引金をひいたのである。

もっと奇矯なのに、太陽の殺人というのがある。むろん日射病ではない。カミュの異邦人は太陽のせいで人を殺したというが、そんな心理的なものでもない。純物理的の殺人手段なのである。

密閉された一室で人が射殺されている。被害者から遠くはなれた机の上に猟銃が放り出してあり、それにこめてあった実弾が発射していることがわかる。しかし犯人の出入りした形跡は全くない。猟銃がひとりで発射するはずはないから、非常に不可思議な事件にみえる。そこへ名探偵が現われて、「これは太陽と水瓶の殺人だ」という。いよいよもって不思議千万である。

この種あかしは、ガラス窓からさしこんだ日光が、机上の水瓶にあたり、その丸いフラスコ型の水瓶がレンズの作用をして、偶然、旧式猟銃の点火孔に焦点をむすんだので、実弾が発射したというのだ。この着想はアメリカの古い探偵作家ポーストと、フランスのルブランが使っているが、私も学生時代に、その二人とは別に着想して、下手な短篇を書いたことがある。早さでは、ポーストと私とほとんど同時ぐらい、ルブランはそれよりおくれている。

二つの部屋

Aという男がBに誘われて、夜中、ビルディングの一階にあるBの事務所へやってくる。そこで二人は酒を呑んで話していたが、BはAの油断を見すまして、突然襲いかかり猿ぐつわをはめ、手足を長椅子にしばりつける。そして、カチカチと時計の音のしている黒い箱を持ち出し、これは時限爆弾で、何時何分には爆発する。君はそれまでの命だといい、その箱を長椅子の下に入れて立ち去る。Aは非常な恐怖にうたれて、もがいているが、まもなく意識不明になってしまう。それは、さっきの酒の中に強い睡眠剤がいれてあったためだ。

どれほど眠ったのか、ふと目をさますと、やっぱり元の部屋に縛られたままである。とっさに思いだすのは時限爆弾のこと。長椅子の下からカチカチという時計の音がきこえてくる。壁にかけた時計を見ると、爆発寸前、あと二分しかない。また、もがきにもがいているうちに、どうしたことか、縄がとけてくる。あわてふためいて縄をかなぐり捨てたが、あともう三十秒だ。パッと部屋を飛び出して廊下に出る。向うに屋外へのドアがある。そのそとは三段ほど石段があって、すぐ往来のはずだ。ドアにぶっつかると、さいわい鍵はかかっていなかった。ひらいて一歩そとに踏み出す。その途端、「アッ」という声をたてたまま、Aは底知れぬ穴の中へおちこんで行った。いつの間に、そんな深い穴が掘られたのか？　いやそうではない。一階だとばかり思いこんでいたのが、実は九階に変っていて、屋外へのドアではなくて、エレベーターのドアをひらいて、その穴の中へとびこんだのであった。Aはもちろん絶命した。

犯人Bは、そのビルの九階に、一階の自分の事務所と全く同じ部屋を作っておいた。睡眠剤で眠っているAを、その九階の部屋までかつぎあげ、一階と全く同じ長椅子にしばりつけて、その前の廊下のエレベーターのドアも締りをはずしておいたというわけである。絨毯から、壁紙から、椅子、テーブル、壁の額の絵、時計など、何から何まで、寸分ちがわぬ二つの部屋を作っておいたという点に、このトリックの創意がある。

Aは誤ってエレベーターの穴に落ちた過失死と認められ、犯人は少しも疑われないですんだ。ビルの一階と九階に全く同じ飾りつけの部屋があったとわかっても、それを直ちにAの墜落死と結びつけることは、なかなかむつかしいのだ。これも三十数年前の古い作品だが、私はその印象がいまでも残っているほど、この着想を面白く感じたものである。

この「二つの部屋」のトリックは、ずっと後になって、アメリカの著名な探偵小説家カーとクイーンが別の形で使っている。ことにクイーンのは、「二つの部屋」を「二つの建物」に拡大したトリックで、石造三階建ての大きな建物が一夜にして、あとかたもなく消失するというズバ抜けた着想にまで成長させている。

列車消失

イギリスのある有名な探偵作家は実に奇嬌なことを考えた。夜、長い貨物列車が、X駅から次のY駅に到着すると、中央部の貨車が一台紛失している。X駅を出るときには、たしかにあった貨車が、途中一度も停車せずY駅についたときに、煙のように消えうせていたのだ。その貨車には高価な美術品がたくさん積みこんであった。それが貨車もろとも盗まれたのである。一度も停車しない列車のまんなかの貨車が、一台だけ消え去るというのは、物理的に不可能なことだ。いったいどうして、そんなことができるのかと、読者は不思議にたえない。恐ろしいサスペンスに、夢中になって読みつづける。

　作者はいかにしてこの不可能を可能ならしめたか。それには、実に手数のかかる大がかりな手品を発明したのである。

　X駅とY駅の中間の淋しい山中に、廃物になった支線がある。犯人はそれを利用したのだ。目的の貨車だけをその支線に入れて、後部の貨車が切りはなされることなく、無事にY駅に着くようにするトリックさえあれば、この不思議がなしとげられる。そのトリックを考えだしたのである。

　それには共謀者三人を必要とする。Aは問題の貨車の中に忍び、Bは支線のポイントの所に待ちかまえ、Cは支線に辷《すべ》りこんだ貨車に飛びついて足踏みブレーキをかける役である。

　列車出発前に、あらかじめ両端にかぎのついた太い長いロープを貨車の中に隠しておき、X駅を出発するやいなや、Aはこのロープの両端のかぎを目的の貨車の前の車の接続器とあとの車の接続器とにひっかけ、ロープは目的の貨車の外側をまわしておく。こうして太いロープで目的の貨車の前の車と後の車とがつながったわけである。

　支線に近づくと、Aは前後の車の接続器をはずし、前車と後車はロープだけで接続されているようにする。ポイントのところに待ちうけていたBは前車の車輪が支線の分岐点を越すのを見て、急速に転轍器《てんてつ》をおろし、目的の貨車が支線にすべりこむようにする。そして、その後部車輪が分岐点を通過した一刹那、また手早く転轍器をもとに戻す。かくして目的の貨車だけが支線に入り、後部の数輛の貨車は太いロープに引かれて、そのまま本線を進行する。待ちかまえていたCは支線に入った貨車に飛びつき、必死にブレーキを踏む。そして、貨車が深い森の中に隠れるころ、丁度停止するようにする。そこで、中の美術品をゆっくり運び出すためだ。

車上のAは、貨車抜き取りの瞬間、前車に飛び移り、接続器の横の鉄梯子にとりついて、身を縮めている。やがて列車はY駅に近づき、速力をゆるめるにつれて、ロープで引かれる後車が、惰力で前車に追いつき、ガチャンとぶつかる。その機をのがさずAは前後車の接続器をつなぎ、たるんだロープをとりはずして地上に投げ、自分も貨車から飛びおり、ロープを引きずって姿をくらます。かくして大きな貨車一輛がX駅とY駅の間で、煙のように消えうせる奇蹟がなしとげられたのである。

貨車消失といえば、コナン・ドイルはこの上をこす奇矯なトリックを案出した。イギリスによくある個人に貸しきりの特別急行列車全体が、A駅からB駅までのあいだに、幽霊のように消えうせるのである。

B駅では、A駅からいま問題の列車が通過したという電話を受け、待ちかまえているが、一向列車がやって来ない。そのうちに問題の列車のあとで、A駅を通過した列車がB駅へ入ってくる。その機関手に途中で問題の列車に故障でも起ったのではないかとたずねるが、途中にはなんの邪魔ものもなかった。列車らしい影さえも見えなかったと答える。一つの列車が、空中へでも舞いあがったように、完全に消失したのである。途中に支線は一つもない。

種あかしをすると、これは多勢の共謀犯罪で、その列車を借りきった知名人を人知れず葬るための所業《しわざ》であった。AB駅の間に支線はないといっても、かつては鉱山への支線があったのだが、ずっと以前にその鉱山が廃鉱になり、支線も不要になったので、間違いの起らぬよう、本線の近くの部分だけ支線のレールをとりはずしてあった。だから、支線を考慮に入れる必要はなかったわけである。しかし犯人はその裏をかいて、多勢の力で別の場所から数本のレールを運んで来て、夜にまぎれて、急速に廃鉱への支線を復原した。そして、共犯があらかじめ機関車に乗りこみ、機関士をピストルで脅迫しながら、急ごしらえの支線へ乗りこませ、フルスピードを出させておいて、共犯も機関士も中途で飛びおり、そのまま列車を廃鉱へ驀進《ばくしん》させた。その支線の終点は大きな竪坑《たてあな》の口にたっしていたので、列車は被害者やその従者もろとも、まっさかさまに深い竪坑の底へ落ちこんで行った。その附近は人家もない淋しい山中で、廃鉱への線路の両側は高い崖になっていて、異様な列車の驀進は、遠くからも見えなかったのである。

死の欺瞞

死の欺瞞について奇矯な着想が幾つかある。その一つは職業利用の殺人で、自殺したとしか考えられないものである。

あるアパートの一室に、ピストルを口中に入れて発射し、自殺している死体が発見された。そのそばに一挺のピストルが落ちていた。発射されたあとがあり、またピストルの表面についた指紋も、死者のものばかりであった。この事件はむろん自殺として処理された。口中にピストルの先を入れられて、無抵抗でいるような人間があるはずはなく、他殺とはどうしても考えられなかったからである。

ところが、真相は他殺であった。そういう他殺をごく自然にやり得る唯一の職業がある。それは歯科医なのだ。咽喉科の医師でもできないことはないが、歯科医のほうがいっそう便宜である。恨みのある人物の歯を治療しているあいだに、隠し持ったピストルの筒口《つつぐち》を患者の口中に入れて発射すればよい。歯科の患者は目をつむって、大きく口をあけているものだ。絶好の状態である。そして、殺しておいて、死体を別の町のアパートの人のいない部屋に運び、そばに被害者の指紋をつけたピストルを投げすてておけばよろしい。あまり著名でないイギリス作家の短篇である。

いま一つの例は、生きていながら死んだと思いこませ、自分をこの世から抹殺するトリックである。これは種々の条件がよほどうまく揃わないとむずかしいのだが、Aという男が早朝、暴風雨の海岸の岩の上に倒れている。これを発見した友人が、驚いて岩に駆け上り、名を呼んでも答えない。まっさおになってグッタリしている。どうも死んだとしか見えない。念のために右手首の脈をとって見ると、全く絶えていることがわかったので、あわてて医師と警察に知らせるために人家の方へ走り去る。倒れていたAは、それを見送ってノコノコと立ちあがり、どこかへ行ってしまう。あとではAの死体が波にさらわれたものと判断される。かくしてAはこの世界から自己を抹殺したのである。

どうして脈がとまっていたのか？　それには手品師の使う手がある。腋の下に小さいボールのようなものを入れて腕でしめつけ、腕の動脈を強く圧迫するのだ。そうすると手首の脈は消えてしまう。この犯人はその奇術を応用したのである。これはカーの短篇。

川に水死人が浮きあがる。解剖しても普通の水死としか見えない。しかし、これにも他殺の場合がある。犯人はその川の水を洗面器に一杯くみとり部屋に運ぶ。そこへ殺そうとする人物を誘いこみ、すきをみて、その人物の頭をおさえ、顔を洗面器におしつけて、しばらく動かないようにしている。その人物は川の水を胃や肺に吸いこんで窒息死する。その死体をひそかに川に投げこんでおくのである。これは昔からよくいわれていることで、誰でも知っているのだが、長篇ではクロフツの作にこの方法が使われている。小さな洗面器による溺死という奇矯性に面白さがある。しかし、これは小説上のことで、実際には相手が無力な病人ででもない限り、なかなかできるものではない。

水にぬれると異常に収縮する植物の繊維で織った布を、たえず首にまかせるように仕向ける。こちらが医者で、相手が咽喉《のど》をいためているような場合がもっとも適切であろう。場所は熱帯地方がよろしい。または熱帯を通過する汽船の上がよろしい。熱帯特有のスコールが来る。人々は喜んでこの驟雨に身をさらす。その時、目的の人物の首にまいた布が恐ろしい力で収縮し、その人物はもがきながら息絶えるのである。この話はある犯罪随筆で読んだが、私はその植物の名を知らない。

（「オール讀物」一九五四・十）

意外な犯人

探偵小説という小説形式が発明されてから、まだ百十年ほどにしかならないが、そのあいだに、世界各国の探偵作家が、トリックの創意を競い、人間の考えうるトリックはほとんどあさりつくされてしまい、全く新しいトリックを案出する余地は、もうなくなったといわれている。

私は戦後、英米の探偵小説を相当量読んだが、読むにしたがって、トリックのメモをとっていき、ちがったトリック八百余種を収集し、二十八年秋の「宝石」誌に「類別トリック集成」というものを書いた。その内容をごく大ざっぱにいうと、犯人の考えだすトリックは、①犯人についての不可能（すなわち意外な犯人）②犯行の物理的不可能（「密室の犯罪」や足跡、指紋などのトリックが含まれる）③犯行時間の不可能　④意外な兇器と毒物　⑤人や物の意外な隠し方、などの項目に分類することができる。ここには、それらのうちの「意外な犯人」のトリックについて書いてみようと思う。

「意外な犯人」のトリックでもっともよく使われ、またその種類も多いのは「一人二役」である。私の集成では、八百例中の百三十例が「一人二役」の種々の変形で、第一位にある。その次は「密室の犯罪」の八十三例で、この二つのトリックが圧倒的に目立っている。「一人二役」の一部に、被害者がすなわち犯人であったという着想がある。

一つの殺人事件で、殺した人物と殺された人物は、全く相対立するもので、この両者が同一人物であるなどとは、誰も考えない。加害者と被害者とは、どうしても相容れることのできない存在だからである。探偵作家は(ある場合には現実の犯人も)この常識の盲点に着眼して、いろいろなトリックを発明した。

私の分類の中から「被害者が犯人」の項目をひろい出してみると、左のようになる。

(1)犯人が被害者に化ける(細分すると、犯行前に化けるものと、犯行後に化けるものとある)四十七例

(2)共犯者が被害者に化ける(複数犯人の場合で、この方が実行はやさしい)四例

(3)犯人が被害者の一人を装う(複数被害者の場合で、有名な作でいえばヴァン・ダインの「グリーン家殺人事件」やクイーンの「Yの悲劇」がこのトリックを使っている)六例

(4)犯人と被害者と全く同一人　九例

などである。このうちでは(4)が一番不思議な感じがすると思う。犯人と被害者と全

く同一人というようなことが成り立つものであろうか。

これには「盗み」と「傷害」と「殺人」の三つの場合がある。

まず「盗み」の例をしるすと、その都会で第一流の美術骨董商が、長年のお得意に高価な宝石を売る。しばらくして、そのお得意が、宝石の台座か何かがいたんだので、修繕してくれといって持ってくる。骨董商はそれをあずかって調べて見ると、その宝石がよくできた模造品であることがわかる。お得意さまは立派な富豪だから、にせものを持ってくるはずはない。最初売ったときから、にせものだったのを、ウッカリ気がつかなかったのだということがわかる。骨董商の方の大失策なのだ。代りの品を手に入れて返すということも考えるが、非常に珍らしい宝石なので、ソックリのものが手に入るはずはない。もし、にせものをそのまま修理して返せば、いつかはそれがばれて骨董商の信用は地におちる。第一流の美術商だから、そんな不名誉には堪えられないのである。

そこで骨董商の主人は、窮余の一策を案じ、自分が泥棒に化け、工房の天窓から忍びこみ、その宝石を盗んでどこかへ隠してしまう。翌朝盗難届けをすると、警察が調べに来るが、泥棒のはいった痕跡がハッキリ残っているので、盗難と認められる。骨董商はお得意に陳謝して、宝石の代金に相当する現金を返済する。宝石代だけまるまる損をするわけだが、店の名声には替えられないというのである。探偵小説のことだから、これを正面からは書かない。結果の方から逆に書いて行くので、非常に不思議な物語となる。自分で自分のものを盗む、すなわち被害者と犯人が同一人なのである。

「傷害」の例には、私の旧作がある。西洋の作例もあるが、それらは長く書かないと意味が通じないので、これだけは自作を引用する。戦前、陸軍の高官の邸内に起った事件で、ある夜、誰もいない主人の書斎へ泥棒が入る。主人の息子の青年が、それに気づいて、まっくらな書斎へ行ってみると、賊はピストルをうって、窓から逃げてしまう。そのピストルの弾丸が息子の足に当り、重傷なので病院にはいるが、生れもつかぬびっこになってしまう。後に盗難品は庭の池底から現われる。

これは実はその息子のひとり芝居で、書斎にあった貴金属品をハンカチに包んで、窓から池をめがけて投げこみ、盗難をまことらしくしておいて、ピストルで自分自身の足を撃ったのである。これだけ書いても、その息子がなぜ自分の足を撃たなければならなかったか、おわかりにならないでしょう。あることに気がつくまではわからない。それは徴兵忌避という動機であった。父は将軍だからウッカリしたまねはできない。そこで泥棒に撃たれたと見せかけて、びっこになり、徴兵をまぬがれる名案を思いついたというわけ。すなわち被害者が犯人と同一人物である。これも枝葉をつけて逆に書くと、ちょっと面白い謎物語になる。

次に「殺人」の場合。殺した者と殺された者と同一人というトリックである。そんなことは全く不可能だと感じられるけれども、不可能を可能にするのが探偵小説のコツだから、ちょっとしたキッカケさえあれば、いろいろと名案が浮かんでくる。この場合のキッカケは、「自殺」という着想である。「自殺」は殺すものと殺されるものと同一人なのだから、そこから何かを引っぱり出せばよいのである。

不治の病にかかって、医師から死期を宣告されているような人物が、誰かを非常に恨んでいて、どうせ近く死ぬいのちを、早く捨てても復讐がしたいというような場合に、うまくあてはまる。恨んでいる人物に疑いがかかるように、いろいろの偽造手掛りをのこしておいて、他殺と見せかけた自殺をするという手である。このトリックは古くから内外の探偵小説にしばしば使われている。

殺した者と殺されたものと同一人というトリックには、イギリスに、ひどく突飛な作例がある。イギリスのローマン・カソリック派のアーチ・ビショップという偉い僧職にあるロナルド・ノックスという有名な学僧がある。この人が、探偵小説好きで、古くから多くの作品を書いている。長篇の代表作「陸橋殺人事件」は戦前に邦訳され、探偵小説好きはノックスの名をよく知っているのだが、この人の短篇に恐ろしく持って廻った、不思議な探偵小説がある。

それは、不治の病で医師から死期を申し渡された男が、死を待つ苦痛をまぬがれるために、非常な苦労をする話なのだが、この男、臆病者で、とても自殺はできない。自分で死ねないとすれば、他人に殺してもらうほかはないけれども、進んで殺人罪を犯してくれるような篤志家がいるはずはない。自分で殺してくれる人を作り出さなければならない。

そこで、彼は自分が誰かを殺して、その罪によって死刑にしてもらうのが一番だと、実にまわりくどいことを考える。(断わっておくが、これはアイロニカルな小説だけれども、滑稽に書いてあるわけではない。こんなふうに正面から書くと、なんだか滑稽だけれど、原作は順序を逆にして、第三者の物語にして、巧みに書いてあるので、納得しながら読むことができる)。そこで、彼はちょっと面白いトリックを考えつき、間接な方法によって見知らぬ男を殺そうとするが、結局未遂に終ったばかりでなく、警察は少しも自分を疑ってくれない。人を殺すのも容易ではないと考える。

そこで、彼は一層まわりくどい案を立てる。他人を殺そうとするから失敗するが、自分が一人二役をやって、一方の自分が、他方の自分を殺すというお芝居に成功すれば、犯罪者になれるだろう。自分がもう一人の自分を殺すのだから、これは実にたやすいことだと考える。

彼は全く架空の人物に化けて、その本当の自分と二人で、相客のいない一等車のコンパートメントにはいる。まず架空の方の人物が先にはいり、誰にも見られないように、別の出入口からソッと抜け出し、変装をといて、本当の自分になって、もう一度車室にはいる。二度とも、車掌やボーイにそれぞれの姿を見せ、声などかけて、二人の客が同じ車室へはいったと思いこませる。

そして、次の駅に着いて、車室から出てくるのは本物の方の彼だけで、架空の人物はどこにもいない。列車の進行中に本物の彼が架空の彼を殺して、途中の長い鉄橋の上から、川の中へ投げこんだように見せかけるのである。二人の男が乗りこんだことは、車掌やボーイが知っている。それに、汽車が二人の降りる駅についても、架空の人物は消えてしまって、本物の彼だけが、なにかうさんくさいふうをして、降りてくるのだから、これは疑いを受けるにちがいない。

彼はこの奇妙なトリックを実行した。すると、今度はまんまと図にあたって、彼は希望通り逮捕され、裁判になり、有罪と決定しそうになる。さて、こうなると、あれほど望んでいた死刑そのものが怖くなる。なんとかして助かりたいと考え出す。そこで、弁護士に泣きついて、真相をうちあけ、弁護士の力で無罪になり、釈放されるのだが、その裁判所から自宅への帰り道で、うしろから来たトラックをよけそこない、至極簡単にひき殺されてしまうという話である。一種の皮肉小説だが、殺す者と殺される者が同一人というトリックの、きわめて特異な一例である。

以上は「一人二役」による意外な犯人の例であるが、私のトリック表には、「一人二役のほかの意外な犯人」という項があって、これが左の十種に分れている。

①探偵が犯人　②その事件の裁判官、警官、典獄が犯人　③事件の発見者が犯人　④事件の記述者が犯人　⑤犯行の力なき幼児または老人が犯人　⑥不具者、重患者が犯人　⑦

死体が犯人　⑧人形が犯人　⑨意外な多数犯人　⑩動物が犯人

この内の面白そうな項目を拾いだして見ると、①の探偵が犯人というのは、やはりずばぬけた着想といっていい。その事件を担当して活躍している名探偵が、実は真犯人であったというトリックは、それにはじめて出会ったときには、アッと驚き、非常な快感を覚えるものである。私は少年時代、三津木春影の翻案で、ルブランの「８１３」を読んだとき、はじめてこのトリックにぶっつかり、たまらない面白さを感じた。

ルルウの「黄色の部屋」が、やはりこのトリックを中心にしているが、それを読んだのは、もう少し後だった。二度目だけれど、これも飛びきり面白かった。探偵が犯人だったというトリックは、一度誰かが使えば、あとから出たものはまねにちがいないので、「またか」とウンザリすることになるが、それでも、この同じトリックを使っている有名な作品が随分ある。

一ばん早いのはポーの「お前が犯人だ」で、純粋の探偵ではないけれども、最初から事件の捜査を指導していた人物が、最後に真犯人とわかるという筋で、さすがにポーはこのトリックにも先鞭をつけている。

その次はイギリスのイズレール・ザングウィルの長篇「ビッグ・ボウ事件」（一八九一年）で、一九〇七年の「黄色の部屋」、一九一〇年の「８１３」よりもはるかに早い。ザングウィルは純文学者なのだから、着想も文章もよろしく、「探偵即犯人」と「密室の殺人」の二大トリックを、十分に書きこなしている古典として、もっと認められてもよいと思う。この作については、戦後、私が提唱したので邦訳が出ている。

このトリックはザングウィル、ルルウ、ルブランより後にも、英のフィールディング、米のラインハート、英のクリスティー、米のクイーンなどの長篇や、チェスタトンの短篇（二編）にも、くり返し使われている。日本の作家では浜尾四郎のある長篇の中心トリックにこれが使用されている。

探偵即犯人について奇抜なのは、④の「事件の記述者が犯人」のトリックであろう。その小説は、局外者のような顔をした人物の一人称の記録として書かれている。読者は、その記録の中に出てくる諸人物は誰も彼も、犯人ではないかと一応疑ってみるが、記録を書いている当人は、全く問題にしない。記録者が嘘を書くはずがないと信じている。もし嘘を書いたら、その小説がだめになってしまうというのが常識だからである。

この盲点をついて、クリスティーがいまから三十年ほど前に、記録者が実は犯人だったという長篇を書いて、探偵小説界をアッといわせた。この作では、記録者は少しも嘘を書いていない。ただ一カ所ちょっと記述を省いたところがあるだけで、全体としては真実を書いている。それでいて、記録者が犯人なのだから、その書き方には非常な技術を要する。クリスティー女史は、それを巧みにやってのけた。そして、この長篇は彼女の代表作になっている。

この作に対しては、記録者が積極的に嘘を書いていないにしても、肝腎のところを省いているのだから、やはり読者に対してアンフェアだという非難がある。しかし、この非難は、探偵小説を作者と読者との謎解きゲームだとする考え方からくるので、私はそんなに狭量に考えなくてもいいと思っている。現に多くの批評家が、この作をベスト・テンに入れているのをみても、そういう非難は当らないと思う。

この記録者が犯人だったというトリックには、クリスティーの前に先駆者があった。作者がスウェーデン人であったため、英米の読書界で問題にならなかったというにすぎない。その作家はスウェーデンのS・A・ドゥーゼという人で「スミルノ博士の日記」という長篇である。前記のクリスティーの作は一九二六年に出たのだが、「スミルノ博士」は一九一七年で、十年も早い。この作が日本に早く知られたのは、法医学の古畑種基博士のお蔭で、古畑さんがドイツに留学中、ベルリンで、この本のドイツ訳を見つけ、友人の小酒井不木博士に送り、小酒井さんが大正末期の「新青年」に邦訳連載されたのであった。

このトリックも一度使われたら、あとは真似になるのだが、それでも多くの追随者があった。英のバークレイやブレイクが、同じトリックを蒸し返しているし、日本でも横溝正史、高木彬光両君の代表的な長篇に、このトリックが使われている。

次に奇抜なのは⑦の「死体が犯人」のトリックであろう。死人が兇器をふるって人を殺すなんて、あり得ないことだが、そういうあり得ないことを、あり得るように扱うところに、探偵作家の苦心がある。それはアーサー・リースという作家の「死人の指」という小説だが、実は死体は道具に使われるので、真の犯人は別にいる。しかしその犯人は犯罪現場にはいないのだから、アリバイが成りたち、一応死人の殺人となるわけである。

その方法は、犯人が死人の手にピストルを握らせ、指を引金にかけておき、そのピストルが発射されたら、通夜をしているある人物に命中するような具合にしておいて、遠くへ立ち去ってしまう。すると、夜が更けるにつれて、死体硬直が起り、死人の指も硬直して、引金に力が加わり、ピストルが発射され、通夜の人が撃たれるというわけである。

実際にはそううまくいくものではないが、小説としては、巧みに書けば、一応読者を納得させることができる。目的の人に命中するかどうかは別として、ピストルの発射だけなれば、十分可能であり、現にヴァン・ダインが「ケンネル殺人事件」の中に、そういう実際上の出来事があったことをしるしている。

これと似たので「人形が犯人」のトリックもあるが、これは別項「奇矯な着想」に書いたので、ここには省く。

次に⑨の「意外な多数犯人」というのも、ちょっと面白い着想である。これはクリスティーのある長篇に使われているのだが、進行中の列車の中で、一人の男が殺される。めった斬りにされたらしく、からだじゅうに、たくさんの刃物の傷ができている。その車輛には十数人の乗客があったので、一人々々しらべて見るが、誰も犯人を知らないという。一応は犯人が進行中の列車から飛び降りて逃げたのだと考えられる。しかし最後になって、実はその車輛に乗っていた十数人の乗客が、全部犯人であったことが判明するという筋である。

十数人の乗客は皆、殺された男に深い恨みがある。そこで申し合せて、車中でその男を殺すのだが、誰にも内通などさせないために、みんなに一突きずつ突かせたので、めった斬りをされたように見えたのである。

⑩の「動物が犯人」というのは、警察は人間の犯人ばかり探していると、実は動物が犯人であったという意外性を狙ったもので、ポーの「モルグ街の殺人」をはじめて読む人は、やはり不思議な驚きに打たれるであろう。それは残虐な殺人事件で、しかも「密室殺人」なのだが、警察の方では人間の兇悪犯人ばかり探していると、素人探偵デュパンが、ある面白い手掛りから、動物に着眼し、巧みにその犯人を捕える。真犯人は飼主の手から逃げ出したオラン・ウータンであったというのである。

この動物犯人トリックは、その後も非常に多く書かれている。ポーについで有名なのはドイルの「まだらの紐」で、被害者が「まだらの紐」と口走って絶命するので、この附近に出没する浮浪者が頭に巻いているまだら染めの布を連想して、その方に捜査が向けられるが、実は犯人がひそかに毒蛇を飼っていて、深夜ベッドに寝ている被害者のところへ、その蛇を追いやって殺害した。蛇のまだら模様が、暗中の被害者には、まだらの紐に見えたのである。

動物犯人には、妖犬、馬、獅子の顎《あご》、牛の角、一角獣、猫、毒グモ、蜂、蛭《ひる》、オウムなど、あらゆる種類が使われたが、これらのうちでは、獅子の顎と、オウムが面白い。（「獅子の顎」は別項「奇矯な着想」にしるしたのでここには省く）。

「オウムが犯人」は、窃盗である。英のモリスンの古い短篇に使われている。窓が少しひらいた高い階上の密室。ドアには鍵がかかっており、窓はひらいていても、地上から何十フィートも高い所にあるので、外から登ることはできない。それにもかかわらず、その室内から宝石入りの装身具が盗み出される。

その宝石は部屋の中の化粧台の上に置いてあったのだが、それがあとかたもなく消え失せて、そのそばに主人には全く覚えのないマッチの棒が一本おちている。このマッチが探偵の推理のきっかけとなるのだ。結論をいうと、その犯人は一羽のオウムを訓練して、盗みをさせていたのである。オウムは高い窓から部屋にはいり、必ず宝石のついた品物を口にくわえて帰るように仕込まれている。だが、帰りには宝石をくわえているから大丈夫だけれども、往きには口が自由なので、オウムのことだから鳴いたり、何か喋ったりするかも知れない。それを防ぐために往きには必ずマッチの棒をくわえさせて、声をたてられないように訓練しておく。そして、宝石を見たら、マッチを捨てて、宝石の方をくわえて飛び帰るように慣らされていたのである。

「意外な犯人」には、このほかに「太陽と水瓶の殺人」という奇抜なのがあるが、これも別項「奇嬌な着想」にしるしたのでここには省く。

先にあげた十種のトリックのうちの③「事件の発見者が犯人」というのが、ちょっと面白いので、書き加えておきたい。「人が殺されています」と訴え出た人物が、実は真犯人であったというふうに考えると、このトリックは実に平凡だが、そういうものは、私のトリック表には省かれている。「発見者が犯人」のトリックは「密室」と組合せると、面白いものができあがる。その適例は、先にあげたザングウィルの長篇と、チェスタトンの短篇にある。

朝、いつもよりずっとおそくまで、部屋の戸があかないので、心配してノックしたり呼んだりするが、返事がない。そこで、近所の人などにも来てもらってドアを破って部屋にはいると、部屋の主はベッドの上で、鋭い刃物で喉を切られて死んでいる。まだ盛んに血が吹き出している。しらべてみると、その部屋の窓という窓は、中から厳重にしまりができている。一つしかないドアは中から鍵がかかっていて、破らなければ、はいれなかった。完全な密室である。そして、犯人は部屋の中には隠れていなかった。被害者はまだ殺されたばかりなのに、犯人の逃げた出口が全くないのである。

綿密に調べてみるが、ドアにも窓にも、密室を作るためのトリックを弄した形跡は少しもない。作られた密室ではなく、本当の密室なのだ。つまり全くの不可能な犯罪なのである。

作者はこの不可能をどうして可能にしたか。ほかでもない「早業殺人」の応用である。真犯人は、ドアを破って室内にはいった人々の中の一人であった。彼は剃刀のような小型の鋭利な兇器をポケットに用意している。ドアが破られると、彼はまっ先に部屋に飛びこんで、被害者のベッドに近づき、その兇器で、手ばやく寝ている人の喉を切って、「アッ大変だッ。殺されている」と叫ぶのだ。あとからつづく人々は、彼が切ったことは、彼のからだで隠されているので気づかない。まさか、そんな早業をやったなどとは、誰も疑いさえしないのである。

被害者はドアを叩かれたとき、なぜ返事をしなかったか。切られたとき、なぜ叫ばなかったか。それは、彼の知り合いである犯人が、前夜、被害者が寝る前に、何か飲みものにまぜて、多量の睡眠剤を飲ませておいたからである。こうして事件の最初の発見者が犯人であったというトリックが成立する。

「早業殺人」は、このほかにもいろいろ応用の利くトリックだが、その素早さには、日本の剣道の達人や忍術者の鍛錬された早業を連想させるものがある。

（「週刊朝日」一九五五・十・十〔推理小説特集号〕）

【附記】拙稿「英米短篇探偵小説の吟味」の中に、この早業殺人を扱ったチェスタトンの別の作例をあげているので、ついでにしるしておく。

The Vanishing of Vaudrey（邦訳「新青年」昭和八年五月号「アーサー卿の失踪」）この作ではちょっとほかに例のない奇抜なトリックが創案されている。被害者はその時、村の床屋で顔をあたってもらっていた。床屋のすぐ裏を川が流れている。また、この床屋は煙草屋を兼業している。犯人は散歩の同行者を表に待たせておいて、煙草を買いに入り、主人が剃刀をおいて店に出て注文の煙草を探しているホンの二、三秒の隙に、サッと理髪室に飛込み、そこにあった剃刀で、首をのばし目をふさいで床屋を待っていた被害者の喉を切り、サッと元に戻って、そしらぬ顔で煙草を受取り、待たせておいた同行者のところへ戻り、煙草をふかしながら散歩をつづける。

その素早さは「ひねくれた形」の、密室を破って飛び込んだ最初の発見者が、とっさに殺人をするトリックと似ているが、同行者を待たせておいて、買物のついでにチョイとやるという着想は、常識を絶した変てこなユーモアと恐怖を持っている、といっても決して遊戯的に殺すのではない。ちゃんとやむにやまれぬ動機が作ってある。

しかし、床屋が冷静なれば、この犯行はすぐバレてしまうのだが、床屋にも弱身があり、また、気の小さいうろたえものということにしてある。彼はいつの間にか客が殺されているのを見て、このまま届出たら自分の犯行と見られるにきまっていると考え、気も顚動《てんどう》して、死体を（袋づめにしたのだったと思う）裏の川に投げ込む。それが流れ流れて遥かへだたった所で発見されるという筋。被害者が床屋へ行ったことは誰も知らず、床屋はかたく口をつぐんでいるし、犯人には同行者のアリバイがある。難しい事件になるが、ブラウンは死体の顔が半分剃ってある所から床屋を思いつき、推理によって犯人を指摘する。

兇器としての氷

　探偵小説は謎をむずかしくするほど興味があるので、実際には到底できないようなことを、さもあり得るがごとく描く場合が多い。したがって、探偵小説に取り扱われる犯人のトリックで、実際犯罪に応用できるものは極めて少ないのである。だが、一方からいうと、事実は小説よりも奇なりという言葉があるように、人間の考えることは、結局だれかによって実行されるものだという考え方があるように、また、内外の犯罪記録を仔細に点検すれば、小説家がこれこそわが独創なりとして描いた犯罪手法と、ソックリの実例があることを発見して、驚くような場合もないではない。その意味では、探偵小説の空想も、実際上の犯罪と全然無関係とは云い得ないであろう。

　私は戦前にはあまり外国の探偵小説を読まない方であったが、戦後は逆に外国の探偵小説ばかりを読みつづけ、それが相当の量にのぼった。読むごとに、そこに使われている犯人のトリックをノートしておき、今まで読んだ全体を分類して、統計的に調べてみるというようなことも試みた。それを表にして見ると、トリックの総数約八百例、これを大きく分けると左のような比率になる。
（1）一人二役、替玉その他の人間に関するトリック　二二五例
（2）犯罪手段に関するトリック（意外な兇器、意外な毒殺手段、種々の心理的トリック）一八九例
（3）時間に関するトリック（乗物、時計、音響などのトリック）三九例
（4）犯罪の痕跡に関するトリック（足跡トリック、指紋トリックなどのほかに、探偵小説に最もよく使われる密室トリックが含まれている）一〇六例
（5）人（死体を含む）および物の意外な隠し場所に関するトリック　一四一例
（6）暗号トリック　三七例
これを更に細かく分類すると数十項に分けられるが、その細分の項目のうちで最も多いのは「一人二役」トリックの一三〇例、第二は「密室」トリックの八三例で、この二つが断然他を抜いている。

「一人二役」にしても、「密室」にしても、大ざっぱに考えると、一度使われてしまえば、あとはその真似ということになり、いっこう興味がなさそうに思われるが、案外そうではない。それらの中にまた、非常に多くの種類があって、別の種類のものを考え出せば、やはり独創が感じられ、新しい興味が湧くのである。そこで、探偵作家は同じ「一人二役」、

同じ「密室」のトリックを、あらゆる角度から考え、前人の気づかなかった新手法を発見しようとし、長い間には、右のように百例にもおよぶ異種のトリックが考案されたのである。

私はこれらの資料に基いて「類別トリック集成」というものを作ったが、ここにはとりあえず、そのごく一少部分を拾い出して、試みに書いてみることにする。それは前記（2）の犯罪手段に関するトリックのうちの「意外な兇器」のごく一部である「氷によるトリック」についてである。

私の採集し得た「意外な兇器」の種類は六十三例であるが、そのうち氷使用のトリックは最も応用範囲が広く、十例にも及んでいる。氷がトリック兇器としてそれほど多くの使途を持っているのは、主として水が凍るときの膨脹力と氷の溶解性とによるものである。

水が凍るときの膨脹力は、水甕《みずがめ》を割る力を持っているのだから、これを利用して槓杆《こうかん》と線条のメカニズムを考案すれば、深夜、最も温度の下ったときに、天井から短剣を落としたり、どこかに固定したピストルを発射させたりすることもできるわけで、種々の利用法があるのだが、私が戦後採集した実例の中には、この種のものは、一つもなかった。事件の翌日が温暖な日であったとすれば、死体が発見される頃には、氷はとけているので、まさか氷が動力になったとは気づかれないというところに、このトリックの妙味があるけれども、メカニズムが相当むずかしく、それのカムフラージが困難なのと、探偵小説では複雑なメカニズムというものが面白さを減殺《げんさい》する場合が多いので、この種のトリックは著名な作品には余り使われていない。私は何かの引用文で、水の凍結時の膨脹力を利用してピストルを発射させるという筋の西洋探偵小説があることを読んでいるにすぎない。

溶解性の方は膨脹力に比べて遥かに利用度が広い。一般的な原理をいえば、目的の室内に一個の氷塊を置き、その上に板のようなものをのせておくと、氷が溶けるに従って板の位置が低くなる。その板に重りをつけておけば、かなりの動力となる。また逆に氷そのものを重りとして、溶けるに従って重さが減るのを利用することもできる。これらの力をもとにしてメカニズムを工夫すれば、あるいはピストルを発射させ、あるいは短剣を落下せしめ、あるいは睡眠薬によって意識を失っている被害者の首をしめることすらできるであろう。さらに一方で死体発見をおくらせる手段を講じておけば、発見時には氷が溶けて流れた水さえ蒸発して、何の痕跡も残っていないという妙味がある。しかし、やはり之も複雑なメカニズムをともなうので、すぐれた作品には例が少ない。

「密室」と氷片

直接の兇器ではないけれども、氷の破片が「密室」を作るために利用されることがある。「密室殺人」というのは、その部屋の窓にもドアにも内部から鍵がかけられ、金庫のように密閉されていて、その内に被害者が倒れている。人々はドアを破って部屋に入り犯罪を発見するが、犯人はどこにもいない。幽霊のように消えうせているという不可能状況なのである。この「密室」を構成するのには、前にも記した通り、八十種にもおよぶ別様のトリックが考案されているが、そのうちに、犯人が目的を果してドアの外に出た上、外部からある種のメカニズムによって、ドアの内側の鍵または閂《かんぬき》をかけて立ち去るという手段がある。この手段には七、八種の別様のトリックがあるのだが、その一つに氷の破片が用いられる。これはドアの締りが金属の閂で行われる場合で、犯人は目的を果したのち、室内のあらゆる痕跡をぬぐい去った上、ドアについている閂の受け金の中へ氷の破片をはさみ、閂が落ちぬようにしておいて、外に出て静かにドアをしめて立ち去る。氷の破片が溶けるに従って、閂は下にさがり、全く溶けた時に、完全に戸締りができるという方法である。ドアに受け金がついていない場合は、閂の支点に近く、ドアと閂の間へ、下方からクサビ型の氷片をはさんでおいても同じ結果になる。この場合、氷の代りに雪を用いた作家もある。雪のかたまりを、閂の支点に近いドアの板へ叩きつけて、落ちないようにしておいて、外に出てドアをしめる。雪が溶けるにつれて閂がかかること、氷と同様である。

氷の弾丸

氷を弾丸の形に削って、銃器に装塡し、手早く発射する方法がある。鋭い氷片は被害者の体内に入り、弾痕を残すが、解剖しても弾丸は発見されない。体内で溶けてしまうからだ。幽霊弾丸の怪奇である。これを一層もっともらしくするために、人間の血を弾丸型に凍結させて発射することを考えた作家がある。その血液弾が溶ければ、被害者の血に混って、いっそうわかりにくくなるというのである（むろん血液型の同じ血の方が安全であろう）。また、他の作家は、氷ではよほど手早くやらぬと、発射する前に溶ける心配があるので、岩塩を弾丸型に削って用いることを考えた。体内で塩が溶けて塩分が残るけれども、もともと人体には多量の塩分を含んでいるのだから、区別はできないだろうというのである。

この氷弾の着想は必ずしも近代の探偵作家の発明ではない。ジョン・ディクスン・カーの記すところによると、古くイタリーのメディチ家に、氷片を弓で射て人を殺した伝説があり、さらに遡ると紀元一世紀のローマの詩人マルティアリスのエピグラムに、これと似た方法が歌われているという。近代の探偵作家にも、氷片を弓で射るトリックを使用した例がある。いずれも痕跡が溶けうせるという機智にもとづくものである。

私はかつて、これと同じことが偶然に起り、人命を絶ったという事実談を読んだことがある。たしかカロライン・ウェルズの「探偵小説の技巧」の初版本の方に、何かの犯罪記録から引用してあったのだと思う。夏の日中、繁華街の人道で人が倒れて絶命する。胸に弾痕がある。調べてみても、附近に銃器を所持していたものはない。解剖すると、ふしぎなことに、貫通銃創ではないにもかかわらず、体内に弾丸がない。摩訶不思議の事件として当局を悩ましたが、判明したところによると、それは意外にも氷を積んだトラックのいたずらであった。

氷を満載した一台のトラックが通りすぎ、一個の氷塊を路上へ落して行く。そのあとから重い荷物を積んだトラックが進行して来て、そのタイヤが氷塊の上を通過したために、氷が粉々になり、鋭い破片の一つが、弾丸のような勢いで人道に飛んで、通行人の体内に喰い入ったというわけであった。

氷の短剣

氷の弾丸についで面白いのは氷の短剣の着想であろう。その最も簡単な方法としては、鋭いきっさきをもつ長い氷片で、人を刺し殺し、氷が溶けてしまうまで死体が発見されないようにすれば、たとえ犯人が現場にいても、兇器の不在によって、無実を主張することができる。兇器は犯人が持って逃げ去ったと考えるのが、最も自然だからである。

氷剣を取扱った作品には、もっと面白いのがある。それは科学者と小説家の合作になるイギリスの短篇だが、あら筋を記すと、不治の病で死期を宣告された人物が、他殺のごとく見せかけて自殺し、その罪を恨みある友人に着せようとするのである。その人物は日頃から蒸し風呂が好きで、大きなトルコ風呂の常連であったが、ある日のこと熱蒸気の吹き込む密閉された部屋の一つに入ったまま、いつまでも出て来ないので、調べて見ると、胸から血を流して死んでいる。何者かに短剣で刺されたとしか考えられない。

ちょうどその時に、彼が嫌疑をかけようとした友人が、トルコ風呂の客となり、彼の入っていた蒸し風呂の辺をうろついていたことがわかり、予想通り嫌疑がかかると、兇器の短剣はいくら探しても出てこない。どこかへ巧みに隠してしまったのだろうということで、その友人は告発される。そこへ名探偵が登場し、ちょっとした手掛りによって、事件の真相を次のように看破する。

自殺者はツララ型をした鋭い氷片を魔法壜に入れて、蒸し風呂の中へ持ちこみ、それで自分の心臓部を刺して死んだのである。彼はあらかじめ魔法壜を風呂の中へ持ちこむ習慣をつけ、多くの人に見せびらかしておいた。蒸し風呂では、ひどくのどがかわくので、冷いお茶を入れておいて、時々飲むためという口実である。したがって、名探偵のほかは誰もこの魔法壜を疑うものはなかった。

普通の部屋なれば、大きな氷片が溶けるのに時間を要するけれど、蒸し風呂の熱気の中では、それが非常に早く、また、氷の溶けた水も、蒸気の滴りにまじって、少しも痕跡を残さない。そういうふうに、あらゆる好条件の揃っている蒸し風呂と、氷剣トリックとを結びつけたところに、この小説の妙味があるわけである。これに似た着想に、寒国の事件で、大きなツララを兇器にして、人を殺す話を書いた作家もある。

毒氷

カーター・ディクスンの長篇探偵小説に、こういうのがある。電気冷蔵庫の、小さい仕切りのある製氷函の中に毒物を注入し、凍らせておいて、カクテルを作るさい、これを取り出し、相手の目の前でシェーカーの中に入れ、自分が一と口飲んで見せる。その時は毒氷がまだとけていないので何事も起らない。話にまぎらせてしばらく時間を費し、シェーカーの中の毒氷が全くとけた頃に、グラスについで相手にのませる。これを第三者に目撃させておけば、犯人も一と口飲んでいるのだから嫌疑を免れる。空のグラスの中へ誰かが前もって毒物を入れておいたのだろうと判断される。日本でも、昨年だったかの「宝石」の別冊新人集に、これと同じトリックを使っている短篇があったのを覚えている。

ドライアイス

ドライアイスが溶けると炭酸ガスになることを利用し、盛夏、密閉した小室に多量のドライアイスを置き、被害者が眠っているあいだに、それが溶けて、炭酸ガスのために死亡するという小説を、日本の作家が書いたことがある。さらに思いきった着想では、液体空気によって、人間そのものを凍らせ、これをハンマーで叩いて、こなごなに割ってしまうという筋を考えた作家もある。

花氷の殺人その他

いま一つ書きもらせないのは、花を封じこめた防暑用氷柱による殺人の着想である。ある人物が庭の隅に倒れて死んでいるのが発見される。頭部を鈍器で殴打されたらしく、頭蓋骨折が致命傷である。しかし、綿密な調査の結果、殺人の行われたとおぼしい時間の前にも後にも、庭のその箇所へ近寄ったものは絶対にないことが明かになった。また、その附近に傷あとに符合するような石塊《いしくれ》その他の鈍器は何も発見できなかった。非常にふしぎな事件である。そこへ名探偵があらわれ、死体の近くに落ちていたある夏草の花に注意する。それは茎の根元から切り取った生け花らしいもので、夏の炎天にさらされて、すっかりしおれている。探偵はこの花から防暑用の花氷《はなごおり》を連想する。そういえば、死体は隣家の三階建ての洋館の裏に倒れていたのである。

もしその三階の窓から、何者かが被害者の頭上めがけて、大きな花氷を投げたとすれば、すべての状況が適合する。花氷は死体が発見されるまでに、炎天のために溶け去り、その水分も乾いてしまったが、花氷の中の夏草だけが地面に残っていたというわけ。探偵はこの推定にもとづいて、洋館の住人を調べたところ、果して三階の窓から、花氷を投げたものがあったという筋である。

このほか氷を利用した殺人の着想はまだいろいろある。たとえば、凍結した湖水の一ヵ所に、人間の陥るほどの穴をあけ、その上にさらに氷が張るのを待って、被害者をスケートに誘い、巧みにその薄氷の上に導いて、過失死と見せかける着想。やはり雪国の事件で、被害者が深夜、坂道の下にうずくまって、しばらく動かないでいるような、特殊の事情を、小説の筋としてこしらえておく。犯人はそれを知っていて、雪をかためて人間に近い形にし、その前面に短剣の柄の方をさしこみ、被害者が坂下でうずくまる時間に、その雪人形が坂をすべりおちるようなメカニズムを用意しておく。そして、自分は二、三の友人と、どこか遠方で酒を飲んでいる。予定の時間が来ると、メカニズムの作用で、雪人形は坂をすべり出し、加速度の力を加えて、うずくまっている被害者の背中を刺す。兇器は現場に残るけれども、何ら人の近づいた痕跡はない。酒を飲んでいた友人の証言によってアリバイは完全である。雪人形は散乱して、ちょうどその辺にうず高くたまっていた雪掻きの山と混り合ってしまう。しかし、この目的を果すためには、被害者の位置と雪人形のすべる道とが完全に一致しなければならないので、実際問題としては不可能に近いのだが、そこは小説のことだから、そういう都合のよい状況を巧みにこしらえて、前もって読者が不自然を感じないようにしておく。

私が採集した氷を兇器に使用する着想は、大体以上のようなものである。こういうふうにトリックだけを露出すると、いかにも子供らしいものになってしまうが、小説で読めば一応うなずける程度に書かれている。探偵作家はこれらのトリックの骸骨に、小説技巧の肉づけをすることによって、迫真性を与えなければならない。ここに探偵小説というもののむずかしさがある。その技巧の如何によっては、これらのトリックがさもまことしやかに感じられ、読者を驚異せしめることもできるのである。

実際の犯罪事件では、ここに列挙したような、持って廻ったトリックが使われることはめったにない。たとえ使われたとしても、小説のように都合よくいくはずはなく、知恵をしぼればしぼるほど、そこに必ず何らかの手掛りが残り、かえって発覚を早めるばかりであろう。実際の事件では、無智で、でたらめの犯罪の方が、はるかに捜査困難なのである。しかし、こういう奇抜な犯罪手段を考えつくものが絶無とはいい切れない。前に記したように、氷の矢の着想が、古くメディチ家の記録に残っていること、氷の破片が通行人の胸に入って、銃創と誤られた事件などから考えても、全く起り得ないことではない。事実は小説よりも奇なりという考え方からすれば、実際の犯罪捜査に関心を持つものは、探偵作家の突飛な着想をも、一応は記憶にとどめておいても、必ずしも無駄ではないであろう。

（「犯罪学雑誌」一九五二・三［復刊号］）

異様な兇器

西洋の事例の前に、ちょっと日本の江戸時代の例を考えてみると、私には異様な兇器として、宇都宮の吊天井と、八犬伝の「船虫」の話が思い浮かぶ。被害者の睡眠中に、その部屋の天井全体が落下して、圧死せしめるというのは、実に大がかりな奇想天外な思いつきで、フランスの「ジゴマ」や「ロカンボール」の着想と類似している。ドイルのシャーロック・ホームズ物語の中に「技師の拇指《おやゆび》」というのがあり、工場の巨大な鉄のシリンダーの中にとじこめられ、頭上から何百貫という鉄の天井が、ジリジリと落ちてくる恐怖を描いているが、宇都宮の吊り天井は、それよりももっと大がかりで、お芝居気が多い。

八犬伝の「船虫」という毒婦の話は、小酒井不木の「殺人論」の引用で気づいたのだが、その個所の文章は次のようなものである。

「是よりして船虫は、十字街妓《つじぎみ》に打扮《いでたち》て、夜毎《よごと》に浜辺に立つものから、客をひくべきためのみならず、その懐にものあるをば、媾合《こうごう》の折、唇をまじえて、舌を嚙みきって殺し、屍骸を海に棄つるに、媼内《おばない》は妓有《ぎう》になりて、初《はじめ》よりその辺に在り、なお手に及ばざるものあれば、力をあわせとりひしぎて、走らすことなかりしかば、かくても人の知らざりけり」というので、接吻の際に相手の舌を嚙み切るという着想は、いわゆるエログロの妙があって、なかなか面白い。舌を切って致命傷になるかどうかはわからないが、一時は気絶するほどの苦痛を与えるに相違ない。西洋の毒殺法に、カプセルに包んだ毒薬を口に入れていて、接吻の際相手の口中に送りこむというのがあるが、舌を嚙み切るほうが、いっそう派手やかである。

西洋探偵小説のトリックとして使われている異様な兇器では、氷を刃物の代用にする方法が最も面白い。先端を鋭くして氷の破片で刺殺すれば、兇器は溶けて無くなってしまうので、証拠が残らない。不可能としか思われない殺人が行われることになる。氷の利用法はいろいろあって、古いところでは紀元一世紀のローマ詩人マルティアリスのエピグラムに、鋭い氷の長い破片を、矢の代りに弓につがえて撃つ方法が歌われている。中世期になっては、例のイタリーのメディチ家の誰かが、この方法を実際に使って人を殺したと伝えられている。やはり兇器の矢がとけて消えうせてしまうところにこの方法の特徴がある。そのほか氷の利用法はいろいろあるが、これについては別項「兇器としての氷」に詳説したので、ここには繰り返さない。氷のほかの最も奇抜な兇器では、「太陽と水瓶の殺人」というのがある。これもしばしば書いているので、省くことにする。

私が西洋探偵小説から採集した異様な兇器の例は六十余りあるが、小説としては面白くても、その方法だけを摘記したのでは、さしたることもないようなものが多い。その中からなるべく奇抜なものを拾い出してみると、探偵小説を読み慣れた人には珍らしくないのだが、「加速度による殺人」というのがある。ある男が鉄兜を割られ、頭蓋骨をくだかれて道のまん中で死んでいる。そばに小さな金槌が一つ落ちている。そんな金槌で鉄兜を割るのは、人間の何倍もあるような巨人でなくてはできないことである。一見不可能の殺人となる。真相は、そこに聳えている高い塔の上から金槌を投げたのであった。小さな金槌でも加速度がつくと、非常な力を持つ、つまり加速度の殺人であったというわけ。動物を兇器として利用するトリックにも、いろいろ面白いのがある。ある小説では、棒の先に、獅子の爪とそっくりの金具をとりつけて、殴打殺人する。附近に獅子などのいない場所で、獅子の爪痕で殺されているのだから、一種怪談めいた恐怖を感じさせるのである。

汽車の中で、一人の婦人が、頭部に鉄のステッキででも突いたような傷を受けて死んでいる。同乗の客が全部調べられるが、そんな兇器を持っているものは一人もない。また婦人を殺すような動機を持った人も全く見当らなかった。不思議な殺人事件として迷宮に入ろうとした時、名探偵が真相を発見する。その列車とすれちがった貨物列車の一つの貨車が牛を運んでいた。その牛が窓から少し頭を出していたとき、こちらの婦人も上半身を窓からのり出したので、徐行中ではあったが、偶然、牛の角が婦人の頭にぶっつかるような状態になった。夜中なので、同乗の客は眠っていて、この出来事に気づかなかったというのである。

ある男が路上に倒れて死んでいる。警官も来ていろいろ議論しているところへ、名探偵が現われる。そして、この殺人の兇器は地球だという。途方もなくでっかい兇器という点の面白味がある。しかし、これは単なる逆説で、実はその男は階上の窓から墜落して死んだのである。つまりその男の致命傷は、固い土地にぶっつかったことによって出来たのだから、この事件の兇器は、とりもなおさず地球そのものだという逆説にすぎないが、探偵小説ではこういう逆説が、非常に面白い効果を出すことがある。

ガラスというものも、氷と同じように使いみちが多い。鋭いガラスの破片で人を殺し、そのガラスの血をよく拭いて、そこにあった金魚鉢の底へ入れておくというトリックがある。犯人は現場にいても、兇器がない。ナイフなど、とっさに隠すひまのなかったことが分っている。まさか金魚鉢の底のガラス板とは気がつかないのである。

ガラスを粉末にくだいて、食べものにまぜて食わせると、ガラスの粉が胃壁に刺さって出血を起し、死なないまでも、重病になる。これを殺人手段に使った探偵小説はたくさんある。これは毒薬の一種といえないこともないが、微細なる兇器ともみられるであろう。

静脈に空気を注射すると、場合によっては死ぬのだが、探偵小説では、それも殺人手段としてよく使われる。毒物を注射するのでなくて、何の害もない空気を注射することによって、命を奪うというところに、異様な恐ろしさが感じられるためであろう。

（「読切小説集」一九五三・十一増刊）

密室トリック

ここに一つの完全に密閉された洋室がある。すべての窓に内側から留め金がかかり、すべてのドアに内側から鍵がかかっている。その部屋の中で一人の人物が殺されている。不審をいだいた人々が、合鍵がないので、ドアをうち破って室内にはいって見ると、死体が横たわっている。ところが、不思議なことには、犯人の姿がどこにも見えない。内部から締りをした部屋だから、犯人の逃げ出す道はどこにもなかったはずだ。よく調べて見ても、天井にも、壁にも、床板にも、隠し戸などは全くない。暖炉の煙突は狭くて幼児でも通りぬけられない。換気窓も同様に狭い。人間一人煙のように消えうせるか、ナメクジのように伸縮自在のからだになって、ドアの下部の隙間からでも這い出したとしか考えられない。

実に不気味な、不可思議な謎である。もしこの全く不可能にみえる謎を、合理的に解いてみせることができたら、どんなに痛快だろうというのが、小説としての密室トリックの起りである。探偵小説は、一見不可能に見える異状な謎を、機智と論理によって、明快に解いてみせる面白味が中心となっているものだが、そういう興味の典型的なものが、この密室事件なのである。文章で描かれた不可能な情況というものは、どこかに隙間があるように思われ、確固不動の感じを与えにくいのだが、密室となれば、それが幾何学の図式のように具体的で、曖昧なところが少しもなく、不可能感を最も明確に読者に伝えることができるという特徴がある。したがって、在来探偵作家にして、生涯に一度も密室事件を取り扱わなかったものは、一人もないといってもいいし、また、生涯密室事件ばかりと取り組んでいる作家さえ現われたのである。

探偵小説史で、この密室の「不可能」を最も早く主題とした作品はポーの「モルグ街の殺人」であるが、このポーの作品や、ずっと後に出たルルウの「黄色の部屋」にテーマとして示唆を与えた実際の事件があった。私は今から四十余年前、一九一三年十二月号の「ストランド・マガジン」に、ジョージ・シムズがそれを書いているのを読み、いまもノートに貼りつけてある。要約すると、シムズがいまから百年ばかり前と書いているのだから、十九世紀の初め頃と思われるが、パリのモンマルトルのあるアパートの最上階、地上六十呎《フィート》もある一室に住んでいたRose Delacourtという娘さんが、昼になっても起きてこないので、警官がドアを打ち破って室に入ると、娘さんはベッドに寝たまま胸を刺されて死んでいた。兇器は刺さったままで、非常な力でやったものとみえ、そのきっ先が背中まで突き通っていた。窓は内部からしまりができていたし、入口の唯一のドアは内部から鍵がかけられ、鍵は鍵穴にさしたままで、その上門までかかっていた。唯一の通路は暖炉の煙突だが、調べてみると、どんなに痩せた人間でも通りぬけることは不可能であった。盗難品は何もなく、怨恨関係も捜査線上に現われてこなかった。この事件は其後犯罪研究家によって論議されたが、百年後の今日（一九一三年）に至るも未解決のまま残っているというのである。

しかし、密室の謎を扱った物語は、もっとずっと古代までさかのぼることができる。紀元前五世紀のヘロドトスの「歴史」の中に紀元前一二〇〇年ごろのエジプト王ランプシニトスの話があり、密室の謎の原始形が見られる。王の宝庫を建てることを命じられた建築技師が、自分の子供たちのために、秘密の抜け穴を作っておいて、その開き方を遺言し、息子たちがそこから忍びこんで宝物を盗み出す話である。同じギリシアの紀元二世紀の作家パウサニアスも、建築家アガメデスとトロポニオスの話で、同じ抜け穴のある密室の謎を書いている。

いま一つの古い例は旧約聖書のアポクリファ（外典）にある「ベルの物語」である。バビロン王はベルという偶像神を崇拝していた。羊や穀物やあまたのお供物をそなえて、神殿の扉をとざし、錠をかけて誰も出入りできないようにしておいても、一夜の内にお供物が消えてなくなる。密室の怪である。これはベル神が喰べてしまうのだと信じられていたのを、ダニエルという青年が探偵の役目を勤めて、その秘密のカラクリを暴露する。神殿内の祭壇の下に秘密の通路ができていて、夜中そこから、坊主共が忍びこみ、お供物を持ち去っていたのである。

ヘロドトスにしても聖書外典にしても、秘密の出入口があるので、いまの目で見れば、アンフェアな密室の謎だが、そういえばポーの「モルグ街」にしても、窓のさし釘が内部で折れていたというアンフェアなものである。では、そういう欠点のない最初の「密室」小説は何であろうか。ドイルの「まだらの紐」(それの収められた「ホームズの冒険」は一八九二年出版)とザングウィルの長篇(一八九一年発表)とがほとんど同じころに書かれたが、「まだらの紐」の単純さに比べて、密室としてはやはり後者の長篇の方が読みごたえがある。この作品は、西洋でも大して問題にされていないけれど、当時としては最も進んだ密室トリックを用い、またいま一つの大トリックに先鞭をつけている意味で、大いに重視しなければならない。

さて、私は各種のトリックを、①犯行時、犯人が室内にいなかったもの　②犯行時、犯人が室内にいたもの　③犯人と被害者が室内にいなかったもの、の三つに大別し、それをまた小分けして以下しるすように分類してみた。

西洋の作家で「密室の分類」を試みた例を二つ知っている。一つはカーの「三つの棺」の「密室講義」の章、もう一つはクレイトン・ロースンの「シルクハットから飛び出す死」の「質問する刎《なか》れ」の章である。後者は奇術師探偵マーリニがカーの主人公フェル博士の「密室講義」を利用して、カーとは少しちがった分類をしているが、両方とも（A）「真実の密室、犯人は脱出不可能であった。したがって犯人は犯行時室内にいなかったもの」、（B）「見せかけの密室、犯人が犯行後脱出したあとで密室を構成したもの」に二大別し、カーのフェル博士は（A）を七項目に、（B）を五項目に分けているのに比べ、マーリニは（A）を九項目に、（B）を五項目に分け、更に（C）の一項目を新しくつけ加えている。

私の左の分類は、この両者を参照したが、私のは両者と少しちがった統一原理によっているし、両者にないものも多少加わっているので、対照のために、私の各項目の下にカッコして、（F・A・1）（M・B・2）の如く附記しておく。Fはフェル博士の分類、Mはマーリニの分類を意味し、A・Bはそれぞれの大分類、1・2などはそれぞれの小分類の項目番号をあらわす。

（A）犯行時、犯人が室内にいなかったもの

（1）室内の機械的な装置によるもの（F・A・3）（M・A・4）

★電話の受話器をとると送話口から弾丸発射　★受話器に強電流を通じておいて、それを持った者を殺す　★壁穴にピストルを仕掛けておいて、その蓋をとると発射　★置時計や掛時計のネジを捲くと、時計の内部から弾丸発射　★高い天井に重い短剣を糸でつるし、その糸を壁伝いに床にのばし、被害者が室にはいってドアに鍵をかけ、二、三歩

あるくと、その糸につまずき、その拍子に天井の糸が切れて短剣が被害者の上に落下する　★天井から重い植木鉢の吊ってある部屋で、それを紐で一方へ引っぱっておいて、被害者がそこからのびた紐にさわると、植木鉢が振子になって、被害者の頭にぶつかる　★ベッドに毒ガス発生装置をしておいて、そこに寝たものを睡眠中に殺す　★氷が溶けまたは凍る時の重さの変化を利用して、針金などのメカニズムで壁に装置したピストルを発射せしめる　★化学薬品による時限放火　★時計と電流による時限爆弾で火災をおこす。いずれも著名作家の作例があるが、仕掛けが機械的にすぎ、幼稚なトリックたるをまぬがれない。

（2）室外よりの遠隔殺人（少し開いた窓、ただし地上三階以上の室にて、窓より侵入、脱出は不可能、または小さな隙間のある密室）（F・A・6）（M・A・6）

★向側のビルの窓から、ツバのない短剣を銃に装塡して射つ　★窓を通して岩塩で作った弾丸をうちこむ。岩塩は被害者の体内で溶けてしまう　★被害者が窓から首を出したときに、一階上の窓から輪になった縄を下げ、つるし上げて絞殺、そのまま死体を裏の窓から地上におろし、共犯者が、それをそこの林の木の枝にさげて縊死を装わしめる　★窓外からうったピストルを室内に投げこみ、被害者の衣服にあらかじめ焔硝のあとをつけておいて、室内からうったように見せかける。【以下は窓または隙間が一階の密室にある場合】レイジイ・トングズ（くさり模様の図型ののびちぢみするおもちゃ）で、夜、少しひらいた窓のカーテンの合せ目から、室内の卓上の兇器をつまんで、別の兇器と取りかえ、証拠を湮滅《いんめつ》する　★絹糸を結びつけた毒矢を隙間からうちこんで、被害者を斃《たお》し、後でそとへたぐり出す。

そのほか数行では説明できないこの種のトリックがいろいろあるが、非常に有名な作品の例を一つだけしるすと、★被害者は密閉された部屋で、小さい毒矢で胸をうたれて死んでいる。どこにも隙間がない。通風孔にもこまかい金網が張ってある。窓ガラスやドアの鏡板をはずした形跡は全くない。それにもかかわらず、名探偵は「この部屋には四角な窓がある」と断言する。警察官がいくら考えても、四角な窓は発見されない。それは純洋室には必ずある四角な窓である。サア、どこでしょう？　――種明かし、ドアのノッブ（把手）です。丸い握りのついたドアのノッブの心棒の金属は四角な棒である。それの通っている穴も四角で、そのドアの中にある四角の穴そのものが回転するようにできている。この四角の棒に丸い握りの部分をはめて、ネジ釘でとめてある。まず外の方の握りのネジをドライバーではずし、心棒ばかりにして、それを細い針金でくくり、心棒をソッと室内へ突きおとす。針金がついているので床には落ちないで宙にさがっている。そのあとに小さい四角な穴がひらく。これが「四角な窓」である。被害者が内部からドアに近づくのを見すまして、半弓《はんきゅう》で細い毒矢を、その穴から射込む。目的を達したら、針金をうまく引っぱって、心棒を元の通りに引き出し、握りをネジ釘でとめて、指紋を拭いて立ち去るという順序である。

このトリックに対して、アメリカのある少年作家が挑戦した。四角な窓も面白いが、ドアにはもっと簡単な盲点がありますよというのだ。それは、二つの部屋があって、奥の部屋に被害者となるべき男が一人で腰かけている。二つの部屋の境のドアは壁と直角にひらいたままになっている。奥の部屋にはそのドア以外に絶対に隙間がない。次の間には道路に面した窓がひらいているし、外へ出るドアもあって、開放的である。この次の間の窓の前の椅子に一人の女が腰かけている。その状態で銃声が聞こえ、奥の部屋の男が斃れる。この場合ピストルをうち得たものは、次の間にいた女の外に考えられないので、嫌疑がかかるが、彼女は犯人ではなかった。兇器のピストルも発見されない。――この謎の種あかし。新型の大きな蝶番《ちょうつがい》のついているドアは、壁と直角にひらくと、蝶番のところに幅一寸ほどの縦に長い隙間ができる。ピストルの名手の真犯人が、次の間の窓の外から、その隙間を通して被害者をうった。女は窓に背を向けて腰かけていたので、それがわからなかったのである。

（3）自殺ではなくて、被害者自らの手で死に至らしめるトリック（F・A・2）（M・A・3）

★虫歯の治療中、虫歯につめたゴムがかけて、そこから出血している隙を利用し、直接血にまじらなければ効果のない毒薬クラーレを鎮痛薬を入れた小瓶にまぜ、被害者に夜中に呑めと与える。被害者は密室の中で、それをのみ、クラーレ毒が歯の出血部から血管に入って死ぬ。犯人は発見者の中にまじって、先に室に入り、問題の小瓶を隠すという方法　★あらかじめ怪談的な心理恐怖を与えて、または室外から有毒ガスを入れるなどの方法で、被害者を錯乱に陥らせ、家具に頭をぶっつけたり、あるいは所持の兇器で自殺させたりする（フェル博士の講義の例）

（4）密室内で他殺を装う自殺（F・A・4）（M・A・2）

★別項「兇器としての氷」の「氷の短剣」を参照。あれを密室で行えばこのトリックになる　★横溝正史「本陣殺人事件」もこの適例。

（5）自殺を装う他殺（F・Mとも無し）

★巨大なギムナジウムの建物の中に一人でこもって、断食の苦行をしていた行者が、数日たっても出てこないので、内部から鍵のかけてあるドアを破って調べてみると、行者は寝台に横たわったまま餓死していた。寝台のそばの棚の上にいろいろな食物が豊富に並んでいたが、それには全く手がついていない。断食行者の意志力が人々を驚嘆せしめる。しかし、これが実は他殺であった。行者は莫大な生命保険をかけ、その受取り人を四人の印度人の弟子にしてあった。四人の弟子はその保険金ほしさに、奇抜な方法で行者を殺したのである。行者が室内で睡眠剤を呑むように段取りをつけておいて、熟睡したところを見はからい、先に鉤《かぎ》のついた長い綱を四本用意して、四人がギムナジウムの高い屋根にのぼる。屋根の頂上に明り取りの窓がある。人間の出入りはできないけれども、空気抜きの横木の隙間から手ぐらいは入れられる。四人は鈎のある綱を一本ずつ持って、その隙間から室内にたらし、鈎を行者の寝台の四つの脚に引っかけ、力をあわせて寝台を天井の近くまで吊りあげる。そして、綱を明り窓の棒にくくりつけ、寝台を宙づりさせたまま屋根を降りて立去る。ギムナジウムの天井は非常に高い上、行者は高所恐怖症と来ているので、眠りから覚めても、とても飛び降りる気にはなれぬ。はるか目の下の棚に食物が並んでいるのを見ながら、それを取るすべがない。数日の後、四人の悪漢は再び屋根にのぼって、行者が餓死しているのを見届けると、綱をほどいてソット寝台を元の場所におろし、そのあとで、態《わざ》とドアを破って、行者の死を発見したていに見せかける。突飛すぎて馬鹿々々しいような話だが、「陸橋殺人事件」の作者であり、また、「探偵小説十戒」の筆者であるノックスがこれを書き、三つの傑作集に選ばれているのである ★前項、上階の窓から首を吊り、下におろして木の枝に縊死を装わしめるトリックも、考え方によってはこの項にも属する。

（6）密室における人間以外の犯人（F・A・6の文中）（M・A・5）

ポーの「モルグ街の殺人」のオラン・ウータン、ドイルの「まだらの紐」の毒蛇、別項のオウムの宝石盗みなど。（後の二例は窓半開または隙間のある密室にも属する）この項で最も巧妙なのは別項「奇矯な着想」にしるした太陽と水瓶の殺人である。ポーストあるいは江戸川が先鞭をつけた。

（B）犯行時、犯人が室内にいたもの

（1）ドア、窓または屋根に施すメカニズム

密室構成のトリックとして、初期にはこの方法が最も多く使われた。大正時代に、ゼンキンズの短篇で、犯人が外に出てから、ドアの内側の鍵穴にはまっている鍵をピンセットと糸の仕掛で廻し、ドアの外から内側の鍵をかけるトリックを読んだときには、非常に面白かったものだが、その後ヴァン・ダインをはじめ多くの作家が、このメカニズムのあらゆる変形を考え出してしまったので、現在ではこの種のトリックは陳腐になり、誰も使わなくなっている。

【イ】まずドアに仕掛けるメカニズムからはじめる。窓のメカニズムはその応用にすぎないから、あとで簡単に説明すればよろしい。ドアの仕掛けというのは、犯人が被害者を殺して、死体を部屋においてドアから外に出る。そして、ドアをしめ、内側から鍵がかかっていたような状況を、あとから作るのである。つまり、外部から内側の鍵を廻して錠をおろす方法なのである。そうすれば、犯人は絶対に脱出不可能であったという不可思議が成立する。

これには三つの条件がある。一つは、この場合は鍵はたった一つしかなく、合鍵を作る余裕は全くなかったという状況を、読者に明らかにしておかなければならない。もう一つ

は、西洋風のドアの鍵穴は両方にひらいていて、内側からも、外側からも鍵がさしこめるということ、第三は、西洋のドアには、ドアの下部と床との間に、必ず僅かの隙間があるものだということ、この三つが、ここにしるすトリックの前提条件なのである。

ドアのしまりには、普通鍵と、差し込み錠と、カンヌキと三種あるが、この三種についてそれぞれトリックが考案されている。

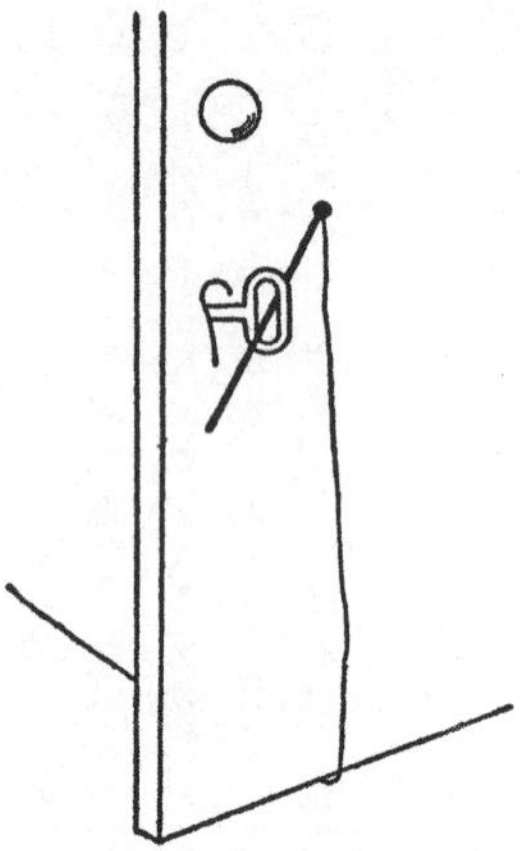

第一図

①鍵の場合（F・B・1）（M・B・1）〈第一図参照〉★犯人は外に出る前に、ドアの内側から鍵を鍵穴にさしこみ、鍵の根もとの輪になった穴の中へ、火箸のようなものをさし、その一端に丈夫な絹糸などを結びつけ、その糸を下にたらして、ドアと床との隙間から外へ出しておく。そして、外に出てドアをしめ、廊下に出ている糸を引けば、火箸が回転して鍵がかかり、火箸は自然に下に落ちる。それを糸で隙間から外へたぐり出し、ポケットにおさめて立ち去る。火箸でなくても金属の棒ならなんでもよろしい。竹や木だと重味が足りないので、うまく下に落ちないおそれがある。ピンセットでもよろしい。鍵に輪になった個所がない場合は、ピンセットをしめて、鍵の元のほうの遍平な個所をおさえておけ

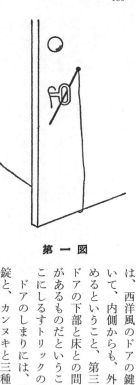

ば同じ働きをする。この場合落下させるときには、少し強く引かなければなるまい。

★小説ではこの方法が面白いのだが、しかし、実際問題としては、こんな手数をかける必要はない。薄い鋼鉄でできたピンセット型のもので、先は尖らないで薄くなり、その内側にすべらないためのヤスリ目がはいっている道具を用意すればよろしい。犯人は内側の鍵穴に鍵をはめておいて、外に出てドアをしめたあとで、外側の鍵穴からこの道具の先をソッと入れ、探るようにして、内側からはまっている鍵の先端をつまみ、グッと回転させて、錠をおろせばよいのである。この方法は小説としては少しも面白くないが、実際にはまさっている。アメリカなどでは、この道具は犯人社会に知れ渡り、「ウースティーティー」という名前さえついている。

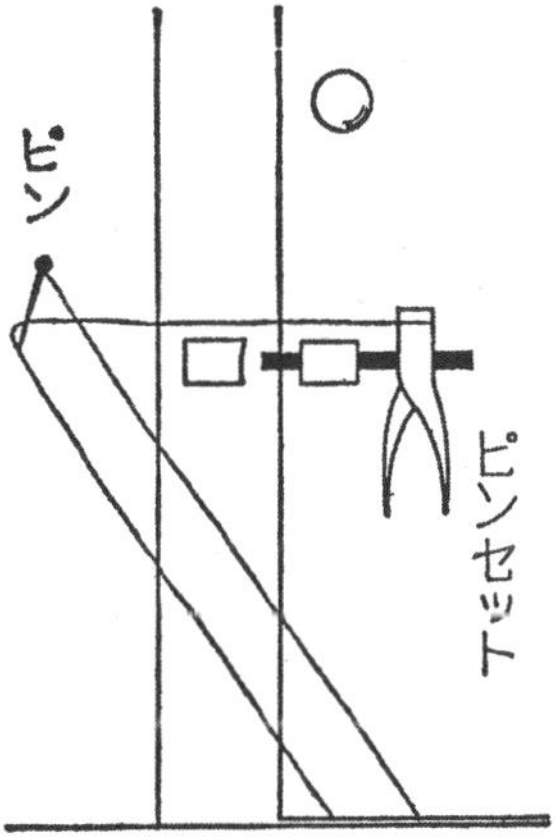

第二図

②差し込み錠の場合（F・B・3）（M・B・1）〈第二図参照〉★差し込み錠の根もとの方へ、ピンセットをグッとはめて、ちょっとの力では動かないようにしておいて、そのピンセットの根もとの方に長い絹糸を結びつける。それから、差し込み錠の動く方向の壁に、ピンを強くさして支点とする。ピンセットの糸をこのピンにかけて、

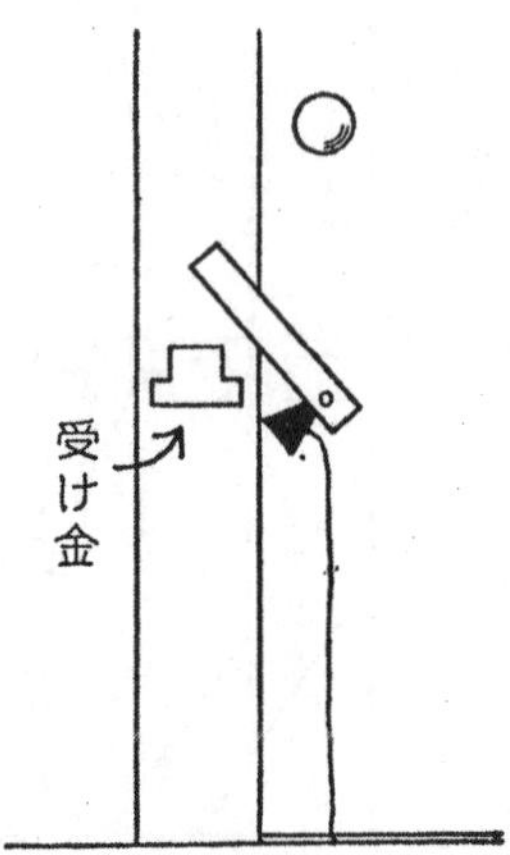

第三図

下にたらし、ドアの下の隙間から外へ出しておき、これを引けば、差し込み錠がはずれる。さらに強く引けばピンセットがはまって、床におちる。これを糸で隙間からたぐり出す。しかし、それだけでは、まだ壁にピンが残っていて手掛りになるので、ピンの頭にもあらかじめ別の絹糸を結びつけておいて、仕事がすんだあとで、その糸を引いて、ドアの下の隙間から、ピンも外へたぐり出す。ほかにもいろいろやり方があるが、すべてこの原理の応用である。

③カンヌキの場合（F・B・4）（M・B・1）〈第三図参照〉★ドアにカンヌキがつき、柱の方にその受け金がついている。または逆の場合もある。カンヌキが受け金にはまっていれば、ドアはひらかない。この場合はカンヌキを受け金にはまらないように、少し上にあげて、カンヌキの根もととドアの板の間に、木でも紙でもよろしい、クサビ（図の黒三角がクサビ）をはめて止めておく。このクサビに絹糸をつけ、やはりドアの下の隙間から外へ出し、その糸を引いてクサビを外へたぐり出す。クサビがとれれば、カンヌキは自然にはまる、という仕掛けである。

★このクサビにはローソクと氷が用いられる場合がある。氷のクサビについては別項「兇器としての氷」の「密室と氷片」に詳説したから、ここには省くが、ローソクの方は、受け金とカンヌキのあいだにローソクをはさんで、火をつけておくと、ローソクが燃えつきたときに、カンヌキがかかるという仕掛けだが、これは蠟がその辺におちて残るので、発覚の危険が多い。★また、ある有名な作家は、ドアの外側から強力な磁石を当てて、カンヌキを動かす方法を考えたが、磁石では機智に乏しく、あまり感心したトリックではない。

④以上は西洋ドアのメカニズムだが、★日本のガラスの格子戸や、窓ガラス戸には、ネジ込み錠が多いので、日本の泥棒はこれを外からはずすトリックを考え出している。それは薄くて目のこまかいノコギリを、戸と戸の合せ目からさしこんで、ネジ錠のネジの部分にノコギリの歯をあて、根気よく、ネジの戻る方向にノコギリを動かしていると、この錠をはずすことができるのである。こんなことを書くと、犯罪手口を教えるといって叱られるかもしれないが、これは泥棒社会では周知のことで、いまさら教わらなくても誰でも知っている。それよりも被害者の力がこういうことをあまり知らないのだから、これを書くことは、一般人に対する警告として、かえって意味があるのではないかと思う。日本の泥棒は密室など作らないけれども、これを密室に応用すれば、やはり一つのトリックとなり得るのである。

⑤ドアの蝶番をはずす（F・B・2）（M・B・2）★カーによると、これは西洋では子供が鍵をかけた小ダンスなどから、お菓子を盗み出すときに、よく用いるのだそうである。鍵のほうはそのままにしておいて、ドライバーでドアの蝶番そのものを取りはずし、そこを出しひらいて出入りする。そしてまた蝶番をもとの通りにしておく。このトリックは鍵を無視して、全く別の個所に目をつけたところに機智があって面白い。ただしそれは蝶番が外側についているドアでないと、うまく行かないこともちろんである。このトリックもザングウィル以来しばしば探偵作家が書いている。

⑥錯覚利用の早業（F・B・5）（M・B・5）★犯人は鍵を持って外に出て、外からドアに鍵をかけ、鍵はポケットへ入れておく。そして、犯人も事件発見者の一人となり、ドアを破って室内にはいったとき、みんなが死体に駈けよっているすきに、ポケットの鍵をソッとドアの内側の鍵穴にさしておく。ドアを調べるのは、死体を確めるより後になるから、そのときには、人々は内側から鍵がかかっていたと信じこんでしまうのである。★この場合、もしもドアの上の換気窓が開閉自由ならば、そんな手数をかけるまでもなく、外からかけた鍵を、換気窓から（あるいは、もしドアの下の隙間が大きければ、そこから）室内へほうりこんでおけば、一応の目的を達する。しかし、これは内側の鍵穴にはまっているほど強力な証拠にはならない。

⑦二つの鍵のトリック（F・Mなし）★同じ鍵を二つ用意し、一つをドアの内側からさ

して外に出、ドアをしめて第二の鍵を外から鍵穴に入れると、内側の第一の鍵は押されて室内に落ちる。そして、そのまま外からの鍵で錠をおろせば密室ができる。しかし、この場合も、換気窓から投げ入れるのと似た効果しか得られないわけである。

【ロ】窓に仕掛けるメカニズム　★窓のトリックも、ポーの「モルグ街の殺人」以来、いろいろ考案されている。（ポーのは窓の留め釘が、内部で折れていて、実は誰にでも開閉できたのだという種明かしなので、密室トリックとしてはアンフェアである）。日本の窓の戸はネジ込み錠が多いが、西洋風の上下にすべる窓のガラス戸は、カンヌキに類する留め金が使われている。このカンヌキを外からしめることができれば密室が構成されるわけである。これも紐か針金を使うのだが、窓にはドアのような都合のよい隙間がないので、ガラスに穴があることにして、そこから紐か針金を外に出して、ドアの場合と同じような操作をする。★ある作では、このガラスの穴を作るために、前もって、ガラスに向かってピストルをうって、穴を作っておくというのがある。そうすると、そのピストル発射が疑われるが、真の犯行と時間的に一致しないので、謎がいっそう複雑になり、小説が面白くなる。密室構成を可能ならしめる手段として、大げさにピストルを発射するという、パラドキシカルな興味である。（以上F・Mなし）

★紐も針金も不要の方法もある（M・B・3）（Fなし）。それは窓ガラスを一枚はずして、そこから手を入れて留め金をかけ、また元のようにガラスをはめて、パテを塗っておいてくのである。しかし、これはパテが新しくなるので、気づかれる危険が多い。

【ハ】屋根を持ちあげるトリック（F・Mなし）★トリックの種につきると、作者は極端なことを考え出す。ドアや窓では手ぬるい。屋根そのものを持ちあげたらよいではないかという奇抜な考え方である。三、四年前クイーン雑誌のコンテストに入選した「五十一番目の密室」というのがこれで、窓やドアは完全な密室にしておいて、犯人はジャッキで屋根の一部を持ちあげ、その隙間から出入りして、あとでまた、もとの通りに屋根を下げておくという方法である。これは屋根の構造によっては出来ない場合もあるし、下げても決してもと通りにはならぬと思うが、屋根なんてものは全く捜査の盲点にはいっているのだから、そんなところを調べられる心配もないわけである。これは、ドアの場合の、鍵のかかっている方には手をつけず、逆に蝶番をはずして、ドア全体を動かすという着想を、いっそう拡大したもので、人の意表を突くパラドキシカルな機智というべきであろう。

★ところが、日本のある作家は、さらに一歩を進めて、屋根の一部ではなくて、バラック小屋の屋根全体を、大木の枝にかけた万力《まんりき》とロープで、蓋でも取るように上に引きあげ、そこから出入りするという珍案を考え出した。こうなると、もうまともには書けない。チェスタトン風のユーモアで扱わないと、不成功に終るのである。

★しかし、上には上があるもので、二、三年前双葉十三郎に聞いたのだが、アメリカの作家が、もっと極端なことを考え出した。まず野外で人を殺しておいて、その死体の上に、

るのだから、それは不可能ではない。奇想天外の珍案である。

大急ぎで小屋を建築して、密室を作るという着想である。簡単な小屋なら一夜で建てられ

（2）実際より後に犯行があったと見せかける

【イ】偽音トリック（F・Mなし）★犯人は殺人ののち、前記のドアにほどこすメカニズムによって、密室を作って立ち去る。そのあとで、第三者がその室の前を通りかかると、殺されたはずの人物の話し声がドア越しにきこえてくる。これで、その時間には被害者はまだ生きていたという証人ができる。一方、犯人はその時間に別の場所で友人などと会い、アリバイを作っておく。そこで、密室の不可能のほかに、被害者が生きている時に、犯人は友人と話していて、ずっと現場には近づかなかったという確証ができる。――その種明かし。被害者をごまかして、あらかじめ蓄音器のレコードに、被害者の話し声を吹き込んでおき、殺人ののち、密室内にそのレコードを仕掛け、適当な時間に廻りだすような装置をしておくのである。★このレコードの代りに、ピストル殺人の場合、ほんとうに殺すときには消音ピストルでやっておいて、暖炉の中へ花火を仕掛け、口火を長くして、犯人が他の場所で、第三者と話している時に、発火するようにすれば、その音によって殺人はそのときに行われたと考えられ、犯人は確実なアリバイがあり、嫌疑をまぬがれる。★鈍器による殴打殺人の場合は、犯行よりずっとあとで、密室内で何かが倒れたり、落ちたりするように装置しておき、その物音の起ったときに、殺人が行われたと思わせる方法もある。

★また、犯人が腹話術師の場合は、密室を作ったあとで、ドアの外で第三者の通りかかるのを待ち、腹話術で被害者の口まねをして、ドアの中からのように聞かせ、まだ生きていると見せかける手もある。

【ロ】視覚をあざむく（F・Mなし）★前記は耳にたいする欺瞞だが、ここにしるすのは目にたいする欺瞞である。夜、机にもたれたままピストルでうたれて死んだ死体の影が、二階の窓のカーテンに映っている。庭に花火の会があって、その窓が大ぜいの人の目にさらされているのを利用し、犯人は自分の影を映さないようにして、死体の向きをかえた。まだ生きている人の影のように見せかけて、殺人の時間をごまかし、その上密室を構成するので、完全なアリバイができるのである。そのほかにも視覚に訴えて犯行時間をごまかすトリックはいろいろあるが、簡単には書けないようなものが多い。いずれも原理はこれと同じである。

【ハ】また、一人二役トリックと密室トリックと組み合せたもの（F・A・5はこの変形）（M・A・7）もある。犯人または共犯者が、犯行ののちに、被害者に化けて人の前に姿を現わし、アリバイを作る方法もある。

【ニ】この種のトリックで最もすぐれているのは、ルルウの「黄色の部屋」であろう。（F・A・1）（M・A・1）犯人に好意を持つ女が、寝室で犯人に殴打され重傷を負うが、女は犯人をかばうために、重傷をかくして寝室にとじこもっている。それからしばらく後に、寝室に中から鍵をかけて眠っているあいだに、悪夢を見て寝台から落ち、物音を立てる。ドアの外にいた人々が驚いてノックするが答えがないので、ドアを破って入ってみると、女は床に倒れて気を失っている。見ると恐ろしい打撲傷がある。ベッドから落ちてできるような傷ではない。しかし女は犯人に殴打されたことを絶対にうちあけないので、物音のしたときには室内に犯人がいて、ドアを破っているうちに、全く出口のない部屋から消えうせてしまったとしか考えられず、不思議な密室事件が構成されるのである。こんな風に書いたのでは面白くないが、「黄色の部屋」の心理的盲点を利用したこのトリックは、古来のあらゆる密室トリックのうちでも、最もすぐれたものの一つである。

（3）実際より前に犯行があったと見せかける（M・A・8）（Fなし）これは密室における早業殺人である。これについては別項「意外な犯人」の③「事件の発見者が犯人」の個所に詳説したから、ここにはくり返さない。

（4）最も簡単な密室トリック（M・C）これはロースンの主人公マーリニが密室講義の中で、カーのフェル博士の講義にはないものだといって、（A）（B）のほかに別に（C）項を設けて得意がっているトリックだが、実は子供だましで、犯人は犯行後、部屋から出ないで、ドアがこじあけられるのを待っている。そして、ドアがひらいたら、ひらいたドアと壁のあいだに身をかくし、みんなが死体に駈けよっているすきに、室外に脱出するという方法である。一見ばかばかしいようだが、実際問題としては、存外可能性があるようにも思われる。

（5）汽車と船の密室　進行中の列車、航海中の船は、外部と隔絶されるので、列車または船そのものが密室を構成する。ことに西洋の汽車のコンパートメントは、手ごろの密室の舞台になるので、よく小説に使われる。飛行機も同様であるが、これはトリックがむずかしいのか、旅客飛行機を密室トリックに使った作品では、これというものを知らない。これらは密室の舞台が変っているというだけで、トリックの原理は建物の場合と同様である。

（C）犯行時、被害者が室内にいなかったもの（F・A番号なし）（M・A・9）

密室事件で、被害者の方も室内にいなかったというと、不思議にきこえるが、★他の場所で殺した死体をその部屋に持ちこみ、密室を構成するか、★または被害者が重傷を受けてから、その部屋まで歩いてきて、何かの理由で、内部から鍵をかけて死ぬ場合である。その理由は犯人をかばうためか、自分を傷つけた敵が追っかけてくるのを恐れるためかのいずれかである。これらの場合、被害者が絶命してしまえば、全く事情がわからないので、ひどく不思議な事件になる。密室が構成されているからには、犯人が作った密室だろうと疑ぐってしまうから、わからなくなるのである。密室トリックを知っている人ほど、これにごまかされる。密室小説としては一種の逆手というべきであろう。★この項に属するもので、室外で殺した死体を、密室になっている美術室の高い窓からほうりこんで、そこで殺されたように見せかけるという、人間投擲《とうてき》の奇抜なトリックを考え出した有名な作家がある。

（D）密室脱出トリック

これには二様の意味がある。★一つは高い階上の密室で、窓のひらいている場合、犯人が犯行後、綱渡りその他の曲芸によって高所の窓から脱出するトリック（M・B・4）（Fなし）と★もう一つは脱獄のトリック（F・Mなし）である。これは密室トリックの逆のトリックだが、トリック分類としては、やはりここに入れておくのが妥当のようである。

実際の脱獄にはいろいろ巧妙な手がある。懐中時計のゼンマイにノコギリのような歯をつけたもので、根気よく窓の鉄棒をこすって、脱出路を作るとか、獄中の内職で使う材料の布や紙を少しずつためておいて、長い縄にない、それで高い窓から伝いおりるとかいうのは、面白いけれども、探偵小説のトリックとは性質のちがうものである。アメリカのフーディニという大奇術師は、世界を巡歴して各国の牢獄を脱出して見せたり、金庫の中へとじ込めてもらい、そこから脱出して見せたりした。これはむろんトリックがあるのだが、探偵小説のトリックとして利用できるようなものは少い。フーディニの伝記には、その各種トリックの種明かしが出ていて、奇術の種本としては非常に面白いのである。★小説で脱獄トリックの有名なものにはルブランの「ルパンの脱獄」、フットレルの「十三号独房の問題」、ロースンの「首のない女」などがある。ルパンが独房で病気と称して長いあいだ寝たままでいるあいだに、変貌をとげ、法廷に引き出されたとき、全くの別人、すなわち替玉と思いこませて、釈放されるトリック ★フットレルの主人公の学者名探偵が、力量をためすために、牢獄に入り、牢内に鼠が現れることから、地下に使用しなくなった古い下水管が通っていることを察し、鼠を根気よく手なずけて、シャツをほぐした糸を、その鼠の足に括りつけて、床の穴に追いこみ、外界との連絡をして、結局、窓の鉄棒を切るための硝酸の小瓶を、外部から送りこませるというトリックなど、巧みに描かれているので、小説としては非常に面白い。「首のない女」はやがて邦訳されるのだし、一口でいえないようなトリックなので、種明かしは避けることにする。

（昭和三十一年五月、この本〔「探偵小説の『謎』」〕のために書き下す）

隠し方のトリック

「もういいかい」「まあだだよ」の隠れんぼうの面白さは機智とスリルにある。私の子供のころ、名古屋地方には「ゴミ隠し」という遊びがあった。一人の子供が地面に四角な区《く》劃《かく》を描いて、ある特定のゴミ、マッチの棒ほどの木や藁の切れっぱしだとか、小石などをその区劃の中の土に埋めて隠すと、他の子供がそれをさがし出すという、いわば「隠れんぼう」を極端に縮小したような遊びであった。私は子供のころ、この遊びに、何ともいえぬ面白さを感じたものである。

青年時代、友達と二人で、小遣もなくて退屈していた時、「ゴミ隠し」を少し大きくしたような遊びを思いついて興じたことがある。私とその友だちとが交互に隠し役に廻り、たとえば一枚の名刺を、机の上のどこかへ隠すのである。机の上には本や硯や煙草や灰皿やその他雑多の品がゴタゴタと並んでいる。その机上のジャングルの中へ、一枚の名刺を隠すのだが、私は当時流行していた朝日とか敷島とかいう口つきの煙草の、口の部分の芯になっている厚紙を抜き出して、その代りに、問題の名刺を細く巻いて入れておくというような手を用いた。また名刺一面に墨をぬって、黒いお盆の裏に貼りつけて隠すというような手も考え出した。この遊びで、けっこう一日の退屈をまぬがれたものである。

探偵小説にはこの「隠し」の興味がしばしば取り入れられる。犯人が隠して、探偵が探すのである。その最もすぐれた例は、ポーの「盗まれた手紙」であろう。心理の逆をついて、隠すかわりに、わざと目の前に放り出しておくという手である。チェスタトンはこの手を人間の隠し方に応用し「見えぬ人」を書いた。郵便配達夫の職業が盲点になって、すぐ前にいてもわからないのである。それをまたクイーンが長篇の「Xの悲劇」に応用した。車掌や渡し船の切符切りが、隠れ蓑となる。いつも目の前にいるのに、まるで気がつかないのである。

トリックといえば、すべて何事かを隠すためのトリックに相違ないが、ここでは物品を隠す場合と、人間を隠す場合の、古来用いられたトリックを、幾つか思い出してみたいと思う。隠す品物では、宝石、黄金、書類などが最も多いが、かつて私がメモをとった「トリック表」を見ると、まず宝石類の隠し場所としては、犯人が自分のからだの傷の中へおしこむ、鵞鳥に呑ませる、犯人自身が呑みこんでしまうなどが極端なもので、普通の隠し場所としては石鹼の中、クリーム瓶のクリームの中、チューインガムに包む、ネックレスをクリスマス・ツリーの金ピカ装飾の間へ引っかけておく、というようなものがある。

宝石を呑みこんで、あとで排泄物の中から探し出すとか、婦人が局部に隠すとかいうのは、小説としてはかえって平凡だが、傷口に隠す手は、小さなものを隠すために、自分のからだを傷つける、または、すでにある傷をひらいておしこむという、大きな苦痛をこらえるところに、奇妙なスリルがある。私のメモにはこのトリックの作例として、ビーストンの「マイナスの夜光珠」があげてあるが、ほかにもあるだろうと思う。「血達磨《ちだるま》」の芝居で、土蔵の中で猛火に包まれた主人公が、お家の宝物の一軸を救うために、切腹して自分のはらわたの中に押しこむという着想は「隠す」ためではないけれども、この種のスリルの最も著しいものであろう。

小説として奇妙な味の忘れがたいものはドイルの「六つのナポレオン」の、同じ型の石膏像が六つあって、そのうちのどれに宝石を隠したかわからなくなるという着想と、同じくドイルの「青い紅玉」の、宝石を鵞鳥に呑ませて隠したところ、どの鵞鳥だったかわからなくなるという着想である。アーサー・モリスンの長篇「十一の瓶《かめ》」も同じ着想を使っている。

金貨を隠すトリックでは、ロバート・バーの短篇に奇抜なのがある。老人の守銭奴が莫大な金貨を死蔵していたが、彼の死後、その金貨が行方不明になって、いくら探しても分らない。家探しをし、天井や床板までめくって見るが、出てこない。地中に埋めた様子もない。ところが、金貨は、たえず探し手の目の前にさらされていたのである。老人は生前、火炉やフイゴやカナシキなどを買入れて、何か鍛冶屋のような真似をしたことがわかるのだが、それは全部の金貨をとかして、のべ金《がね》にした上、紙のように薄くたたきのばし、これを家じゅうの壁にはりつけ、その上から普通の壁紙を貼って隠したのである。金貨を驚くべき広さに引きのばして、部屋部屋の壁に充満させたという意表外の隠し方に興味がある。

カーのある短篇に兇器の隠し方で面白いのがある。室内で一人の人物が鋭い短剣で殺されている。この部屋は一種の密室で、兇器は絶対に部屋から持ち出し得ないような状況なのだが、それにもかかわらず、室内をいくら探しても短剣が出てこない。不可能が為しとげられたかに見える。しかし、実はこの場合も兇器はたえず探し手の目の前にあったのである。兇器は鋭いガラスの破片であった。犯人はそれを室内に置いてあった大きな金魚鉢のようなガラスの容器の中に沈めて逃げたのである。水に入れる前に、よく血を拭ったことはいうまでもない。

これに似たトリックで、兇器を隠すのではなくて、消滅させてしまうのがある。それは鋭くした氷の破片またはツララを短剣として利用するもので、まもなくこの兇器は溶けてなくなってしまう。この種のトリックについては別項「兇器としての氷」に書いてあるのでここにはくりかえさない。

書類または紙片の隠し場所ではバイブルなどの厚い表紙をはがして、その間にはさんでおく手がしばしば用いられるが、これは平凡である。私は紙幣を植木鉢の土の中に隠させたが、これもいっそう平凡だ。しかし植木鉢の例は西洋にもあり、クロフツがある短篇に使っている。紙片の隠し場所で奇抜なのはルブランの「水晶の栓」の義眼のうつろの中へ隠す手であろう。これと似たものでは、自殺のための毒薬の隠し場所に、フィルポッツは義眼を使ったが、これには義歯の使われる場合もしばしばある。

探偵小説に現われた人間の隠れ場所にも、いろいろ奇抜なのがある。重大犯人が、別の軽い罪を犯して入牢《じゅろう》し、牢屋そのものを隠れ場所とする手、病人を装って病院に入院して隠れる手などよく用いられる。先に記した犯人が郵便配達や車掌に化ける手も面白い。チェスタトンは飛びきり奇抜なトリックを思いつく名人だが、この「人間隠し」の手法でも、彼の着想が最もきわ立っている。脱獄囚が逃げて行く道に大邸宅の仮装舞踏会があった。脱獄囚は例の太い縞の囚人服のまま、その中へまぎれこんで、追手の目をくらます。邸内では囚人服の仮装とは妙案妙案と拍手をあびる。

ホームズの短篇には、警官に包囲された邸内から、ちょうどその時病死者があったのを幸い、普通より大きな棺を作らせ、死人と一緒に棺の中に横たわって邸外にかつぎ出され、警官の目をくらますトリックがある。クリスティーの短篇には、犯人が婦人のベッドの裾へもぐりこんで、婦人のベッドには遠慮するという心理を、うまく利用するトリックがある。ラティマーも「盗まれた美女」に同じ着想を使っている。

もっと簡単な手品では、犯人が案山子に化けて警官の目をごまかす（チェスタトン）とか、蠟人形に化ける（カー「蠟人形館の殺人」、私の「吸血鬼」）などがある。

以上は生きた人間の隠し方だが、死体の隠し方トリックには、非常に多くの例がある。私の「トリック表」には、これを大別して、①永久に隠すトリック②一時隠すトリック③死体を移動して隠すトリック④顔のない死体、の四種類としている。

①の死体を永久に隠す方法では、地中埋没、水中に沈める、火災または火炉で焼却する、薬物で溶解する（日本の例では谷崎潤一郎の「白昼鬼語」）、煉瓦またはコンクリートの壁に塗りこめる（ポーの「アモンチリャドーの樽」、私の「パノラマ島」）など、誰でも考えるような着想が多いが、ダンセニイの「二瓶の調味剤」のように、死体をたべてしまうというずばぬけたものもあり、死体をこまぎれにして、ソーセージにする（ドイツの実例）とか、死体に鍍金《めっき》をして銅像のようにしてしまう（カー）とか、死蠟にする（私の「白昼夢」）とか、セメントの炉に投入してセメントの粉にしてしまう（葉山嘉樹「セメント樽の中の手紙」）とか、パルプにまぜて紙にしてしまう（楠田匡介「人肉の詩集」）とか、風船にしばりつけて空中埋葬をする（水谷準「オ・ソレ・ミオ」、島田一男にも同案があった）、死体をドライ・アイスにして粉々に割ってしまう（北洋《きたひろし》の作）とか、枚挙にいとまがない。

②の死体を一時隠すトリックでは、クロフツの「樽」、ナイオ・マーシュの羊毛の梱《こり》、

ニコラス・ブレイクの雪だるま（これはセクストン・ブレイクにもあり、私も「盲獣」などで使っている。他にも例は多い）、カーの蠟人形、私の生人《いき》形と菊人形、大きなゴミ箱に隠す手は私も「一寸法師」で使ったが、チェスタトンも「孔雀の家」で使っている。大下宇陀児の「紅座の庖厨」では冷蔵庫に隠す。

チェスタトンには、戦場で将軍が私怨によって部下を殺し、その死体を隠すために、負けるときまった戦闘を開始して、味方の死体の山を築き、私怨による死体を戦死と見せかける思いきったトリックがある。たった一人のために数十人を殺戮するという、残虐と滑稽のまじりあったふしぎな味。

③の死体の移動では、カーの長篇やチェスタトンの短篇に例があるように、死体を殺人現場から全く別の場所に運び、後の場所で殺人が行われたと思いこませて、捜査を困難にするトリックが基本的なもので、これに種々奇抜な工夫がつけ加えられて、無数の型を生んでいる。

戸外で物音をさせて、被害者を窓から覗かせ、一階上の部屋から、輪にした綱をおろしてその首に引っかけて、つるし上げ、そのまま建物の裏側の窓からおろして、地上に待機していた共犯者に渡し、共犯者は、その綱を庭の木の枝に括りつけて首つり自殺を装わせるという奇抜なトリックを、チェスタトンが案出した。

移動トリックでは、汽車の屋根を使うものが思いもよらぬ味を持っていて最も面白い。

これの先鞭はドイルの「ブルース・パーチントン設計図」で、ブライアン・フリンという作家が長篇「途上殺人事件」で、汽車を二階つきの乗合馬車に替えて同じトリックを使い、日本では私の「鬼」、横溝正史の「探偵小説」がこの着想を借りている。死体を貨物列車の屋根にのせ、遠く隔たったカーヴの地点で、それが地面にふりおとされ、殺人はその地点で行われたかに見えるのである。

もう一つ著しいものは、犯人の作為でなくて、被害者自身が歩いて移動したために、捜査を困難ならしめるという着想がある。ヴァン・ダインのある長篇では、鋭利な刃物で刺された被害者が、致命傷とも意識せず、自室まで歩いて行って、ドアに中から鍵をかけ、そこで絶命したために、非常に不思議な殺人事件の外貌を呈する。落語の「首提燈」に類する話である。カーはさらに一歩を進めて、ある長篇で、屋外でピストルで頭部を撃たれた被害者が、ノコノコ歩いて家に帰ってから絶命するので、ふしぎな事件になる話を書いている。そして、そんなことができるものかという読者の非難をのがれるために、頭部を撃たれても即死しなかった犯罪史上の実例を引用している。

カーは死体移動のいろいろな手を案出して、長篇の中心トリックとしている。それにはまず複雑な状況を組立てておかなければならないので、簡単に説明することはむずかしいが、その極端なものは、殺した死体を廊下ごしに投げて、落下した場所で殺害されたと見せかけるのがある。これを一層極端にしたのが大坪砂男の「天狗」で、石弓のしかけで死体を遠くへ投擲する。自ら砲弾になって大砲から発射される見世物があったが、あれを探偵小説的に使用すれば、やはり一つのトリックとなるわけで、死体投擲または死体発射は、チェスタトン風のずば抜けたユーモラスなトリックの一種に相違ない。

これと似たものでは、いま作者の名を忘れたが、探偵雑誌「ロック」の懸賞に当選した作品の中に、雪除け機関車で、死体を遠くへはね飛ばして、ふしぎな状況を作る話がなかなか面白かった。

潮流を利用して死体または死体をのせた舟を移動せしめ捜査を困難にするトリックもよく使われる。西洋では合作小説「フローティング・アドミラル」、日本では蒼井雄の「黒潮殺人事件」、飛鳥高のある作、島田一男のある作などにその例を見る。

④の「顔のない死体」トリックについては、別項に書いたので、ここにはくりかえさない。

（「探偵倶楽部」一九五三・八）

プロバビリティーの犯罪

確率を計算するというほどではなくても、「こうすれば相手を殺しうるかもしれない。あるいは殺し得ないかもしれない。それはその時の運命にまかせる」という手段によって人を殺す話が、探偵小説にはしばしば描かれている。むろん一種の計画的殺人であって、犯人は少しも罪に問われないという、極めてずるい方法だが、しかし、そういうやり方で人を殺した場合、法律はこれをどう取扱うのであろうか。

西洋の探偵小説によく出てくるのに、こういう方法がある。幼児のいる家庭内のAがBに殺意をいだき、階上に寝室のあるBが、夜中階段を降りる時に、その頂上から転落させることを考える。西洋の高い階段では、うちどころが悪ければ一命を失う可能性が十分ある。その手段として、Aは幼児のおもちゃのマーブル（日本でいえばラムネの玉）を階段の上の足で踏みやすい場所においておく。Bはそのガラス玉を踏まないかもしれない。また、踏んでも一命を失うほどの大けがはしないかもしれない。しかし、目的を果した場合も、失敗に終った場合も、Aは少しも疑われることはない。誰でも、そのガラス玉は幼児が昼間そこへ忘れておいたものと考えるにちがいないからである。

無邪気な子供のおもちゃのガラス玉が、恐ろしい殺人の手段に使われるという対照に妙味があるせいか、西洋探偵小説にはこの手がよく使われる。最近出版されたイギリスのカリングフォードという作家の長篇探偵小説「死後」にもこの方法が出ていたので、またかとほほえましくなったほどである。

このように、うまくいけばよし、たとえうまくいかなくても、少しも疑われる心配はなく、何度失敗しても、次々と同じような方法をくり返して、いつかは目的を達すればよいという、ずるい殺人方法を、私は「プロバビリティーの犯罪」と名づけている。「必ず」ではなく「うまくいけば」という方法だからである。これをテーマとした作品は古くからある。一例をあげると、R・L・スティヴンスンの「殺人なりや？」という短篇には、人間の好奇心と「あまのじゃく」の心理を巧みに利用したプロバビリティーの殺人が描かれている。

それは、ある伯爵がある男爵に復讐する話で、両人がローマ滞在中のある時、伯爵はなにげないていで、男爵に自分の見た妙な夢の話をする。「私は昨夜ふしぎな夢を見た。君の出てくる夢だ。君が私の夢の中で、ローマ郊外のある地下墓地（ローマ名物のカタコム）にはいるのを見た。私はあんな墓地があるかどうか知らないが、夢の中でそこへ行った道順や沿道の景色までハッキリ覚えている」とこれを詳しく話し、「君はそこで自動車を降りて、その地下墓地を見物するためにはいって行った。私もそのあとからついて行った。荒れはてた物凄い地下道だった。君はその暗黒の中を、懐中電燈をたよりに、ズンズン進んで行った。私は君がなんだか無限の地の底へ消えて行くような心細い気分になって、もうよしたまえ、早く帰ろうと、何度も声をかけたが、君は見向きもしないで、暗闇の奥へ奥へと進んで行った。……妙な夢を見たものだ」と印象深く話してきかせる。

それから数日後のある日、夢物語を聞かされた男爵が、自動車で郊外をドライヴしていると、偶然、伯爵の見た夢の中の景色とそっくりの田舎道を通りかかる。探して見ると、夢と同じ地下墓地もちゃんとそこにあった。夢と現実のふしぎな一致。男爵は好奇心にかられて、懐中電燈をつけて、その墓穴へはいってみないではいられなかった。夢と全く同じことを繰り返すという一種異様の興味が彼をそそのかしたのだ。彼は墓穴の奥へ奥へと進んで行った。そして、ハッと思うと、何かにつまずいて、突然足の下の地面がなくなり、そこにあった古井戸の中におちこんで行った。助けを呼んでも人はいない。男爵はついにそこで絶命してしまう。

こうして伯爵は復讐の目的を果した。彼の夢物語は作為のウソで、実は数日前、彼自身その墓穴を見物したことがあり、その奥の古井戸のてすりが、古くなってこわれていることをチャンと知っていたのだ。作者は「これが果して殺人罪といえるだろうか」と、それを疑問符つきの題名としたのである。

日本では谷崎潤一郎氏が、私のいわゆる「プロバビリティーの犯罪」に先鞭をつけている。同氏の「途上」という初期の短篇がそれだ。夫が妻を殺そうとして、全く犯罪とならぬ手段を、いろいろ考える。暖房のガス管の開閉ネジを、細君の寝室の人の足にさわりやすい所に取りつけさせ、女中がウッカリそのそばを通って、着物の裾がさわり、ネジが開くことを予期するとか、自動車が衝突した場合、右側の座席にいた人が、傷を受ける率が多いというので、いつも細君を右側に乗せるとか、これに類した一見悪意のない種々の試みをし、ついに細君を死に至らしめるという話である。私はこれを読んだとき、何が巧妙だといって、これほど巧妙な殺人はないだろうと感じ入り、その影響で、「赤い部屋」という短篇を書いた。

「赤い部屋」には「あまのじゃく」で強情ものの盲人が、「もっと左によらなければ危ない。右は地下工事の深い穴がある」と知人に声をかけられて「そんなことをいって、またからかうのだろう」と、わざと逆に右の方により、下水の穴におちて、うちどころが悪く一命をおとすとか、夜中に、けが人を乗せた自動車の運転手に、近くの医者をたずねられ、右へ行けば上手な外科医院があるのを知りながら、左の方のへたな内科兼業の医院を教え、手当がおくれて、けが人が遂に死んでしまうとか、そういうプロバビリティーの殺人手段を五つ六つならべてある。

西洋ではイギリスのフィルポッツが、このテーマで「極悪人の肖像」という長篇探偵小説を書いている。ある人を殺すために、間接に、何の恨みもないその人の幼児を、人知れず殺す。犯人とこの幼児とは何の関係もないのだから、疑われる心配は少しもない。幼児の父は、妻は早死し、その子供が唯一の愛情の対象だったので、その愛児に先立たれて、この世に望みを失い、やけくそになって、冒険的な乗馬にふけり、山中で落馬して一命をおとす。間接殺人が功を奏したのである。また、ある気の弱い男に、犯人が医師である立場を利用して、君は不治の病にかかっているといつわり、だんだんそう思いこませて、煩悶の余り自殺させようとする。

西洋の短篇ではアメリカのプリンス兄弟という合作作家の「指男」というのがある。主人公は、異常心理の犯罪者で、その男は幼児のころ、神様から、彼の好まぬ人間に神の審判を下すことを許されたと信じている。神様がおっしゃるには、「お前は人間のことだから、間違いをしないとは限らぬ。だから決定権はわしが握っていることにする。お前はただ処罰の試みをすればよいのだ」というお告げであった。そこでその男は幼年時代から今日に至るまで、その特権を行使してきた。七歳の時、嫌いな乳母を殺すためには、夜、階段の上にローラースケートを置いておけばよかった。神様が処罰が正しくないとお考えになれば、乳母はスケートに気づくであろう。処罰が正しいとおぼしめせば、乳母はスケートをふんづけて転落するであろう。その乳母は頸《くび》の骨を折って死亡した。

少女が往来で目かくし鬼の遊戯をしていた。その男はソッとマンホールの蓋を取りはずしておいて、見物していた。少女はその穴におちて死んだ。神は少女を受け入れたもうたのである。ある医者の仕事場のガス・バーナーの栓をあけておいた。医者は葉巻をふかしながらその部屋にはいった。そして火焰に包まれて死んだ。神は医者を受け入れたもうた。その男は「処罰」の手段として、地下鉄を愛した。多くの男女がそこで神に受け入れられた。ラッシュ・アワーの地下鉄のホームのはしに手鞄を放り出すと、ある女はそれにつまずいて線路に転落し、車輪に首をちぎりとられた。またその男はある鍛冶屋の仕事場にしのびこんで、大鉄槌《おおかなづち》の柄をゆるくしておいた。鍛冶屋はそれを使用して、抜けた鉄槌の頭にうたれて死んだ。等、等、等。

引例は以上にとどめるが、この「プロバビリティーの犯罪」は、刑法学上、また、犯罪学上、深く考えれば、興味ある題目となるのではないかと思う。冗談に「医者は何十人の人を殺さねば一人前になれぬ」という。その何十人の内に入った患者こそ迷惑千万だが、そういう善意の殺人（?）は罪とならぬ。そういうものと、ハッキリした殺人罪との境界線が問題なのである。「プロバビリティーの犯罪」はこの境界線の前後にあるものと思うが、そこに確然たる一線を引くことは、非常に困難であろう。それだけに、この問題には最も深い考慮を要するのではないであろうか。

（「犯罪学雑誌」一九五四・二）

顔のない死体

従来探偵小説に使用せられた、おびただしいトリックの中に、「顔のない死体」と名づける一連のトリックがある。

殺人事件の被害者の顔を、全く見分けられないようにして、その身元を不明にし、または、他の人物の死体であるかの如く装っておくことは、犯人にとって甚だ有利だからである。実際の犯罪でも、このトリックは時として行われるが、小説では一層よく使われてきた。ことに探偵小説未発達の時代によく使われた。現在では顔の見分けられぬ死体が出てくれば、読者はすぐ「ハハア、あのトリックだな」と勘づいてしまうので、もう余り使われなくなっている。そこで作者の方では、いま一つその裏を行って顔をつぶして他の人物らしく見せかけてあったというのは、実は嘘で、やっぱり最初推定された人物の死体であった、というような手を考えるが、これもあまり面白くはない。

被害者の顔を見わけられなくするのには、二つの方法がある。一つは、死体の顔を鈍器でつぶすとか劇薬で焼くとかして、見分けられなくする方法。もう一つは、首そのものを死体から切断して隠してしまい、首のない胴体だけを残しておく方法である。その際、被害者の着物をはいで、別人の着物を着せておくことはいうまでもない。

しかし、そんなことをしたところで、人間というものは、からだのどこかに、目印になるような特徴を持っているはずで、肉親の者、たとえば妻なれば、たとえ首がなくても、夫の死体の見分けはつくわけだから、探偵小説で、このトリックを使う場合には、そういう肉親の者のいないような被害者を登場せしめるほかはないのである。

まだもう一つ難関がある。指紋法が発達した現在では、もしその被害者が前科者か、そうでなくても、警察の指紋原紙に、自発的に指紋を捺したことのある人物であれば、たちまちわかってしまうし、また被害者の家庭の器物などに残っている指紋と、死体のそれとを比べて見れば、にせものはすぐ暴露する。だから、犯人は顔を見分けられなくした上に、両手の指先をも、叩きつぶすか、切断しておかなければならないわけだ。しかし、そんなことをすれば、にせ死体の企らみは容易に気づかれることとなり、この「顔のない死体」のトリックも、実際問題としては、実はなかなかむずかしいのである。

このトリックには、いろいろの変形がある。たとえば、アメリカのロースンという作家は「首のない女」という長篇で、一婦人が、顔にけがをして、顔全体を繃帯で巻いているために、それが果してその婦人なのか、別の女が変装しているのか分からないという興味を取り扱っている。私も「地獄の道化師」という通俗長篇で、同じような着想を用いたことがある。つまり、「顔のない死体」のトリックは生きた人間にも流用できるし、またそれは必らずしも顔そのものを変形しなくても、ただ包み隠すことによって同じ効果をあげうるわけである。仮面をかぶせられたまま獄死し、ついにその正体が発表されなかったという「鉄仮面」の伝説も、このトリックと同じ興味の、非常に大きな実例といいうるであろう。生きた人間の場合は、整形外科手術によって全く別人に変貌するトリックもある。

(例「大統領探偵小説」や私の「石榴」)。

もう一つの変形に、チェスタトンの「秘密の庭園」やライス夫人の「すばらしき犯罪」の型がある。それは被害者の首を切断しただけでは満足しないで、他の死体の首を持ってきて首の入れ替えをしておくという着想である。実際問題としては、昔のいくさの場合などのほかには、そんなことをやった人はないだろうと思うが、小説上では書き方によっては充分なりたつのである。

日本の高木彬光君は、さらにもう一つこのトリックの新しい変形を案出して、われわれをアッといわせた。それは同君の処女作「刺青殺人事件」に使われたトリックで、首を切断して他の首と取り替えるのではなくて、胴体の方を取り替えるという新発明であった。なぜ胴体を隠すかというと、そこに最もハッキリした目印となる刺青があったからである。しかし首の方が残っておれば、すぐ被害者の鑑別がつくではないかと反問されるであろうが、作者はそうでないような状況をあらかじめ作り上げておいた。顔は分かっても、刺青さえわからなければ犯人は安全だという状況をである。

さて、話を元に戻して、原型としての「顔のない死体」トリックの最初の発明者は誰かということを、少し考えてみよう。探偵小説の元祖ポー以来百十余年の間に、顔をつぶして別人の死体と思わせるトリックは、実際事件でも小説でも、算《かぞ》えきれないほど使われている。私の採集した著名な作家でいえば、ドイル、クリスティー、ブラマ、ロード、クイーン、カー、チャンドラーなどに、それぞれこのトリックを使用した作例がある。

ではそれより前、すなわちポー以前には例がないかというと、むろんある。ポーの最初の探偵小説「モルグ街の殺人」に一歩先んじて、一八四一年の初めから、イギリスの文豪ディケンズが週刊誌に「バーナビイ・ラッジ」の連載をはじめたが、この長篇歴史小説のプロットの骨子をなすものは「顔のない死体」のトリックであった。

田舎のある邸宅の主人が殺され、同時に執事と庭番とが行方不明になる。二人の内の誰かが下手人にちがいないのだが、いずれとも、判断しかねているうちに、やがて一カ月ほどして、同じ邸の古池の中から一つの死体が発見される。顔はくずれていたけれども、服装によって執事の死体と分かり、庭番の男が主人と執事を殺して逃げ去ったものと判定される。しかし、これが実はトリックで、真犯人は執事であった。彼は主人を殺して金を奪い、これを気づいた庭番を殺して、死体に自分の服を着せ、自分は庭番の服を着て逃げ去ったのである。

ディケンズは、イギリスではシェークスピアにつぐ文豪といってよい人であるが、この人がなかなかの探偵小説ずきであった。イギリスが世界一の探偵小説国といわれるのも、そういう古い伝統があるからだ。「バーナビイ・ラッジ」は純探偵小説ではないが、ディケンズが死ぬ前に書きはじめて、未完成のままに終っている長篇「エドウィン・ドルード」は純探偵小説といってよいもので、この小説の犯人は誰か、どんなトリックを用いたのかということは、ディケンズの死の直後から現在にいたるまで、いろいろな作家によって、くりかえし論議せられ、「エドウィン・ドルード」の解決篇というものが、二十種以上も発表されているほどである。

では「顔のない死体」のトリックを使ったのはディケンズが最初かというと、決してそうではない。そうでないことは分かっているのだが、しかし誰がどこで使ったかという具体的な資料を、私はまだ探し出せないでいる。それにもかかわらず、ディケンズが元祖でないと断言するのには理由のあることで、十九世紀から、一と飛びに紀元前に遡ると、そこに歴然とこのトリックが使われているからである。紀元前から十九世紀まで空白であったはずはない。探せばあるに違いないのだが、私などは十八世紀以前の文学となると、きわめて縁遠く、渉猟の力も機会もないので、しばらく諦めているというにすぎない。

紀元前の「顔のない死体」（というよりも「首のない死体」なのだが）の例で、私の気づいたものが二つある。その一つは、歴史の父といわれる古代ギリシアのヘロドトスの大著「歴史」の中にあるもので、同書第二巻第百二十一段の全文がこれである。（この本は邦文の全訳がある。青木巌訳、昭和十五年、生活社発行、上下二巻）。

ヘロドトスは紀元前五世紀の人だが、そのヘロドトスがエジプトを遍歴したとき、同地の古老から聴いた、紀元前一二〇〇年頃のエジプト王、ランプシニトス、一名ラメス三世の逸話である。「首のない死体」のトリックもずいぶん古いものではないか。

ランプシニトスは非常に富裕な王様で、莫大な銀を貯えていたが、それを安全に保管するために、宮殿に接して石の庫《くら》を建てさせた。ところが、その庫の建築を命ぜられた男がくせもので、壁の石の一つが、大力を出せば抜きとれるように工夫をした。外見は他の石と少しも違わないのだが、一つの石だけが動くという仕掛け、つまり密室の秘密の出入り口に当るものを造ったのである。

これは実に遠大な計画で、その建築師は死ぬときに二人の息子を枕辺によんで、ひそかに遺言をする。「実は、わしはお前たちのために、あの石庫に秘密の抜け道を造っておいた。大金持ちになりたいと思うなら、そこから忍びこんで、王様の財宝を盗み出すがよい。誰も気づくはずはない」そして、石の動かし方の秘密を詳しく教えた。

二人の息子はこの遺言に従って、しばしば石庫に忍びこみ、多くの銀を盗み出したが、庫の扉には完全に鍵がかかったままなので、誰も疑うものはなかった。

ある時、必要があって、王様は庫の扉を開かせたが、調べてみると、多額の銀が紛失している。扉も窓も密閉されているのに、中の銀が減っているのだから、解釈のつかない不思議である。(ここに「密室トリック」の素朴な原型を見る)。それから、二度三度庫を開くたびに紛失の量が増しているので、王様は一計を案じ、人間を捕える罠を造らせて、それを庫の中に仕掛けておいた。

それとも知らぬ二人の息子は、ある晩、またしても庫に忍びこんだが、たちまち一人が罠にかかって、動けなくなった。今一人が助け出そうと、いろいろやってみたが、どうしても罠がはずれない。そこで、罠にかかった息子はついに観念して、家名を傷つけぬために、今一人の息子に、おれの首を切って持ち帰れと命ずる。首さえなければ、犯人の鑑別がつかず、したがって兄弟や家の者に累を及ぼさないですむという意味である。一人の息子は涙をのんで、いわれるままに首をはね、それをたずさえ、出入り口を元の通りにしておいて、家に逃げ帰る。(すなわち「首のない死体」のトリック)

翌日、王様が庫に入って見ると、庫には何の異状もなく、出入り口は全くないのに、盗賊の首のない死体が、罠にかかっているのを見て、驚愕する。それから、王様はまた一計を案じ、首のない死体を城の塀外につるして、番卒をして往来の人々に注意させ、身寄りの者が現われるのを待つ。すると、生き残った息子は、これに対してまた一つのトリックを使い、うまく兄弟の死体を盗み去る。王様はいよいよあきれて、今度は自分の娘、すなわち王姫《おうき》を娼家に住みこませ（ヘロドトスは、これはちょっと信じられない話だがと断っている）客の一人一人に身の上話をさせて、犯人を発見しようとする。
　これを聞き伝えた生き残りの息子は、わざとその娼家へ出かけて行く。ここにまた一つのトリックがある。彼は墓場の新しい死骸の腕を切り取って、ひそかにたずさえて行き、王姫の質問に対して、自分が犯人だと答える。王姫は逃がすものかと彼の手をつかむが、それは実は死体から切りとった腕であった。閨房《けいぼう》の暗中の出来事だから、それと気がつかなかったのである。姫は賊を捕えたと思って安心していると、本人は腕だけをのこして、闇にまぎれて逃げ去る。後に王様はこれを聞いて、若者の知恵に感心し、ついにかぶとをぬいで王姫を彼にめあわせた。めでたし、めでたし、という物語である。（このにせ腕のトリックはフランスの「ファントマ物語」に使われている。私は映画のその場面を、青年時代に見たことがあり、深く印象に残っていたので、後に何かの通俗長篇に、同じトリックを使ったことがある）
　もう一つの紀元前の例というのは、やはり古代ギリシアの作家パウサニアス（二世紀の人）の記録に出てくる。デルポイのアポロン神殿を造ったといわれる二人の建築家アガメデスとトロポニオスの話で、庫に抜け道を造ることから、罠にかかり、首を切ることまで、ランプシニトス王の物語と、そっくりそのままである。おそらくは、エジプトの伝説がギリシアに伝わり、別人の物語となって残っていたのではあるまいか。

ついでに、東洋の実例を挙げておくと、古くは仏典に例がありそうだが、未考。宋の時代、十三世紀のはじめに書かれた「棠陰比事《とういんひじ》」に「従事函首《かんしゅ》」という面白い話がある。ある豪家の主人が商人の妻に恋し、妻を盗んで隠し、その代りに別人の死体の胴ばかりを商人の家に残しておく。当然、商人に妻殺しの嫌疑がかかるが、結局、豪家の主人が隠しておいた別人の首が発見され、商人の妻と考えられていた死体の胴と継ぎ合せて見ると、ピッタリ合うので、死体は商人の妻でなかったことが判明し、豪家の主人が罪におちるという話である。

この話は明の馮夢竜《ひょうむりゅう》が編纂した「知嚢《ちのう》」にも「郡従事」と題して取入れられているし、また、「知嚢」の和訳を主内容とした辻原元甫《げんぽ》の「知恵鑑《かがみ》」にも入っている。「知恵鑑」は西鶴の「本朝桜陰《おういん》比事」よりも早く、万治《まんじ》三年に出版された原始探偵小説書である。

日本では古事記、日本書紀、あるいは今昔物語、古今著聞集などに「首のない死体」の話があるのではないかと思うが、まだ確かめていない。今わかっているのは、ずっと後の時代の「源平盛衰記」巻第二十「公藤介自害事《くどうのすけじがいのこと》」と、これにつづく「楚効荊保事《そこうけいほのこと》」に和漢の例話がある。しかし、公藤介の方は欺瞞のためというよりは、名を惜しんで我が子に首をはねさせる話だし、両話ともトリックの意味はうすいように思われる。

（「探偵倶楽部」一九五二・五）

変身願望

私は人間が書物、本ですね、本に化ける話を書きたいと思ったことがある。しかし、大人の読む短篇にならなくて、いつか少年読物の中へ、ちょっと使ったことがある。どういうことかというと、西洋の大きな辞典、ブリタニカとかセンチュリー、あるいは、日本の平凡社の百科事典でもいい、あれの背表紙だけを、つなぎ合せたようなものを専門家に造らせて、それを亀の甲のように背中につける。そして、大きな本棚の中に、背中をそとに向けて、手足をちぢめて、横たわる。そとからは、そこに大きな辞典が並んでいるように見えるが、実は、人間が息を殺して隠れている。実にバカバカしい着想だが、怪奇小説というものは、こういうバカバカしいところから、だんだん物になって行くことがある。

私は昔、人間が椅子になる話を書いたことがある。これなんかも、着想は実にバカバカしいのだが、人間が椅子に化けられたら面白かろうという一点の着想から、だんだん考えを進め、尾ひれをつけて「人間椅子」という小説ができた。そして当時はなかなか好評だった。

人間は、あるがままの自分に満足していない。美男の王さまや、騎士になりたいとか、美しいお姫さまになりたいというのは、最も平凡な願望だが、美男美女英雄豪傑の出てくる通俗小説というものは、そういう願望を満足させるために書かれたといってもよい。

子供の夢はもっと放胆である。現今の童話は遺憾ながら、そうでないが、昔の童話には魔法使いの魔力によって人間が石像になったり、けものになったり、鳥になったりする話が、たくさんあった。何かそういう、ほかのものになって見たいのである。

ほんとうに一寸ぐらいの大きさの人間になれたら面白かろうという空想は、昔から行われた。お伽噺の「一寸法師」は縫い針を刀にして、お椀の舟に乗る。江戸時代のエロ本に「豆男もの」というのがある。仙術によってからだが一寸ぐらいになり、人の目につかないので、美女のふところにかくれたり、遊蕩児の袂にすべりこんだりして、少しも相手に気づかれることなく、さまざまの情事を見聞する。西洋エロ本のノミの話は、同工異曲だがいっそう自由自在である。大山脈の如き人間の肉体のあらゆる部分を、つぶさに踏査することができる。

「板になりたや、湯舟の板に、好きなあの子の肌にふれたや」という古代ギリシアの諧謔詩がある。日本にも似たような歌があったと思う。人間はある場合には、浴槽の板にさえなりたいのである。

もっと尊い方面では、神仏の化身というのがある。神さまは何にでもお化けなさる。今身におできだらけの乞食に化けて、人間がそれを親切にするかどうかをためし、親切にしたものに、大なる福をお授けになる。鳥にでも、けだものにでも、さかなにでも、何にでもお化けなさる。神さまというものは、人間の理想を象徴するのだから、この変身化身の術も、人間の最も願望するところの一つの理想の境地に相違ない。いかに人間が「化ける」ことを好むかの一証である。

それゆえにこそ、世界の文学を遡って見ると、大昔から「変形譚」の系列がある。これを歴史的に調べると面白いと思うが、いま私にはその智識がない。ごく近年のもので、この一年ほどのあいだに、私は二つの現代的変形譚を、たいへん面白く読んだ。一つはカフカの「変身」。一つはフランス現代作家マルセル・エイメの「第二の顔」。しかし、この二作は、いずれも化ける願望そのものではなく、望まずして化けたがゆえの悲惨を取り扱っている。化ける願望の裏がえしである。

前者は周知だから、後者について一言する。このエイメの作はごく新しい。一九五一年ガリマール初版である。私はハーパー社版の英訳で読んだ。一冊の本にまとまっているが、長篇というよりは中篇である。

妻子ある中年の商人が、ある時、突然、二十代の美青年に変身する。何かの証明書を貰おうとして官庁の窓口で、自分の写真をさし出すと、役人が変な顔をするのである。

「誰かの写真を取りちがえて持って来たのではありませんか」「いいえ、それは私の写真です」役人は気ちがいだと思う。写真は、五、六十歳の頭のうすくなった、皮膚のたるんだ、平凡な男。本人は二十代のハツラツとした美青年。役人をからかっているのか、気ちがいか、どっちかだ。役人は後者と判断し、いたわって帰らせる。男は、少しもわけがわからない。帰りがけに、ふとショーウィンドウに写った自分の姿を見て、あっけにとられる。目がどうかしているのだろうと、いろいろにためしてみるが、自分にちがいない。似ても似つかぬ美青年に生れ変ったのである。「化ける願望」からいえば、この男は、ここで大いに喜ぶべきであるが、金もあり、地位もあり、愛妻もあり、愛児もある普通人だからかえって喜ばない。ただ不安になるばかりだ。天涯孤独のニヒリストか、犯罪性のある人物なら狂喜するのだが、現実家の社会人には喜べない。家へ帰るのが恐ろしい。到底細君が認めてくれそうもないからである。

仕方がないので、まず親友のところへ行って、事の次第をうちあけるが、親友は信じない。この現実世界に、童話めいた変身などということが、あり得るはずはないからである。親友はかえって疑念を抱く。そんなことをいって、この男は金持ちの商人をどこかに監禁し、あるいは殺害して、商人になりすまし、財産を奪おうとしているのではないかと疑う。この親友は詩人なので、二人一役の犯罪トリックはよく知っている。

ここで、ちょっと探偵小説の話になるが、エイメは探偵作家ではないけれども、その作には、探偵小説的要素が多い。谷崎潤一郎の「友田と松永の話」や、もっと手近なところでいえば、私の短篇「一人二役」を裏返すと、このエイメの着想になる。

変身男は、どうにも身のふりかたがつかない。誰にも知られぬ戸籍のない一美青年として、人生を出直す勇気はない。財産も惜しいし、妻子も惜しいのである。そこで窮余の一策を思いつく。前身の商人として住んでいたフラットのある同じ建物の一室を借りて、別の名でそこに住み、自分の細君を恋仕掛けで我がものにし、結局は結婚して、元の自分の家庭におさまるという計画である。自分の前身、つまり細君の夫は、この世に存在しないのだから、文句をいわれる心配はない。どう考えてみても、そのほかに、仕様も模様もないのである。

そこで、自分自身の妻に、別人として、再度の恋愛をするという、奇怪な境涯に入る。これがやはり、旧作「一人二役」や「石榴」において、私が最も興味を持った境涯なのである。この細君は美人で、少々浮気者だったので、この計画は意外にたやすく成功する。成功したときの何ともいえない変な気持。自分の妻が不義をしている。しかも、その相手が自分自身なのである。美青年としての喜びと、五十歳であった前夫としての憤りとが混《こん》淆《こう》するのである。

この不義の恋愛は、子供や隣人の前では、やれないので、自然二人は申し合せて外出する。それが度重なるうちに、ある日、親友の詩人に、二人が手を組んで歩いているところを見られてしまう。詩人のこの時の表情がすべてを語っていた。彼は美青年の悪計が、いよいよ熟して、ついに細君を手に入れたと考えたに相違ない。親友の財産と妻を盗もうとしている。これは捨ててておけない。しかも、その親友は、行方不明になったまま、一週間たっても、十日たっても帰って来ない。いよいよただごとではないぞ、あの顔の美しいヨタ者め、おれの親友を殺したにちがいない。このまま放ってはおけない。警察に知らせて調べてもらうほかはない。詩人がそう考えたにちがいないと、変身男は直感したのである。

とつおいつ思案のすえ、変身男は、細君と遠方へ駈けおちすることを考える。それにはいろいろ、うまい理由をこしらえなければならないが、ともかくも、細君を納得させることができそうである。その、せっぱつまった状態になったとき、まるで悪夢が醒めるように、変身が元にもどることになる。食堂でうたたねをして、ふと目覚めると、自分は元の五十歳の中年商人に戻っていたのである。やれやれという安堵と共に、折角の冒険が惜しいような、異様な気持である。

彼は、元の商人として家庭に帰る。不在の理由は、突然商売上の急用ができて、外国へ旅をしたといえばすむのだ。そして、美青年は行方不明となり、元通りの夫婦生活がはじまる。ところで、ここにいま一つの、奇妙な心理が描かれる。それは、元の中年商人に戻ったこの男は、妻の不義を、身をもって知っているという、どうにもおさまりのつかない心理である。妻は口をぬぐって、何喰わぬ顔をしている。一度も他の男を知らない貞節なる妻の如くふるまっている。それを、こちらも何喰わぬ顔で観察している。気持は憎しみよりも、憐れみである。姦夫が自分自身なのだから、腹も立たない。むしろ異様な興味さえ覚える。変身という虚構によって、始めて生じた一種異様の心理状態である。私はかかる虚構の物語を愛する。

エイメの作は、もう一つ英語で読んだが、これも面白かった。平凡な勤め人の頭の上に突然、後光ができる。神々の頭の上にある、あの光った輪のようなものである。それは信仰厚い勤め人を神がよみし給《たも》うたからなのだが、勤め人は大いに迷惑する。町も歩けない。人が指さし笑うからである。一応は大きな帽子で隠す。会社の事務所でも帽子を冠ったままでいる。しかしそんなごまかしは長つづきしない。到る所で嘲笑され、細君には罵倒され、神の栄光を呪いに呪い、ついに窮余の一策、後光の消失を願うのあまり、神の怒りを買うことを考える。つまり罪悪を行うのである。嘘をつくことからはじめて、だんだん重い罪へと進むが、後光は消え失せない。もっと重い罪を、もっと重い罪を、これでもか、これでもかと、おそろしい罪悪を重ねて行くという話。……この人の小説はもっと読みたいと思っている。

話がわき道にそれたが、エイメの「第二の顔」は変身願望の裏返しだが、上記の荒筋では分らぬけれども、変身の魅力についても語っている。裏返しにせよ、変身願望と無縁の作者には、こういう小説は書けないわけである。

化けたい望み。それがいかに普遍的のものであるかは、化粧という一事を考えてもわかる。化粧とはすなわち軽微なる変身だからである。私は少年時代、友達とお芝居ごっこをして遊んだが、女の着物を借り、鏡の前で、化粧するときの、一種異様の楽しさに、驚異をすら感じた経験がある。俳優というものは、この変身願望を職業化している。一日中に幾たりの別人に生れ変ることであろう。

探偵小説の変装というものが、やはり、この変身願望を満足させる役割を果たしている。トリックとしての変装は、今日ではもうほとんど興味がなくなっているが、変装それ自体には、やはり魅力がある。変装小説の頂点をなすものは、整形外科による完全な変貌を取扱った作品であろう。その代表的作品は、戦前アントニー・アボットが提唱して「大統領探偵小説」と銘うって出版したあの合作小説だ。これについては、屢々書いてあるから繰り返さぬが〔「異様な犯罪動機」参照〕、整形外科によって別人になる可能性は充分考えられる。これは現代の忍術であり、現代の隠れ簑であろう。この意味で、変身願望はまた「隠れ簑願望」にもつながるものである。

〔「探偵倶楽部」一九五三・二［特別号］〕

異様な犯罪動機

探偵小説において、犯罪の動機というものは非常に重要な題目に相違ない。探偵小説では、真の動機がわかれば、したがって犯人も判明する場合が多いのだから、作者は動機を隠すために、古来いろいろな工夫をこらしてきた。ちょっと常人には想像もつかないような動機を創案した作者も少なくない。普通の意味のトリックのほかに、動機そのもののトリックがあり得るわけである。

セイヤーズ、ヴァン・ダイン、トムスン、ヘイクラフトなどの探偵小説論には、不思議にも動機のことを特別に抜き出して書いてはいない。わずかにカロライン・ウェルズとフランソア・フォスカの著書が、簡単ながら特別に動機の問題に触れている。ウェルズの「探偵小説の技巧」（一九二九年改訂版）第二十三章が「動機」という見出しになっているが、その分量はわずかに二頁余りで、きわめて簡略なものである。その一部を抜萃する。「最も興味ある動機はいうまでもなく『金銭』『恋愛』および『復讐』である。これを細別すれば、憎悪、嫉妬、貪慾、自己保全、功名心、遺産問題、その他多くの項目になる。つまり、人間感情のすべてのカテゴリーがこれに含まれる。

稀には異常な動機というべきものが用いられる場合がある。たとえば Henry Kitchell Webster の『囁く人』における殺人狂、ザングウィルの『ビッグ・ボウ事件』における奇妙な動機の如きこれである。しかし、これらは例外的な作品であって、何人も直ちに納得できるような動機を最上とする。そして、単純な動機ほど納得しやすいことはいうまでもない。殺人というものは、人間の最も原始的な衝動から起るものだから、小説そのもののプロットは如何に複雑微妙であっても、動機はできるかぎり単純明瞭で力強いものを選ぶのが、かしこいやり方である。

プロットが許すならば、動機を余り遠い過去に持って行かない方がよい。ドイルの『緋色の研究』や、〔A・K・〕グリーンの *Hand and Ring* のように、長い小説を読まされたあとで、その犯罪動機の説明が三十年も四十年も昔にさかのぼるのでは、やりきれない。この二つの作品は他の点では実に立派な探偵小説だけれども、読者にとうてい推察できぬような動機が最後に説明されることが、大きな欠点となっている。」

私も従来は大体ウェルズと同じように考えていた。トリックのメモをとる時、動機をおろそかにしたのもここから来ている。しかし、普通の意味のトリックの創意がだんだんむずかしくなってきたために、探偵作家は動機そのもののトリックを考案するようになった。

古い作家ではチェスタトンとクリスティーが、この動機の創意に最も力を入れているように思われるが、近年は犯人を探すのではなく、動機を探す探偵小説さえ生れ、動機というものは探偵小説の最も重要な題目となりつつある。

さて、右の引用文でウェルズは「金銭」「恋愛」「復讐」の三項をあげているが、これでは不充分なので、次にフランソア・フォスカの「探偵小説の歴史と技巧」（長崎八郎訳、昭和十三年、育生社発行）第九章の冒頭に掲げた動機の表を次に転記してみる。（フォスカの本には、「動機」という章があるわけではなく、ただ第九章の文中にこの表が掲げられているにすぎない。別段の説明もついていない）

一、情熱犯罪（恋慕、嫉妬、憎悪、復讐）
二、利慾犯罪（貪慾、野心、利己的安定）
三、狂的犯罪（殺人狂、変態性慾者）

ウェルズはこの第三の項目は重視しなかったけれども、案外多くの作家が使用しているので、ぬかすことはできないのである。右の第二のカッコ内の「利己的安定」という訳語は意味がわからない。原著を持たぬので推察にすぎないけれども、おそらくはこれは「自己の安全」すなわち防衛の意味であろう。自分の過去の犯罪を知っている人間を殺してしまうとか、悪人の陰謀に先手を打って逆に相手を殺すとかいうような場合を指すのであろう。

私は以下の記述の便宜のために、この表を次のように増補したい。

一、感情の犯罪（恋愛、怨恨、復讐、優越感、劣等感、逃避、利他）
二、利慾の犯罪（物慾、遺産問題、自己保全、秘密保持）
三、異常心理の犯罪（殺人狂、変態心理、犯罪のための犯罪、遊戯的犯罪）
四、信念の犯罪（思想、政治、宗教などの信念にもとづく犯罪、迷信による犯罪）

フォスカの表の第一項は「情熱犯罪」と訳されているが、当然この項目に属すべきものに、冷血無情な計画復讐の如きものもあるのだから、この用語は強すぎる。単に「感情の犯罪」としたほうが包括的であろう。また、私はフォスカの表のほかに、第四の「信念の犯罪」という一項をつけ加えた。政治犯とか、狂信者の犯罪とか、その他特殊の信念にもとづく犯罪は、一から三までのどの項目にも含ませにくい動機なので、別に、一項をもうけたわけである。この項目の一部である政治、宗教などの秘密結社員による殺人は、スパイ小説その他に属するもので、古来探偵小説にはあまり歓迎されない動機なのだが（ヴァン・ダインは「探偵小説二十則」第十三条で秘密結社の犯罪を排除している）しかし、探偵小説にもそういう作例は少なくないのだし、またもう一つの迷信による犯罪というものはしばしば探偵小説に取り入れられているのだから、いろいろな意味で、この第四項目はやはり必要なのである。

右の四項目のうち、第一項目の優越感、劣等感、逃避の三つの実例が面白いので、それを次に記してみる。

優越感と劣等感の動機

著名な作品にしばしば使われている非常に大きな感情上の動機がある。それは、自己の優越を証明するための犯罪と、逆に自分の持つ劣等感に対して復讐するための犯罪である。

優越感と劣等感は盾の両面であって、自己の優越を証明しなければ承知ができないということは、意識下に劣等感があるからこそだともいえる。その劣等感を征服するための優越慾なのである。スタンダールの「赤と黒」やブールジェの「弟子」の主人公の、あの優越慾と自負心の裏には、社会的に下層の家に生れたという劣等感が伏在している。そういうように盾の両面ではあるが、探偵小説には、優越慾の方を表に出したものと、劣等感の方を表に出したものと二様の例がある。前者の適例はシムノンの「或る男の首」の犯人の心理であろう。あの犯罪は貧困と不治の病の絶望からきた富裕階級への嘲笑として行われたもので、そこには劣等感と優越慾とが、みごとに織りまぜられている。また、ヴァン・ダインの「僧正殺人事件」の犯人も憎悪や利慾では説明のつかない、優越感そのもののために多数の人を殺すが、彼の劣等感は老齢のために学問研究の能力を失ったことにある。もう一つは、フィルポッツの「赤毛のレドメイン一家」の犯人で、彼の場合はむろん利慾を伴っているけれども、社会生活の劣弱者が犯罪の世界において傲然として自己の優越を証明せんとする心理が多分に働いている。

これとは逆に、劣等感の方に重点をおいた作例はクイーンの「Yの悲劇」であろう。妻にしいたげられつづけた夫が巧みな手段によって妻を殺す夢を、小説の筋として書き残したのを、彼の死後、無心の幼児が書かれた筋のままを実行するのであるが、表面上は死後の夫が妻に復讐する形だけれども、心理的には自己の劣等感への復讐であって、しかもそれを自から実行する力はなく、小説に書き現わしてわずかに慰めていたのである。

もう一つの例をあげると、イギリスの長篇に何十年来の親友で、ただの一度もいさかいをしたことのない一方の男が、ひそかに計画して他方を殺すというのがある。普通の意味の復讐の動機はなにもない。二人は青年時代から同じ境遇に育ちながら、何をやっても被害者の方が一枚うわ手で、犯人はたえずその驥《き》尾《び》に付していなければならなかった。中年の現在となっては、被害者の方は大金持となって社会的地位も高く、犯人は何不自由ない暮らしはしているけれども、何から何まで相手にけおされ、住居も相手の貸家を好意的に安く貸してもらっているという有様。銃猟その他のスポーツに至るまで、いつも仲よく一緒に出かけるのだが、とても相手には太刀討ちできない。いつも主人と家来のような圧迫を感じている。この長年の劣等感そのものが、唯一の殺人の動機となったのである。彼は巧妙なトリックによってアリバイを作り、少しも疑われることなく殺人をなしとげる。犯人と被害者とは人もうらやむ親友であり、一方が死んでも他方に物質上の利益があるわけではなく、友の死を発見して最も悲しんでいたその男が、実は真犯人であろうなどとは、誰一人想像するものもない。これも意外な動機そのものをトリックの一つとした作品である。

また、アメリカの著名な文学作家の書いた短篇探偵小説に、こういうのがある。ある実業家の秘書をしている青年が、主人が自分をあくまで雇人《やといにん》として機械のようにあしらい、人間として親しみを示してくれないところから、劣等感が鬱積して、そのことだけのために、ついに殺意を抱き、大胆不敵のアリバイ・トリックを案出して、殺人罪を犯すのである。物慾ではむろんない。普通の意味の復讐とも違う。この種の犯罪は劣等感と優越感をもってこなくては説明ができないのである。

イギリスのさして著名でない作家の短篇に「動機のない殺人」という風変りな作品がある。動機がないのではない。常識をこえた動機なのである。文学者的な性格の貧乏貴族が、隣人の富豪にそそのかされて、一青年の発明を盗む。そして、その発明品の製造によって大金持となる。その貴族が老年に至って、だんだん隣人の富豪を憎悪しはじめる。相手は全く好意でやってくれたことである。そのそそのかしに乗った自分が悪いことはよくわかっている。それにもかかわらず、あの男があんなことさえいわなかったら、自分はこうして一生涯精神上の負担に苦しまなくてもすんだのにと思うと、相手が憎くて仕方がない。その憎悪が積り積って、ある日、親しい友人として富豪の部屋に入った時、突然、衝動的にピストルを発射して相手を殺してしまう。手掛りは何も残さない。前の例と同じように、口喧嘩一つしたことのない間柄なので、疑うべき動機が皆無なために、難事件となる。この犯人の心理は劣等感というよりも、極端な利己主義と解すべきであろうか。自責の念を他人に転嫁し、その他人を殺すことによって、自責の念が消滅するかの如く、妄想するという、手におえない利己主義と解すべきであろうか。

逃避の動機

右の例もやはり苦痛を逃れるための犯罪の一種といえるが、それとは違った意味で、純粋に逃避（エスケープ）のための犯罪というものを考えた二人の作家がある。その一人が前のアメリカ大統領ルーズベルト（作家とはいえないが）であり、他の一人がイギリスの逆説家チェスタトンであるのも面白い。これは一応犯罪の外貌をもつのみで、二つとも真の犯罪ではない。

探偵作家アントニー・アボットは「リバティー」記者であったころ、よくルーズベルトを訪ねたものであるが、大統領は有名な探偵小説好き、アボットは作家なのだから、二人の間にしばしば探偵小説談が交わされた。ある時アボットはルーズベルトに、あなた自身で一つ探偵小説を書いてみる気はないかと誘いをかけたところ、大統領は、いや私は忙しくてとても書くひまはないが、探偵小説の筋は持っている。これを専門の探偵作家に書かせてみてはどうかという返事であった。それを聞いたアボットは大喜びで、さっそくヴァン・ダインをはじめ著名の作家六人を動員して、大統領の立案になる長篇探偵小説を、分担執筆させることとした。そして、これを「大統領探偵小説」と銘うって発売したのである。この本の表紙には立案者としてルーズベルトの名が大きく印刷してある。

その大統領の立案した筋というのが、非常に面白い。大政治家や大実業家の意識下に潜在願望として隠れていそうな、この世から全く姿をくらましてしまうというトリックを中心とする探偵小説なのである。

その大統領が考案したというのは、一人の男が現在の環境から完全に逃避しようとするテーマであった。実業界に名を知られた百万長者が、現在の境遇にあき、他郷で全く別の人間として新しい生活を始めたいと考える。家族、親戚知己、自分の社会的地位など一切のものと絶縁して、生れかわりたいのだが、しかし金だけは持って行きたい。たとえば七百万弗《ドル》の財産があるとすれば、そのうち二百万弗くらいを家族の生活費として残し、あとの五百万弗は持って行きたい。そして、家族や友人がいくら探しても絶対に発見されないようにしたいというのである。

いかにも大政治家や大実業家の潜在意識にありそうな願望で、ルーズベルト大統領がこういう問題を考えたことは非常に面白いと思う。東洋にはこの思想は昔からあった。高位高官の人が現世のわずらいを離れて山に入るとか、隠者の生活を送るとかいうことは珍らしくなかった。それの俗っぽいのが艶隠者《やさ》である。東洋思想では金銭とも離れるのだが、アメリカの逃避は財産の大部分を持って行こうというので、さすがに現世的である。その上、生れかわって全く別の生涯を始めようというのだから、これは隠者でなくて、もっと積極的な更正である。それだけに、この逃避には非常な困難が伴う。世間に知られた実業家でも、全財産を放棄して、南米とか濠洲とかに渡り、一貧乏人として暮らすのなら、さしてむずかしくもないかもしれぬが、五百万弗の金を持って行こうというのだから、ここから足がつく。たとえ宝石に換えて持ち出したとしても、それを売ればわかってしまう。その心配を全くなくするためには大犯罪者と同じほどの悪智恵がいるわけで、その方法を六人の作家に考えてもらいたいという出題だったのである。作家たちはこれに対してどんな解答を与えたか。

私はこの「大統領探偵小説」を早くから持っていたけれど、連作など読む気にならず、序文を見ただけでほうってあったが、この小文を書くために、つい全部読んでしまった。読んでみると思ったよりも面白かったし、印象が新しいので、この部分だけが長くなって不調和のようだけれども、少し詳しく書くことにする。

連作執筆者として選ばれた作家はルーパート・ヒューズ、サミュエル・ホプキンス・アダムス、アントニー・アボット、リタ・ワイマン、ヴァン・ダイン、ジョン・アースキンの六人であった。この順序で執筆し、一編の長篇小説に纏めたのである。まず第一回担当のヒューズが主人公の境遇をきめた。主人公は弁護士事務所を開いて七百万の財を積んだ中年の男（アメリカでは弁護士でも百万長者になれるらしい）その妻は女優上がりのロシア美人で、金を目あてに結婚した女。夫の目をかすめて若いスポーツマンなどとよろしくやっている。夫はそれを知って離婚話をもちだすが、財産に離れては大変なので、自殺するとおどかして、これに応じない。弁護士はそんなことから（他にも多少の理由がある）いよいよ現在の境遇がいやになり、全く別の人に生れかわって新生活をはじめることを決意し、長期にわたって、その準備をするのである。（これは大統領の着想とは少し違うのではあるまいか。出題者の気持はもっと社会的名声の高い人物で、その名声から来る生活の窮屈さに飽きあきしていることそれ自体を動機とする逃避を考えていたのだと思う。夫婦関係のイザコザなどを主たる動機としては、大統領のせっかくの心理的な着想が弱められてしまう）

逃避の第一着手として、彼は変名で腹話術師に弟子入りし、誰にも気づかれぬ場所で、半年のあいだ声を変える練習をする。そして、誰の声でもまねられるようになる（これは声帯模写だから、日本ならば腹話術師よりも声色屋《こわいろや》に弟子入りすることになる）。

第二回を受持ったアダムスは、これにつづいて表情、手の動かし方、歩き癖その他いっさいの身振りを別人のものにするために、やはり変名で俳優の弟子となり、数ヵ月の練習を積むという筋にしている。それから、所持の株券約五百万弗を、ある仲買店を通じ、目立たぬように一ヵ月がかりで処分し、全部現金に替えてしまう。

第三回のアボットは、さすがにこの連作の主唱者だけに、非常に力を入れて書いている。私が感想を述べたいのも主としてこの部分にある。ここでいよいよ主人公は顔面並びに、全身の整形外科手術を受けることになる。しかし、全然架空の人物を作り上げたのでは、五百万弗も金を持ち、それで新しく仕事を始めたいというのだから、人に怪しまれるおそれが充分ある。そのために彼は私立探偵社に命じ、実業界から引退した資産家で、独り者で、近い親戚もなく心臓病で死期の定まっているような人物を探させる。広いアメリカのことだから、こういうむずかしい注文に合う人物も絶無とはいえぬ。やがて、或る土地の病院で死期を待っている注文通りの人物が見つかる。弁護士はその病院に出向いてその人物に会い、行方不明になっている彼の妹を必ず探し出して世話するという条件で、その人物の前歴を買い取る。そして、この心臓病者と一緒に、ニューヨークから遠く離れた小都会の整形外科病院に入院する。

その病院長は整形外科の名手だが、病院の建物はあまり立派でないので、莫大な建築費をだすという条件で、一切質問を禁じて、全身の整形手術をひきうけさせる。もちろん弁護士はこれらの交渉にすべて一定の変名を用いている。変貌のモデルは心臓病の人物で、その人の病気になる前の写真などを参考にして、健康人としての彼に似せてもらうのである。ここから整形術の描写になる。毛の色や癖を変え、生えぎわを直し、眉を変え、まぶたを変え、骨を削って鼻、顎、頬の形を変え、口、耳を変え、肩の骨を削ってなで肩にし、手足の先にいたるまで、あらゆる変形を行なって全くの別人を造り上げる。むろん一年に近い歳月を要するのである。

隠れ簑願望

ここで少し余談に入る。お伽噺に「隠れ簑」というのがある。その簑を着ると自分の姿が他人には見えなくなる。どんないたずらをしても、どんな悪事を働いても、何をしても相手にはこちらの姿が見えないのである。これは人類何千年の夢の一つであろう。それ故お伽噺となって世界中にもてはやされ、西洋ではH・G・ウェルズの「インヴィジブル・マン」(透明人間)となり、日本では猿飛佐助の忍術となって、万人の興味をそそるのである。善人も隠れ簑がほしいだろうが、悪人はいっそうこれがほしい。これ一つあれば、彼の字引から「不可能」の文字が無くなってしまうからである。

アボットの外科変貌術は最も科学化された「隠れ簑」である。もともとルーズベルトの出題そのものが、何らかの「隠れ簑」を要求するものであった。この大政治家の意識下にも強い「隠れ簑」願望があり、これに同感したアボットは整形外科術をもって答えたというわけである。

私も「隠れ簑」願望の強い男で、昔の作に「覗き」の心理を描いたものが多いのもこからきている。「屋根裏の散歩者」で天井裏という隠れ簑に隠れて悪事を働くのも、「人間椅子」という隠れ簑に隠れて恋愛をするのも、すべてこの願望の変形であった。ジャック・ロンドンの「光と影」やH・G・ウェルズの「見えざる人」に執着をおぼえたのも、涙香の「幽霊塔」や「白髪鬼」に惹きつけられ、私自身その焼き直しをしたのも、またこの願望からきている。

涙香といえば、彼の代表作である「噫無情《ああ》」「巌窟王」「白髪鬼」「幽霊塔」などに、ことごとくこの「隠れ簑」願望がふくまれているのは興味深いことである。「噫無情」では前科者が全く別人の大工場主となり、「巌窟王」では海底の藻屑と消えたはずの脱獄者が王者の如き存在となり、「白髪鬼」では墓場からよみがえった人物が別人として元の妻と再婚するなど、いずれも読者の「隠れ簑」願望に訴えるところが非常に強く大きいのである。私たちが少年時代、これらの作品に心酔した理由の半ばは、おそらくこの要素によるものではないであろうか。

「幽霊塔」では奇怪な老科学者が、電気の作用によって、女主人公の容貌を自由に変えることが書いてあるが、その方法には魔術性が多く、まだお伽噺の域を出ていない。アボットはこれを近代化し、科学化したのである。私も「幽霊塔」を焼き直す時、外科変貌の箇所は原作よりも科学的にし、アボットに近い説明を加えておいたが、私は外科手術の知識に乏しく、ほとんど常識で書いたので、アボットほど詳細ではなかった。また、私は中篇

「石榴」にもこの方法を取り入れ、一応の記述はしたが、やはり引例などの点でアボットまで行っていなかった。しかし、アボットの描写が完全だというのではない。もしこの部分のみに興味を集注し、充分資料を集めたならば、もっと科学的に、もっと詳細に描き得るはずである。そして現代の「隠れ簑」を理論上だけででも完成し得るはずである。

外科変貌術の中で、アボットは一つだけ私の全く気づかなかった手法を取り入れている。近年、薄いガラス又は合成樹脂製のレンズを目の角膜にはりつけ、眼鏡の代りにするという方法が考案されていると聞いたが、アボットは一九三五年のこの作品に、変貌の手段として早くもこれを取り入れている。いくら顔面の他の部分を変えても眼がもとのままでは、忽ちその人と看破される。逆に眼を隠せば、他の部分が同じでも、なかなかその人とは分らないものである（花見の目かつらの効果を思え）。この最大の難物である眼も、もしまぶたの中に薄いガラス体を入れることができれば、目の色や黒眼の大きさまでも自由に変え得るわけで、変装には何よりも効果的である。アボットはうまい所へ気づいたものだと思う。

ところで、犯罪者のこういう外科変貌は、前大戦前後から、現実にも行われていたのである。昭和二十五年の三月岩谷書店から出版されたゾエデルマンとオコンネル共著の「現代犯罪捜査の科学」一〇五頁「整形外科及び犯罪の鑑識」の項を見ると、犯罪者が外科変貌を企てた実例が挙げてある。要所を引用してみる。「（第一次大戦前にも外科変貌の例が幾つか報告されているが）第一次大戦以来、かかる報道が数件新聞紙上に現われた。著名の犯人ジョージ・デリンガーは、その顔面に外科手術を受けたと断定されている。第十八図はデリンガーの手術前の顔二個と、死後の顔二個とを示したものである。しかし、気がつくことは、その変貌が極めて僅少なことである。疑いもなく上手な整形外科医は恐らく顔の容相を驚異的に変更し得るであろう。しかしながら、もしも犯罪人が彼の古い周囲との関係を断ち切って新出発しなければ、かかる変化はほとんど価値がないことを見出すであろう。この方法が不成功に終り易いのには二つの理由がある。その一は普通の顔にはほんとうに人を欺くほどの変化を作ることが困難であり、たといそれが可能としても、手術の痕跡は長期にわたって残ること、その二は全然未知の土地に居を定めることの困難、手術の痕跡が治癒するに至るまで長く未知の土地に滞在することの困難にある。」

しかし、この種の困難は「大統領探偵小説」の場合のような百万長者には少しも障碍とならない。彼は未知の土地に定住することをこそ望むのである。また、変貌の完全不完全は、犯人がどれだけの費用とどれだけの日子《にっし》を費しうるかによって定まる。もしそれらの条件が、あらゆる困難（医師に承知させること、長期にわたる手術中、世間の目をくらますこと、医師に永久に秘密を守らせることなど）にもかかわらず、克服されたとすれば、警察に挙げられた右の実例の犯人よりも、遥かに見分けにくい変貌がなしとげられるであろう。あるいはそういう大変貌をとげて現にその筋の目をのがれているような犯罪者が、絶無とは断言できないように思われる。

さて、余談が非常に長くなったが、話をもとにもどして、変貌のモデルになった心臓病者は外科病院で死亡し、そこで人間の入れ替りが完成した。弁護士は心臓病だった人物になりきってしまった。心臓病者の死体はその土地に埋葬し、その時まで使用していた弁護士の変名が墓石に刻まれる。

第四回の担当者ワイマンは、次に弁護士その人の抹消について書いている。いくら別人になりきっても、ニューヨークで行方不明になっている弁護士の死亡が確かめられないでは、世間が承知しない。その死体偽造の手段である。弁護士はまた私立探偵を雇って、(むろん変名で)借金に苦しんでいる、いくらか不良性のある医学生を探し出させ、その学生に大金の謝礼をして、医学校の実験用死体置場から、年配、背かっこうなど自分に似た死体を盗み出させ、一方ニューヨーク郊外のガレージに預け放しになっている自分の自動車をうけとって、自分の服を着せた死体をそれにのせて、自動車もろとも断崖から転落させ、自分の過失死を装う。転落の際ガソリンが爆発して死体は黒焦げとなり、容貌など分らなくなってしまう。

第五回はヴァン・ダインの受持ちだが、あと一回で結末をつけなければならないために、この辺からだんだん無理な筋になってくる。ヴァン・ダインの文章にもほとんど精彩がない。自動車事故の記事が新聞にのる。有名な弁護士なのでセンセイションも大きいのである。彼はほくそ笑んで自分自身の死亡記事を読む。計画はうまくいったのである。葬儀の日取りもきまって、それが新聞に発表される。彼は自分の葬儀に列席する。一種の優越感と、変貌を知人が見分け得るかどうかを試すためである。しかし、誰も見分けるものはない。もとの妻さえ、彼と顔を合わせても気づかなかった。

さて、ここからあとがどうも面白くない。彼は一つだけ非常な失策をやっていたことが分る。ある事情があって、その筋で死体の再検査をしてみると、頭部にピストルの穴があり、頭蓋内に弾丸さえ残っていた。盗み出したのが自殺者の死体であったことを、うかつにも気づかないでいたのである。これは実に苦しいプロットだが、それがいろいろにもつれて結局弁護士の妻に殺人の嫌疑がかかり、（以下第六回アースキンの受持ち）その無実の罪をとくために、彼はあれほど苦心した計画を棒に振って、その筋に真実を告白することになる。しかし再び悪妻と同棲するには及ばなかった。彼女は故郷のロシアに夫があり、重婚の罪を犯していたことが分ったからである。というような、実につまらない結末になっている。日本の過去の連作ほどでたらめではないが、やはり連作というものの弱点を暴露しているわけである。

連作の梗概は以上で終ったが、さて、よく考えてみると、ヒューズからワイマンまで四回にわたるいろいろの変貌計画には実に非常に大きな欠陥がある。犯罪の秘密を完全にたもつには相棒を作らないで終始単独行動をとるべしというのが原則であるが、この主人公はその原則をめちゃめちゃに破っている。彼自身のほかに、彼の秘密の一部に参画した人間が無数にある。腹話術師、俳優、株を売却させた仲買人、整形外科医、心臓病患者を探しだした私立探偵、死体を盗ませた医学生、その医学生を探しだした私立探偵、直接関係者だけでも七人もあるが、そのほかに、たとえば外科病院の助手や看護婦、腹話術や身振りを練習した家の管理人や雇人、仲買店の店員など、同様に彼の奇妙な行動を見た人間は何人あるか分からない。そのうち一人でも名探偵の手にかかれば、それからそれへと弁護士の行動が暴露して行くであろうし、又七人の直接関係者のうち誰かが事実を語る気になれば、これもまたいもづる式に真相がばれて行くであろう。実に危険千万。一方であれほど綿密な計画を立てた主人公が、この方面ではまるで小学生のように無邪気であけっぱなしな手抜かりをしている。

前に記した「捜査の科学」は手術の痕跡のことばかり気にしているが、実際問題としても、困難はむしろこの方面にある。少くとも整形外科医だけにはどうしても秘密を握られる。そしてその助手があり、看護婦がある。それを考えると、犯罪者の外科変貌による隠れ簑は、やはり難事に相違ないのである。

「大統領探偵小説」の感想が長くなったが、さて次に移る。

逃避の別の例

チェスタトンの短篇に、逃避を動機とする奇妙な作品がある。私はこの作を読んだとき強く感銘し、メモのあとに「探偵小説の根本興味はパラドックスなりと感ず。インポシブル興味とはパラドックス（思想の手品）のことなり。」と書きつけている。トリックそのものとは別に、文中のチェスタトン一流の論理が、私にそういう感銘を与えたのである。ところで、その筋というのは、産をなした大詩人が、あらゆるぜいたくと快楽をしつくし、詩人という地位に飽きあきして、全然新しい人間として生れかわることを願望する。そして次のような隠れ簑を案出する。

彼には一人の凡庸な弟があって、その市の場末で雑貨商を営み、何のわずらいもない平和な日々を送っている。天才的詩人にはこの凡庸がうらやましかった。そこで、彼はこの弟に大金を与えて、外国への長旅に出し、自分は弟に変装して（兄弟だから顔は似通っていた）雑貨商の平凡な主人に納まろうというのである。

そこで、二人は相談の上、まず弟がその市に近い海水浴場の脱衣小屋の中で着物を脱ぎすて、裸になって海に入り、遠く離れた淋しい海岸に泳ぎつく。その海岸の岩の蔭に、あらかじめ別の服装と旅行鞄などが用意してある。弟はそれを着て知人に出会わないような路をとって、そのまま外国旅行に出発する。一方兄の詩人はあとから脱衣小屋にはいって、弟の着物をそっくり身につけ、髭を剃りおとし、そのまま弟の雑貨店に帰って、そこの主人として新生活を始める。

これを世間から見ると、金持ちの兄が行方不明となり、何の手掛りも残っていないので、利益を得るものを疑えという筆法から、唯一の財産相続者である弟が疑われる。そこで弟の雑貨商が取調べを受けることになるが、結局、名探偵の奇矯な推理によって、兄弟入れかわりの真相が暴露するという話である。この場合探偵の方にも、詩人の異常心理を理解する力がなくては、捜査に成功することができないわけである。

こういう超常識の動機は、ヴァン・ダイン流の考え方では、アンフェアなのだが、チェスタトンの手にかかると、少しも不満を感じない面白い小説となる。この奇矯な動機の説明に、前に記した鮮やかなパラドックスが用いられているのである。

右の二つの例のような意味の逃避ではないが、リチャード・ハルの倒叙探偵小説「伯母殺し」は、不良青年が、我儘勝手なぜいたくな生活がしたいばかりに、自分の自由を束縛している親代りの伯母を殺そうとする話で、やはり現在の厳格な陰気な生活からの逃避が動機となっている。「伯母殺し」については、「幻影城」におさめた「倒叙探偵小説再説」に梗概を記したから、ここにはくりかえさない。

この項目に属するもので、いま一つ面白い例がある。「陸橋殺人事件」の作者ノックスは、現在ではビショップの位につき「ノックス聖書」というものまで書いているえらい学憎だが、奇抜な短篇「密室の行者」でもわかるように、実に極端な筋を考え出す人である。動機の考案にも、次のように思い切ったのがある。

不治の病で医師から死期を宣告された男が、その苦痛をまぬがれるために非常な苦労をする話。臆病でとても自殺はできない。自分で死ねないとすれば他人に殺してもらうほかはないのだが、進んで殺人罪を犯してくれるような篤志家はいない。自分でそういう相手を作りださなければならない。そこで、彼は殺してくれる人がないとすると、こちらが誰かを殺して、その罪によって死刑にしてもらうのが一番だと実に廻りくどいことを考える。この話も、すでに「意外な犯人」で詳説してあるから参照されたい。

（「宝石」一九五五・八～十一〔連載随筆より抜萃〕）

探偵小説に現われたる犯罪心理

探偵小説はその本来の目的が複雑な謎を解く論理の興味にあるため、犯罪者の心理を正面から描くことは殆んどない。「犯人の意外性」ということが一つの条件となっているほどであるから、犯人は小説の最後までその正体を現さない。したがって犯人の心理や性格を詳しく描写するいとまがなく、犯人が暴露すれば探偵小説はそこでお終いになるというのが普通の形である。別のいい方をすれば、探偵小説は犯罪事件を探偵の側から描く小説であって、探偵の性格は克明に描写されるが、犯人のそれは間接な方法でしか描かれない。描かれるのは犯人の人間ではなくて巧妙な犯罪手段なのである。しかしそれにもかかわらず、すぐれた探偵小説には犯罪者の心理と性格とがよく現われている。正面から描写はしないけれども、非常に感銘深く犯罪者の人間が浮き出している場合がある。

巧妙複雑な犯罪を描いた長篇探偵小説の犯人は多くの場合一種のニヒリストである。宗教上ならびに道徳上の不信仰者である。神をも良心をも恐れない。恐れるものはただ刑罰のみである。イヤ、刑罰をさえ恐れないものがしばしば登場する。これは謎文学としての探偵小説では、こういう犯人を仮定するのが最も便利だという所からもくる。複雑巧妙な犯罪は感情的錯誤に陥ることなき機械的冷血を条件とする。そういう冷血犯人にはニヒリストをもってくるのが最もふさわしいのである。

犯罪者の心理が生き生きと描かれている探偵小説としてまっさきに思い出されるのはフランスのシムノンの「男の首」(モンパルナスの夜)であるが、この心理探偵小説の主人公ラデック青年は天才的に頭がよくて、しかも社会上の栄達に失望した極貧の遺伝的脊髄病患者である。メーグレ探偵はこの犯人を評して、「二十年も前だったら、彼は無政府主義者の闘士となって、どこかの首府に爆弾を投じていたでしょう」といっている。

ラデックは「罪と罰」のラスコーリニコフの性格をもっと極端に類型化したような人物である。ある金持の道楽者が妻を殺したいと考えている心理を見抜いて、その男のために殺人罪を犯してやり大金をゆすり取る。しかもその罪をまったく無関係な一人の愚鈍な男に巧みになすりつけて平然としている。そして、この小説は探偵メーグレと犯人との心理闘争に終始するのである。

この犯人は神をも道徳をも否定し軽蔑している。神や道徳が時と所によってその本質を異にするのは、それが一つの社会的功利にすぎない証拠だと考えている。例えば一夫一婦主義と多妻主義のごとく、ナポレオンの大量殺人と個人的殺人犯のごとく、同じ行為がある時代ある場所では善となり、ある時代ある場所では悪となることを見抜いている。そして、道徳のタブー的厳粛性を軽蔑する。

しかし、この犯人は良心を否定しながら良心にさいなまれることとラスコーリニコフと同様である。さらに一層大きな矛盾は、これらの犯罪者はニヒリストのくせに自尊心を捨て得ないことである（本当のニヒリストは自尊心すらも放棄しているはずだ）。彼らをして罪を犯させたものは何よりも企んだ自尊心だったといえる。俺は天才だ超人だという自惚《うぬぼ》れ、社会をみくびり警察などはほとんど問題にしない超絶的な気持である。この自尊心が堕落するといわゆる犯罪者の虚栄心となる。ラスコーリニコフが犯行後カフェで出会った検察官に札たばを見せびらかすあの心理が、ラデックでは一層大げさに挑戦的になっている。そして、もっと幼稚な多くの犯罪者が警察署へ挑戦状を送る心理がこれとつながっている。

しかし、これらの挑戦心理にも表面上の虚栄心のほかに、その裏にもう一つのものを含んでいる。自白衝動の心理である。この自白衝動を極端な形にしてみせたものにポーの短篇「天邪鬼《あまのじゃく》」がある。この短篇は一般にやってはいけないことだからこそやってみたくなる、奇妙な不可抗的衝動について説いている。これには悪なるがゆえに悪を為し、禁ぜられたるがゆえに禁を犯す不可思議な人間心理と、罪を犯したあと自白すれば破滅であるがゆえに、それゆえにこそ自白したくてたまらなくなる不可抗心理とを併せ含んでいる。

目もくらむ断崖の上に立って、恐ろしいがゆえに飛び降りたくなるあの衝動である。「天邪鬼」の主人公は雑踏の往来で自分の殺人罪を大声にわめき出すことを、どうしても止められなかったのである。

普通の意味のニヒリストではないが、やはり道徳蔑視者の著しい例としてはヴァン・ダイン作「僧正殺人事件」のディラード教授を挙げるべきであろう。学者なるがゆえの道徳不感症は実際の犯罪史上にもその例が乏しくないが、探偵小説ではシャーロック・ホームズの大敵モリアーティー博士などが早い例である。「僧正殺人事件」のディラード教授の心理はこれを一方の極にまでおしつめたものであって、数学と物理学と天文学の雄大無限の世界から見れば、地球上の道徳のごとき、人間の生命のごとき、問題とするに足らないという心理的錯覚に基く超絶的性格である。

ヴァン・ダインはファイロ・ヴァンスをしてその心理をこんな風に説明させている。

「数学者は光年という巨大なる単位によって、無限の空間を計らんとし、一方ではまたミリミクロンの百万分の一という極微の単位によって電子の大きさを計ろうとしている。彼らの見るヴィジョンはこの種の超絶的眺望であって、そのヴィジョンの中では地球やその住民は殆んど存在を忘れられてしまう。例えばある種の恒星はわが太陽系全体の数倍の大きさを有するが、その巨大なる世界が数学者にとっては単に分秒の瑣末事にすぎないのだ。銀河の直径はシャプレーによれば三十万光年である。しかも宇宙の直径となるとその銀河を一万倍しなければならない。

だが、これらはホンの初歩の問題にすぎない。天文観測器に現われる日常茶飯事にすぎない。高等数学者の問題はさらに遥かに広大である。現代数学の概念はしばしば人をして現実世界から遊離せしめ、純粋思考の世界にのみ生活する病的性格を生むに至る。例えばシルバーシュタインは五次、六次元空間の可能を論じ、ある出来事が起る前にそれを見得る能力を推定した。……無限という概念に没頭すれば人間の頭が変になってしまうのは無理ではない。云々」

地球上の人類が極微的存在に堕した時、科学はニヒリズムに接近する。しかし、かかるニヒリズムが罪悪を生む場合は、滑稽なことに必ずその超絶的思想とは逆のものが混入してくる。ディラード教授はそういう道徳不感症者ではあったが、直接には個人的名声という地球上の極微の執着に捉われ、その名声を保つ手段として夥多《あまた》の殺人を犯すのである。マザー・グースの童謡になぞらえ、罪もない人々を次々と殺していくのである。

探偵作家のうちには本来の複雑な謎の考案以外に、際立って悪人の描写にすぐれたものがある。黒岩涙香は悪人を描く天才といわれ、彼の諸翻案は原作以上に悪人を巧みに描き出していたのであるが、西洋の作家ではイギリスのイーデン・フィルポッツの探偵小説にこれが感じられる。彼の「赤毛のレドメイン一家」はその典型的作品である。主人公はやはり道徳的不感症者であることに変りはないが、ラデックやディラード教授のように犯罪の当初から半ば自暴自棄的な心理が動いているのではなく、あくまで健実で功利的であり、犯罪の発覚を絶対に避けようとしている。したがって彼のトリックは一層複雑であり、真剣な積極的な悪の情熱を伴っている。

「赤毛のレドメイン一家」は、真犯人の暴露で終っていない。そのあとに長文の告白文がついている。犯人マイケル・ペンディーンが獄中で認《したた》めた彼の一代記である。その中にこんな一文がある。

「良心を持つ人間、後悔をするかも知れない人間、一時的激情によって殺人を犯すような人間、彼らはいかに巧みに犯行をくらまそうとしても、終局において不成功に終ることは明かである。犯罪者の心中のひそかなる後悔こそ発覚への第一歩である。世の愚かなる者どもはこの失敗を免れることはできない。しかし私自身のごとく成功を確信してなんらの不安に煩わされることなく、いかなる感情も介入する余地なき正確なる企画と先見によって事を行なうものにとっては、犯罪は少しの危険性もないのである。この種の人々は犯行後、荘厳ともいうべき心理的喜悦を味わうのであるが、かかる喜悦そのものが彼らの報酬であり、さらに彼らの精神を支える支柱ともなるのである。

この世のあらゆる体験のうち、殺人のごとく驚異すべき体験が他にあるであろうか。いかなる科学、哲学、宗教の魅力も、この最大の罪のもつ神秘と危険と勝利感に比べることはできない。この深刻なる罪の前にはすべてのものが児戯に等しいのである。」

しかし、それにもかかわらず、この先天的殺人者は大探偵ガンスの明智の前に果敢《はか》なくも敗れ去ったのであるが。この種の犯罪者は不思議にも極まったようにニイチェの愛読者である。ラデックにはそういう説明が加えられていないが、ディラード教授とペンディーンについては、作者ははっきりとニイチェを引合いに出している。ペンディーンの場合はさらにド・クインシーの「芸術としての殺人」の影響が感じられる。彼は明らかにそういう芸術家の情熱をもって全生涯を犯罪に捧げた男である。

さらにいうならば、ラデックにもディラード教授にもペンディーンにも実験的殺人の心理ともいうべきものが内在していることを見逃すことができない。自己の能力を過信し、その犯罪能力がどこまで実現されるものかを実験してみるという心持が働いている。犯罪を試験管に入れて種々の化学反応を試みるのである。古来心理小説といわれるものの多くは人生を試験管に入れてきた。ドストエフスキーもそうだし、スタンダールもそうだし、そしてポール・ブールジェの「弟子」に至ってはその最も具体的典型的なものの一つである。この小説の主人公は恋愛を文字通り試験管に入れ、そこから一つの殺人被疑事件が発生する。ブールジェのこの作はドストエフスキー、ストリンドベリなどとともに強く探偵小説家の注意を惹いている。探偵作家もまた、その犯人をして彼らの犯罪を実験せしめ、さらに犯人を、犯罪を、殺人を、試験管に投入しようとしているからである。

（「文化人の科学」一九四七・三）

魔術と探偵小説

マジックという言葉に縁の深い学問および技術の著しいものが三つある。第一は民族学の中心項目としての呪術（マジック）で、民族学は古代史に散見しまた現存原始種族に行われている呪術、呪物崇拝などを研究する学問だといってもよいくらいマジックと縁が深い。第二は神秘学（オカルティズム）の中心題目としてのマジックである。これは正統の科学ではないが、オカルティストたちにいわせれば一つの学問であって、あらゆる魔術的現象を対象とする。第三は奇術（手品）としてのマジックである。

民族学の魔術と神秘学の魔術とは、その研究態度は全く違うけれど、内容は多くの題目において重なり合っている。呪法、呪力、呪符、護符、卜占《ぼくせん》、呪物崇拝、呪医、等々、両者に共通する項目である。ただ違うところは、民族学はこれを客観的に観察研究する純正科学であるのに対し、神秘学はこれらを信仰を以て研究する一種宗教類似の（悪くいえば迷信の）学問だという点にある。

また民族学は現存原始種族を最も重要なる研究対象とするが、神秘学はそういうものには殆んど無関心で、古代には宗教や科学として重視せられたが、近代に至って、宗教、科学の中から排除せられたような非合理的信仰ないし学問の（それにはそれでまた進歩もあり発見もあった）の集積である。

奇術（手品）は現在では、一つの舞台芸術となっているが、その起源は民族学の呪術や神秘学の魔術と別のものではない。古代史に残り原始種族の間に行われている呪術、呪医のたぐいはある意味で一つの手品である。キリスト教の聖典に残っている奇蹟すらも、ある場合には一種の手品であったという解釈が行われる。奇術の起源を古代に遡れば古くは原始呪術から、あらゆる偽宗教のまどわし、中世のウィッチクラフトや錬金術などと縁を引いているし、日本でいえば「書紀」に記されている大陸渡来の呪禁師《じゅごんのし》すなわち呪師《のろんじ》がやはり呪医と曲芸奇術を兼ね行なったのに始まり、一方大陸渡来の漂泊民傀儡子《くぐつ》や、中古流行した放下《ほうか》僧などが日本奇術、曲芸の祖先である。

しかし、現代の手品は民族学の研究対象や神秘学の信仰とは異なり、神秘性呪術性は少しもない。そういうものがありそうに見せかけて、観客の好奇心を誘いはするけれども、その技術は絶対に合理主義をはずれることがない。起源を同じくしながらオカルティズムは超科学のみを取り扱い、手品は科学的手法のみに限定されてきたわけである。この呪法的奇術との絶縁によって、手品は近代的合理主義の世界のものとはなったが、同時に昔の神秘的魅力を失ったことも事実である。

有名な印度奇術に、空中に投げた綱が直立して、これを少年が空高く登って行く云々というのがあって、旅行者の実見談として広く流布されているが、私の見た限りの奇術書では、皆一応これに触れてはいるけれども、そのトリックは不明とし、虚構の伝説であろうというに一致している。ここにオカルティズムと手品との境界線が引かれるのではないかと思う。他の印度奇術、観客の目の前でマンゴの種が木となり花が咲き果実がみのるものや、何十日も地中深く埋められて生きている奇術などは、どの奇術書にも種あかしが記されていて、合理的に可能なのである。

これに関連して、オカルティズムの書物に次のような極端な不思議が記されている。一八九八年、印度のある都会で古い寺院の塔が英人の手によって取毀《とりこわ》されることになり、その仕事を進めて行くと、塔の地下聖所に一個の石棺が安置してあるのを発見した。英人技師は印度僧にこれを開かせたが、石棺の中にはミイラのような死体が横たわっていた。ミイラかと聞くと、僧は首をふって、これは死人ではない、ただ深い眠りに入っているに過ぎないのだと答えた。技師が「馬鹿な」と否定すると、僧は「決してそうではない。私たち印度人は長い期間埋葬されていても決して死なない霊力があるのです。やがてあなたにもそれがお分りになるでしょう」と自信にみちた答えをした。数日後、僧侶たちによる死者覚醒のおごそかな読経が十二時間にわたって続けられた。すると石棺内のミイラは生き返り、一週間後には別人のように健康なからだになった。そして、石棺の中に封じてあったパピュルス文書によって、この男は二十二世紀の長期間そうして眠っていたことが判明したというのである。さらに二年の後、この古代睡眠者は人々を集めて、一本の長い綱を取出し、その一方の端を天空高く投げ上げたと思うと、たちまち竿のように直立したその綱を伝って、彼は大空によじのぼり、そのまま姿を消してしまったという記事である。そのほかオカルティズムの大家イリー・スタアの著書「実存の神秘」などには面白い実例が沢山あげてあるが、いま言及しているいとまがない。

探偵小説はある意味において魔術文学であるから、当然これら三つの分野の魔術とも関係を持っている。探偵小説の興味はミステリーと合理主義の両要素の組合せから成っている。探偵小説の犯罪事件はできるかぎり不可思議、神秘、超自然にはじまり、それが結局は一点の隙もない合理的解明に終るというのが定跡《じょうせき》であり、理想型である。民族学と神秘学はその両要素中のミステリーの部面に、奇術は合理主義の部面に、それぞれ密接な関係をもっている。

民族学のことはしばらく別にするも、奇術と探偵小説の関係については、いろいろ感想をもっているが、紙面の都合上それは他日に譲り、ここにはオカルティズムと探偵小説の近親について少しばかり書いてみようと思う。

オカルティズムは現に西洋では非常に流行している。オカルティズムにも色々あって、程度の高い真面目なものから、俗受けのする運命判断の類に至るまで、その出版される著書も非常な数にのぼっている。通俗雑誌などに古切手蒐集の目録などと並んでオカルティズム伝授書の広告がたくさん出ている。西洋の合理主義の裏側にこういうものが強く根を張っているのは面白いことである。一九一二年アルベール・カイエという この道の学者が「神秘学書目」という各冊六百頁三巻の大著を出しているが、それには一万二千の神秘学の書目解題が収められている。むろんこれには赤本〔低俗本〕は含まれていないのである。

神秘学に含まれる題目の主なるものを雑然と列記してみると、占星術をはじめとする一切の卜占に関するもののほかに、低魔術（ロウ・マジック）としてはウィッチクラフト、悪魔学、吸血鬼、死者再現、黒魔術、呪符一切、護符一切、魔杖（ラブドマンシイ）、魔書、魔鏡、等々。高魔術（ハイ・マジック）としては錬金術、神秘哲学、神秘数学、神秘語学、タロク・カード、等々。さらに心霊学一切、すなわち降霊術、奇蹟研究、心的磁力、催眠術、呪医（神秘医術）、テレパシイ、千里眼、二重人格（分身現象）、夢中遊行、憑《ひょう》依《い》、等々である。

前述の通り探偵小説のミステリー的部面の素材としてしばしば神秘学の種々の題目が利用せられるが、そういうオカルティズム作家として最も著しいものは、日本では小栗虫太郎、西洋ではディクソン・カーであろう。しかしこの両者には根本的な相違がある。虫太郎はオカルティズムに耽るあまり、ともすれば合理主義を逸脱して超論理に陥る場合が多かったが、カーはたんに神秘学を利用しているに過ぎず、謎の解決はあくまで常人の論理、形式論理で行っている。推理小説としてはカーが勝り、天才的という意味では虫太郎の方が遥かに天才的であったといい得る。

虫太郎の作品が如何に神秘的素材に充ちていたかは読者の知るところであるから、ここにはカーの場合を二、三例示してみる。

一九三四年作「剣の八」にはタロク・カードの剣の絵の第八のカードが殺された人物の身辺に落ちていて、それが全体の筋に異様な神秘性を与えている。カーはこの作でタロク・カードについて詳しい説明はしていないが、他の神秘学書によって簡単に解説すると、それにはエジプト・タロク、印度タロク、イタリー・タロク、マルセイユ・タロク、ジプシイ・タロクなどいろいろの種類があるが、カーが用いたのは最も普通に流布しているエジプト起源のエッテイラ・タロク内の小タロク・カードの一枚で、剣の第八には八本の剣が矢車型に描かれ、その中央に横線があって水面を現わしてある。このカードの運命判断上の意味は財産の公平な分配、遺贈、少女、鉱物などである。

タロク・カードは普通のトランプのようにして遊ぶこともでき、運命判断にも用いられるが、本来の意味はなかなかむつかしいもので、多くの学者がこれについて考証を発表している。一口にいうと周易《しゅうえき》の算木《さんぎ》に似た意味をもっていて、イデアと法則を象徴し、全宇宙がこの七十八枚のカードの中に圧縮されているというのである。各カードには奇怪な象徴画（たとえばエッティラ・大タロクの一枚には片足を紐で括ってさかさまに木にぶらさげられた人間の姿が描かれている。宗教裁判の拷問の絵に似ている）と文字と数字が記されているが、それらは神秘哲学、神秘語学、神秘数学と関連して、宇宙の真理を象徴し、かねてその変化を暗示し、運命を予言する作用をもつのである。

一九三四年作「プレイグ荘殺人事件」には心霊術者と霊媒の少年とが重要人物として登場し、心霊実験の場面が全篇の大部分を占めている。またこの作では密室殺人の場所として憑かれた家（ホーンテッド・ハウス）が用いられている。カーの諸作中最も神秘学的色彩の濃厚な作品である。

一九三七年作「孔雀殺人事件」には神秘宗教が犯人のトリックの一つとして描かれている。十個のコーヒー茶碗と孔雀の翅の模様の机掛けを用いる密儀である。

一九三九年作「読者、欺かるる勿れ」にはアフリカ原始種族の呪医の血を受けた混血児で、心霊的読心術の大家が、重要人物として登場する。この人物がテレフォースという心霊力によって遠隔殺人を行ないうると宣言し、その予言に従って次々と奇怪な殺人事件が起るという筋で、異様な神秘的色彩を持っている。しかし解決は決して神秘ではない。極めて合理的な物理的トリックによるものである。表題が示すとおり、作者はこれを挑戦探偵小説として書いている。

その他「パンチ・ジュデイ殺人事件」には光点凝視を手段とする自己催眠によるテレパ

シイが、「青銅ランプの呪い」にはエジプト古墳発掘の祟りによる人間消失の奇蹟が、「三つの棺」には魔術研究家と吸血鬼伝説と黒魔術が、「夜歩く」には最も奇怪なる憑依、狼憑き（ウワーウルフ）が、「弓弦荘殺人事件」には古代鎧の籠手の神秘飛行《ひぎょう》が、「黄泉帰《よみじ》り」には死者再現の神秘が取扱われている。

しかし、これは独りカーや虫太郎に限ったことではない。ポー（黄金虫）、ドイル（悪魔の足その他）、コリンズ（月長石）以来大多数の探偵小説は多かれ少なかれ神秘学的要素を含んでいる。探偵小説がミステリー興味を捨て得ない限り、探偵小説とオカルティズムとは非常に密接な親類関係にあるといっていい。

探偵小説と神秘学の関係について語る場合、漏らすことのできない今一つの話題がある。それはコナン・ドイルと心霊学についてである。

私は十余年以前オリヴァ・ロッジとかフラマリオンとかその他著名の心霊学研究書を読み猟《あさ》ったことがある。その時ドイルの心霊写真に関する著書などを見たのだが、死後の生存とか、他界との通信などは非常に心惹かれることではあるけれど、その実験方法、暗中に死者の声が聞えたり、姿が現われたり、机が宙に浮いたり、写真の乾板に亡霊が現われたりするいわゆる心霊現象は、どうも信ずる気になれなかった。

それよりも、その後読んだアメリカの大奇術師フーディニの霊媒トリック暴露の話の方が遥かに面白く感じられたのである（キャンネル著「フーディニの秘密」）。

フーディニはある時手品のトリックによって本物の霊媒と同じことをやって見せるといい、心霊学者たちの前でその実験を行ったが、コナン・ドイルもこれを見て、フーディニは立派な霊媒だという論文を発表したことがある（最後の著書「未知の世界の一端」に収む)。けっきょく私はドイルの心霊信仰を軽蔑し、フーディニの合理主義に好意をもったのであるが、最近ドイル晩年の親友、神学博士ジョン・ラモンド師の著「コナン・ドイルの思い出」を一読するにおよんで、ドイルの真意がいくらか分ったように思われ、これまでのように彼の奇矯な信仰を嗤《わら》えなくなっている。

ドイルの心霊研究は決して有閑老人の物好きな遊びではなかった。彼の他界存在の信仰も晩年になって突然気が向いたというようなものではなく、三十年前からこの問題に疑問をもち、充分懐疑的な態度で、探偵小説執筆の傍らひそかに古来の文献を渉猟し、研究をつづけていたのである。そして晩年に至ってようやく懐疑を脱し他界存在の確信を得、ひとたび確信するや、彼は非常な熱情をもってこの新思想の流布に努力したのである。彼はいわば新宗教、新哲学の使徒であり、その運動の指導者であった。

この信念を説くために十二冊の著書と無数の新聞雑誌の寄稿を書き、欧州各国はもとより、米大陸アフリカにまで講演行脚《あんぎゃ》をして熱弁を揮《ふる》い、ラジオ放送をなし、演説をレコードに吹き込み、はてはバイブル販売所にならって心霊学書籍販売所まで経営して、自からその店頭に立って、老いの身をシャツ一枚となり、発送の仕事すら手伝った。そして、彼の終焉もこの運動の闘士としての過労からきた病死だったのである。ここに私は耄碌《もうろく》せるドイルではなくて、人類救済の使命に奮闘する一人の熱血漢を見たのである。

（「新青年」一九四六・十）

【追記】魔術に縁の深い探偵小説は、カーのほかに「密室トリック」の項に記したクレイトン・ロウソンがある。彼の主人公探偵は大奇術師メルリニである。さらに書き漏らすことのできない古い魔術作家がもう一人ある。それはやはりアメリカのゲレット・バージェス、Gelet Burgess で、彼の短篇集 *The Master of Mysteries* の主人公アストロ Astro 探偵はオカルティズムの大家である。手相見、占いが商売で、妙な東洋の服装をして、水晶体凝視の名人である。そして占いで犯人を当てると称しながら、実はきわめて合理的な奇智と推理によって犯罪をあばくのである。

バージェスのこの短篇集は一九一二年に匿名で出版されたが、手品師バージェスはアクロスティック（暗号詩）によって自分の名を作品の中へちゃんと隠しておいた。同書に収められた二十四篇の短篇の本文の頭字《かしらじ》を順に拾っていくと THE AUTHOR IS GELETT BURGESS となる。また最後の字を順に拾うと FALSE TO LIFE AND FALSE TO ART〔人生に偽り、芸術に偽り〕となる、手品師クイーン先人ありというべきである。（二二・四・二〇）

明治の指紋小説

ＥＱＭＭ昨年〔一九四九〕九月号の Queen's Quorum（ポー以来現在までの代表的短篇小説を年代順に選び解説をつけたもの）に指紋を取り扱った探偵小説の最も早いものが挙げられている。

Herbert Cadett: *The Adventures of a Journalist* (London, 1900) である。

クイーンの解説文に曰く「この本の主人公探偵 Beverley Gretton については如何なる探偵小説史、探偵小説論の脚注にすらも、未だかつて一度も記されたことはないが、（中略）この本の冒頭に収められた短篇 *The Clue of the Finger-Prints* は、指紋による犯人の個人鑑別を描いた最も早い作品の一つである。普通、指紋小説としてはフリーマンの「赤い拇指紋」（改造社「世界大衆文学全集」第六十巻「ソーンダイク博士」に邦訳）が最初のものとされているが、キャデットのこの作品は、それよりも七年先んじている。もっともこのほかに、もっと早く、探偵小説愛好家がウッカリ見逃がしている作品がある。それはマーク・トウェーンの *Life on the Missisipi*（一八八三）の第三十一章の一話と、長篇 *The Tragedy of Pudd'nhead Wilson*（一八九四）（これも上記改造社全集第十巻「トウェーン名作集」に「抜けウィルソン」と題して訳されている）の二つで、いずれも指紋によって犯人を発見する話である。」

すると、世界最初の指紋探偵小説はマーク・トウェーンの作品ということになるが、ところが、「ミシシッピ河の生活」よりはおそいが、「抜けウィルソン」よりも早く、日本で指紋探偵小説が出版されているのである。厳密な意味の指紋ではなく、手の平全体の隆線模様による鑑定であるが、占師の見る手の筋だけではなく、五指の指紋をはじめ手の平全体の隆線模様による犯人鑑別が、中心テーマとなっている。

その作品は帰化英人の講談師兼落語家快楽亭ブラックの口演速記「幻燈」で、これはマーク・トウェーンの第二の作品が出た一八九四年（明治二十七年）の前々年、明治二十五年に単行本として出版されている。日本に指紋法が実施されたのは明治四十二年であるが、それより十七年も前に指紋と掌紋による個人鑑別の探偵小説が出版されているのは、充分珍とするに足ると思う。

その「幻燈」の内容を説明する前に、犯罪の個人鑑別に指紋法が実施されるまでの歴史を検《しら》べてみる。これにはいろいろな参考書があると思うが、私は、「犯罪科学全集」（武俠社、昭和五年）の第十二巻に古畑博士が執筆された「指紋学」と、「エンサイクロペディア・アメリカナ」の指紋の項によって、(ブリタニカの最新版の指紋の項は詳しくない)簡単な年代記を作ってみた。なお、指紋法実施の年と指紋小説出版の年とを対照するために、私の知っている指紋探偵小説の早いものをも、この年代記の中に挿入した。○印がそれである。

★一六八六年。イタリーのボロニア大学教授マルピギー Marcello Marpighi が解剖学上から指紋の研究を発表した。

★一八二三年。ドイツのブレスラウ大学教授プルキンエ J. E. Purkinje が、やはり解剖学の立場から指紋の分類を発表した。

★一八八〇年。イギリス人フォールズ博士 Henry Faulds が日本、東京の築地病院在勤中、個人鑑別に指紋を利用し得べきことを主張した研究論文をイギリスの Nature 誌の同年十月二十八日号に発表した。個人鑑別に利用することを論じたのは、この人が最初。

★一八八〇年。イギリス人ハーシェル Sir Wiliam James Herschel は印度ベンガルの一地方の民政官を勤めている間に、指紋を文書偽造防止、囚人の個人鑑別などに利用し、その経験に基いて、やはりネーチュア誌の同年十一月二十五日号に研究論文を発表した。一と月違いで博士に先鞭をつけられたのである。

★それから間もなく、イギリスの遺伝学者ゴールトン Sir Francis Galton (ダーウィンの従弟)が指紋の万人不同と生涯不変の事実を学問的に論証し、その分類法を発表した。

○一八八三年。マーク・トウェーン「ミシシッピ河の生活」出版。

○一八九二年（明治二十五年）。英人ブラック口演の「幻燈」出版。

○一八九四年。マーク・トウェーン「抜けウィルソン」出版。

○一九〇〇年。キャデット「新聞記者の冒険」出版。

★前記ゴールトンの研究に刺戟され、イギリスでは犯罪の個人鑑別に指紋を利用するための委員会を設け、印度警察長官からロンドン警視総監に転任したヘンリー Sir Edward Richard Henry がその主たる委員となった。

★一九〇一年。イギリスの前記委員会で、ヘンリー卿の考案した「ヘンリー式指紋分類法」が採用せられ、この年、イングランドとウェールズに実施することになった。現在では世界の過半の国がこの方式を採用している。

★一九〇三年。アメリカでは一八八二年トムスン Gilbert Thompson がニューメキシコで、公文書偽造を防ぐために指紋を利用したのが最初とされているが、司法関係では、一九〇三年にシンシン監獄で囚人の指紋台帳を作ったのが最も早く、それから数年間に全米にヘンリー式分類法が実施されるようになり、現在ではＦＢＩの台帳には陸海空軍人のものを含めて五千五百万人の指紋が保管され、その規模は世界一である。

★前記イギリスのヘンリー分類法より少しおくれて、ドイツではハンブルグ警察長官のロッシェル博士 Roscher がロッシェル式（又はハンブルグ式）分類法を完成し、ドイツ系諸国がこれを採用した。

★一方アルゼンチンの指紋学者Juan Vucetich（私には読めない）はまた、独特の分類法を編み出し、現にスペイン系の諸国に採用されている。

○一九〇五年。ドイル「ホームズの帰還」出版さる（その意味は後に記す）。

○一九〇七年。フリーマン「赤い拇指紋」出版さる。

★一九〇八年（明治四十一年）日本司法省に犯罪人異同識別法の調査委員会が設けられ、同年七月二十四日、ドイツのロッシェル分類法を採用することに決定、翌四十二年より実施した。

★一九一二年（明治四十五年）はじめて警視庁に指紋課が設けられた。

　右の表の内、まず一九〇五年の「ホームズの帰還」の中の二つの作品について考えてみる。その一つは「ノーウッドの建築師」で、これには偽指紋を壁に捺して、無実の者に嫌疑をかけることが描かれているが、その方法は、ある人物の拇指紋が封蝋《ふうろう》の上に残っていたのを利用して、その封蝋に別の蠟をおしつけて型をとり、それに血を塗って壁に捺すという、ごく単純なものである。また、この作品には今日では一般化しているフィンガープリントではなくて、thumb-markという字が使われている。

　もう一つの作品は「アベ・グランジの惨劇」で、犯罪現場に三つのコップが残っていて、犯罪の当時三人の人間がそこで酒を呑んだように見せかけてあるが、実は二人しかいなかったのだということを、ホームズが推理する。ところが、この推理にはコップという絶好の道具が出ているにもかかわらず、指紋は全く無視され、ホームズは指紋鑑識について何も知らないように描かれている。

私は右の二つの作が雑誌に発表された年を知らないが、いずれにしても一九〇五年に出版された本には、まだ指紋の知識が十分利用されていなかったことになる。それから二年後に出たフリーマンの「赤い拇指紋」には、さすがに科学的に指紋の偽造が描かれているが、この頃になって、スコットランドヤードの指紋課というものがようやく充実し、その効用が一般に認められてきたためではないかと思われる。

クイーンが紹介したキャデットの作品は読むよしもないが、*The Clue of the Finger-Prints* というはっきりした題がついているだけでも、珍重すべきだと思う。それよりさらに古いマーク・トウェーンの「抜けウィルソン」は、邦訳では指紋という言葉が使われているが、私は原本を持たないので、訳者の佐々木邦氏に問い合せたところ、同氏も原本をなくしておられ、わざわざ神戸のトウェーン通、西川玉之助翁（八十七歳）に手紙して下さったので、西川翁から詳細なご返事を頂いた。それによると、「抜けウィルソン」にはfinger-printsという字が使われているということであった。

「抜けウィルソン」は、近所の人々の指紋を片っぱしからガラス板に蒐集して楽しんでいるウィルソンという風変りの人物を描いたもので、そのころ世間では指紋に個人鑑別の力があるなどとは少しも知らず、物好きな変り者として嘲笑されていたが、それが計らずも、ある犯罪事件の犯人を確定する手掛りになるという話で、指紋鑑識など殆んど考えられていなかった時代の、創意的着想である。しかもこれは明瞭に探偵小説の形を備えているのだから、探偵小説史はマーク・トウェーンのこの作品を忘れてはならないと思う。

ところが、東京で出版された「幻燈」は、この「抜けウィルソン」よりもまた二年早いのであるが、それと並んで、指紋学そのものも、その最初の主張が日本在住の英人によってなされたことは面白い因縁である。先の表に記した通り、指紋を個人鑑別に使用することを世界で一番早く唱えたのは、当時、東京の築地病院に在勤した英人フォールズ博士であるが、古畑博士は前記「指紋学」の中で、この人のことを次のように記しておられる。

『現今使用しておる指紋法を日本で発見するに至った事情を説明すると、明治十一年頃(西暦一八七八年)、東京の築地病院に来ておった英国の医者ヘンリー・フォールズという人が、そのころ発掘せられた日本の石器時代の土器に指紋の跡がついていることを観察し、他方、日本において昔から爪印、拇印、手形というように手指の印章を証文に押しておることから大いに興味を惹き、色々と研究した結果、これを個人識別に応用しようと考えて、英国の科学雑誌「ネーチュア」に投稿したのである。そして、それが雑誌に出たのは明治十三年(西暦一八八〇年)十月二十八日である』

(この文章では、フォールズは明治十一年頃ちょっと日本にきていたようにも取れるが、平凡社百科事典の「指紋」の項の仁科氏の記述によると、彼は明治七年から十九年まで在日したとある。）

さて、問題の快楽亭ブラックの「幻燈」のことに入るのだが、まずその筋をごく簡単に記してみる。ロンドンの岩出《いわで》銀行（涙香式に英国名を日本名に引き直して訳したもの）という個人経営の銀行の社長が、ふと道で出会った乞食少年の正直な行為に感心して、この少年を引取り、学校に入れ、後には自分の銀行の社員にする。この青年社員は頭も風采もよく、実直で、前途を嘱望されている。

岩出銀行社長には年頃の娘さんがあり、この青年社員に好意を示し、青年の方でもできれば結婚したいと考えている。岩出社長はこれに気づくが、乞食上りの男に娘をやる気はないので、青年を叱りつける。それでも青年は思い切る様子が見えないものだから、遂に彼を解雇してしまう。すると、数日たって、岩出社長が銀行の社長室で何者かに殺されている。当然解雇された青年に嫌疑がかかり、リバプール港から船に乗ろうとしているところを逮捕され投獄される。

そこへ、岩出社長の弟にあたる弁護士が現われ、犯罪の真相を調べることになる。これが素人名探偵なのである。犯罪現場のテーブルの上にあった白紙に、犯人の血の手形がハッキリ残っている。これが唯一の証拠なのだが、指紋鑑識がまだ知られていない時代なので、警察でも別にこれを調べようとはしない。ところが被害者の弟の弁護士は指紋が個人鑑別の資料となることを知っていたのである。原文のその個所を引用して見る。句読点だけ入れて原文は少しも手を加えないでおく。

弁護士は警察の探偵から血の手型の紙を見せられて「貴所《あなた》の方では是を証拠になるまいと被仰《おっしゃ》いますが、拙者の考えでは大切の上の大切の証拠で御座います。是があれば犯罪者解ります（註、原文のまま。いくら日本語が達者でも、外国人のことだから、てにをはが抜けたりするのである。当時の速記はなかなか忠実であった）。私、四、五年前《ぜん》世界一周いたしましたる時、支那日本という国に暫時滞在いたしました。此の両国においては英国と違いまして、証文を認めまする時に必ず印形《いんぎょう》と云ふ物を用いまする事になって居りまして、柘植《つげ》或は金銀等へ自分の姓名《せいめい》を彫付け、是を肉にて姓名《なまえ》の下へ捺しますけれども、時といたして印形を用いず、只親指に墨を塗り姓名の下に捺《お》す、即ち拇印爪印とも申《もうし》ます、平常《ふだん》実印を用いても、極八釜《ごくやかま》しい事、即ち調べを受けて証拠でも取られるというような時に至って、必ず拇印をいたしまするが、支那国においては、人が兵隊になる時、手一面に墨を塗り、兵隊になったという受書の下に手を捺させ、もしも右の兵隊逃亡することがあれば、其手形を以て在所《ありか》を探《たず》ねるが、何《ど》うして斯様《かよう》のような不思議の事あるか、拇印ならば誰が捺したのか一向証拠にならん、兵隊に手の形を受書の下に捺させても、どうして是が当人逃げたる際在所を探ねる助けになるか、其原因を段々探って見まするると、極く昔からあります風習で御座いますが、人間の手の筋、皮膚の模様（註、これが隆線に当る）人毎に変りやすする（註、「何々しやすする」というのは当時の落語家の口調、「します」の意）。百人集まろうとも、千人の人を呼集めて手を比べても、必ず同じ筋御座いません。それが為にどうしても偽の出来ない、瞞着《ごまかし》の出来ない実印を用いるより尚確かの事として拇印を致します。時に、血で捺してあります此の手形、手の筋、皮膚の模様、実に明かに現われて居ります。もしも是を証拠といたして、犯罪者を探ねたならば、速やかに解ろうかと拙者は心得る。」と述べているのである。

そこで、彼は警察を説服して、岩出銀行の社長の家族や傭人《やといにん》全部の手形を紙に捺させ、これと血の手形とを比べて見ることになる。それには肉眼で見るよりも幻燈で拡大して映して見るのがよいと、二台の幻燈器械を据えつけ、警察や関係者一同立会いの上で実験にとりかかる。それに使用されるのは実物幻燈器械なのだが、日本にはまだそういう器械の珍らしい時分だったので、ブラックはこれについても長い説明を加えている。

「扨《さて》、此の幻燈の機械に種類が幾つも御座います。硝子板に書て御座いまして、風呂に箝《は》め、白紙なり壁なりに写すというのは、世間《せかい》に沢山御座い升。学校で能く生徒が用いるのも御座い升けれども、斯様の幻燈は只々玩弄物《おもちゃ》に取り、別段学問の為に功はなさんけれども、是れより勝れたる顕微鏡、どんな細かい物でも此の機械に入れ向うに写したならば、其数倍の大きさになり、実に顕微鏡で調べるよりも万事の事明らかに解る。此ういう学者の用いまする高値《こうね》の幻燈もあり、又透明でなき品、即ち紙取りの写真、端書如き紙に書いてある物、其外風呂の中に這入《はい》る品なれば何でも明らかに写るという機械も御座い升。今日岩出竹次郎（弁護士の名）持って参りましたは即ち此ういう種類の機械で御座い升」

そして、この実験の結果、銀行の小使が犯人であったことがわかり、青年と社長令嬢とはめでたく結婚するという話である。二頁見開きの挿絵に実物幻燈を映している場面が描かれ、大きな手形が白布に映っていて、その五本の指先には環状紋、蹄状紋《ていじょう》などがハッキリと現わしてある。また、この本の表紙は、当時流行の西洋風着色石版刷りで、テーブルの上に実物幻燈器が置かれ、そのそばにお尻を大きくしたコルセットをはめた洋装令嬢が、一方の手に血の手形の紙を持って立っている姿が、美しく描かれている。

この「幻燈」がブラックの創作か、あるいはイギリスの当時の小説から筋を採ったものか、今となっては全く手掛りがないけれども、後に記すようにブラックの講談には涙香も翻訳したイギリス流行作家 Mary Elizabeth Braddon 女史の作品などもあるので、これも恐らくイギリス小説によったものではないかと思う。その原作が何であるか、探偵小説史にも残っていない無名作家の作品を探し出すことは、日本にいては到底できない話である。

「幻燈」の作者については、正岡容《いるる》君が「宝石」昭和二十二年一月号に「英人落語家ブラックの探偵小説」と題する随筆を寄せて「明治年代、西洋人情噺を以而《もって》、よく大円朝、初代燕枝《えんし》に拮抗したる存在に、英国人の落語家快楽亭ブラックがあった。（中略）ブラックは幕末、ジャーナリストたりしその父君に連れられて渡日、父と共に『日新真事誌』なる新聞事業に挺身したが、明治初年、自由民権の演説流行に刺戟され、まず演説より講談席へ、次いで三遊派一方の重鎮たり得て、大正癸亥《みずのとい》の大震前後、没した。異邦人にして本朝寄席文化史上、大看板の足跡をば残したは、奇術の李彩、音曲のジョンペールと共に、この快楽亭ブラックであろう」と紹介しておられる。同じ随筆で正岡君はブラックの講談速記本「岩出銀行血染の手形」「流の暁」「車中の毒針」「孤児」「草葉の露」の五冊を所持するといい、ほかに「幻燈」という一冊も持っていたが、疎開のさいなくしたと書いておられる。ところが、正岡君は気づかなかったのだが、この「幻燈」と「岩出銀行血染の手形」とは、同じ内容なのである。その書誌を記してみると、

★明治二十五年六月、講談落語雑誌「東錦《あずまにしき》」第三号に「岩出銀行血染の手形」英人ブラック講演、石原明倫速記として全文掲載せられ、

★明治二十五年十二月八日、「幻燈」と改題、今村次郎速記として、京橋本材木町の三友舎から単行。私の持っているのはこの本で、四六判ボール芯の厚表紙、着色石版刷り、本文九十七頁、初期の涙香本の小型のものと全く同じ体裁である。

★明治三十五年、浅草の弘文館から、やはり今村次郎速記の名義で再び「岩出銀行血染の手形」と復題して再版。

という順序になる。なお、村上文庫の「明治文学書目」によって、ブラックの著述を詳記すれば左の通りである。

★明治十九年十二月、「草葉の露」ブレドン女史原著、ブラックロ述、市東謙吉筆記、芳年画、前後合冊出版、四六判、二三四頁。
★明治二十四年九月、探偵小説「薔薇娘」ブラック訳述（原作不明）今村次郎速記、三友舎発行、四六判ボール芯表紙、二九二頁。
★明治二十四年十月、「流の暁」ブラック講演、今村次郎速記、三友舎発行、四六判ボール芯表紙。二六一頁。
★明治二十四年十月、探偵小説「車中の毒針」ブラック演述、今村次郎速記。三友舎発行、四六判ボール芯表紙、一八六頁。
★明治二十五年十二月、探偵小説「幻燈」ブラック口演、今村次郎速記、三友舎発行、四六判ボール芯表紙、九七頁。
★明治二十九年七月、英国小説「孤児」金桜堂、菊判、一七四頁。
これに前記明治三十五年の「岩出銀行血染の手形」を加えて七冊となる。この他にも出ているかと思うが、私の資料では分らない。私は右の内「草葉の露」と「幻燈」と「車中の毒針」の三冊を持っている。

（「宝石」一九五〇・十二）

原始法医学書と探偵小説

現在のような探偵小説は、明治期に西洋から入ったものだが、それまで日本に探偵小説類似のものが無かったわけではない。大岡政談などの裁判物語がこれである。

印刷出版されたこの種の本で最も古いのは中国の宋の時代の「棠陰《とういん》比事」を和訳して平仮名で書いた「棠陰比事物語」（慶安二年、一六四九年）である。「棠陰比事」の原本のままの覆刻《ふっこく》はもっと早くから行われていた。続いて儒医、辻原元甫が著した「智恵鑑」（万治三年、一六六〇年）が古い。この本は内容の大部分を明の時代の「知嚢」から採ったもので、政治、軍事その他世事百般の知謀術策の物語が集めてあるが、その第三巻「察智」の巻が裁判物語である。

その次に出たのが西鶴の「本朝桜陰比事」（元禄二年、一六八九年）で、これは題名を「棠陰比事」になぞらえているが、内容は必ずしも同書から採ったものではない。そのほか「日本桃陰比事」、「鎌倉《けんそう》比事」、馬琴の「青《あお》砥《と》藤綱《ふじつな》模《も》稜案《りょうあん》」など色々あるが、ごく古い所は西鶴までの三書である。

中国には前記のほかに「包《ほう》公案」「狄《てき》公案」「施《し》公案」「彭《ほう》公案」「竜図《りゅうと》公案」などの「公案もの」といわれる多くの裁判物語があるが、この公案ものの方は本になった時代が新しいために、馬琴の「模稜案」に、いくらか影響している程度にすぎない。日本の裁判物語は殆んどことごとく宋時代の「棠陰比事」の模倣から出発しているといってよい。

では「棠陰比事」がこの種の書物として一番古いのかというと、さらにその元がある。「棠陰比事」の著者、四明桂《しめいけい》は、その序文に「洗冤録《せんえん》」「晰獄亀鑑《せきごくきかん》」の二書を挙げ、これらにならって著したのだと書いている。この二書は同じ宋の時代に書かれたものだが、「棠陰比事」よりも古いのである。

ところが、「洗冤録」などは、もう娯楽読物ではなくて、法医学書である。刀傷死、殴打死、水死、焼死、縊《い》死、毒死、姦死（鶏姦死まで含む）など、あらゆる死体検証の専門的智識が系統的に記され、それに実例が混るという体裁になっている。年月を経て骨ばかりになった死体についても、実に詳細な研究がある。この大昔に、よくこれほど詳しい法医学書が出たものだと、驚くばかりである。

「棠陰比事」の方は、それほど堅苦しいものではなく、いわば裁判逸話集で、似通った二つの事件を一対にして、七十二対の話が三巻に収められている。「比事」というのは、そういう風に二つの事件を対照させたところから出た名称である。今の目で見れば、名判官の機智の物語を集めた掌編小説集という感じだが、これが書かれた当時は、娯楽読物としてよりは、裁判官の参考書という意味の方が強かった。著者もそのつもりだったし、裁判、検察の衝に当る人々も、これを好個の参考書として愛読したものらしいのである。

この「棠陰比事」の版本が日本に輸入され、広く読まれ出したのは、いつ頃のことか、私には今ちょっと分らないが、伝来の当時は、恐らく日本でも、これを裁判の参考書として読んだものと推察される。慶安二年に出た仮名書きの和本にしても、当初はやはり参考書の意味で読まれた場合が多いのではないかと思われる。

「棠陰比事」の七十二対の事件は、いま読んでは大して面白くないものが大部分であるが、中にはオヤッと思うような面白いものがないではない。単なる機智の話では、例の実母裁判など色々あるが、原始法医学としては、私は「張挙猪灰《ちようきょちょかい》」と「傅令鞭レ絲《ふれいいとをうつ》」の二つを最も興味深く感じている。

前者は、夫を殺し家に火をつけて、夫は誤って焼死したのだと偽る妻を裁く物語で、裁判官は二匹の豚を法廷に引き出させ、一匹を殺し、一匹は生きたまま、火に投じて焼き、後に豚の死骸の口中を検べさせると、殺してから焼いた豚の口中には灰がなく、生きたまま焼いた豚は、火中で呼吸したために、口中に灰がある。こういう証拠を見せておいて、焼死したという夫の死体の口中を検べたところ、灰が少しもないので、妻の偽りが判明するという話である。

後者は、砂糖屋の老婆と釘を作って売る店の老婆とが、一束の糸を、夫々《それぞれ》自家のものだといって訴え出る。ほかに証拠がないので判定困難に見えたが、裁判官はその大きな糸の束を天井からつるして、棒切れでそれを根気よく叩かせた。すると、絲の下の床にホコリのような細かい鉄屑がたまったので、この糸束は釘屋に長く置いてあったものと分かり、釘屋の老婆の勝訴となったという話である。

被疑者の服に附着した目に見えないホコリを検鏡して、その人物の職業や最近にいた場所を明かにするという微視的鑑識法は、グロースやロカール以来のものであるが、そのホコリを採る方法としては、近年は真空掃除機のようなもので服のホコリを吸いとることが考案されたけれども、もとは、その服をぬがせ、大きな紙袋に入れて、静かに棒切れで叩きつづけ、紙袋の底にたまったホコリを検鏡するという方法が一般に行われていた。日本の警視庁でも近年までこの方法を用いていたようである。「傅令鞭レ絲」の老婆糸争いの裁判は、原理としては、この微視的鑑識法と同じもので、こういう大昔に書かれたものに、早くも微視鑑識の萌芽が見えることは、実に面白いと思う。ちなみに、この物語は南朝の正史「南史本伝」から採ったものである。「棠陰比事」まで遡ると、法医学と裁判物語と探偵小説とが源を一つにしていることがわかる。実用的には法医、裁判の参考書、娯楽的には探偵小説という形である。こういう形は恐らく東洋独特のもので、西洋には例がないのではないかと思う。

（「自警」一九五一・九）

スリルの説

私が探偵小説に溺れはじめた頃の気持を振り返ってみると、理智文学としての、謎々としての、手品文学としての魅力にひきつけられたのはもちろんであったが、そういう論理的な魅力に並行して、ある場合にはそういうものよりも一層深く、探偵小説ないし犯罪文学に含まれているスリルの魅力に心酔していたことが分るのである。これは私一人のことではないと思う。理智文学を愛する心とスリルを愛する心とは、別物であって別物でないような気がする。エドガー・ポーがこのことを身をもって示している。創始者である彼の探偵小説への愛情がいかに深かったかはいうまでもないが、彼はそれ以上にスリルへの心酔者であった。そして前人未踏のスリルの創造者であった（ポーをスリルの作者というのには異議があるかも知れない。しかし、私のいうところのスリルがどういうものであるかは、追々《おいおい》読者に分るであろう）。日本の多くの探偵小説愛好者にも、理智以上にスリルを愛する傾きがなかったとはいえない。ビーストンやルヴェルは、もう何の遠慮もなくいえるのだが、それぞれ違った意味で明かにスリルの作である。そして、この二作家を日本の探偵読書界ほど大騒ぎして愛読した国はないように思われる。かつて延原謙君が、書肆《しょし》気附けでビーストンに手紙を出したことがあったが、その返事の中でビーストンは異国に知己を見出したことを喜ぶとともに、本国では日本ほどに持囃《もてはや》されず、単行本も一、二冊しか出版されていないというようなことが記されてあった由である。

「日本へいらっしゃいといえば、喜んで移住してくるかも知れない」延原君がそんなことをいって笑ったのを覚えている。そのビーストンはともかくとして、ルヴェルがあれほど持囃されたところを見ると、理智とともにスリルをも並々ならず愛する意味で、日本の探偵読書界は直接に始祖ポーの血筋を受継いでいるのだといってもさしつかえないような気がする。

論理文学としての探偵小説にとって、スリルは必然の要素ではない。スリルを少しも持たぬ探偵小説というものがあり得ないではない。しかし、それは実は机上の論であって、現実には何らかのスリルを含まぬ探偵小説なんてありはしないのだ。純論理文学といわれるポーの「マリー・ロージェ」すらも高級際物《きわもの》であって、現実の犯罪事件との不可思議な暗合をまったく除き去ったならば、その魅力を半減したことはいうまでもない。つまり現実をモデルとした殺人事件のスリルというものが、あの作の一半の要素となっていたのである。

ダグラス・トムスンの「探偵作家論」には「スリラア」という章があって、そこで彼は例の調子でおびただしいスリルの文学を引用しているのだが、その中にはホーマーの「オディッセイ」も、シェークスピアの「マクベス」も、ポーの「陥穽《かんせい》と振子」も、ディケンズの「エドウィン・ドルード」も、コリンズの「月長石」も、ガボリオやボアゴベイの諸作も、それぞれの意味でスリラアとして挙げられている。ウォーレス、オップンハイム、ルキュー、サックス・ローマーなどがスリラアであるというまでもなく、中にもいちじるしいスリル探偵小説の作家はウォーレスとメースンとフレッチャーだと、トムスンは考えるのである。

この考え方からすると、フィルポッツや、ベントリや、マクドナルドなどの作品もスリラアになってしまいそうだが、少くもフィルポッツ、メースン、ベントリなどをスリラアというのはどうもふさわしくない。ウォーレス、ルキュー、オップンハイム、サックス・ローマーまでくらいに止めておくのが穏当ではないかと思う。スリラアという言葉は常に必ずしもトムスンのようには使われていない。この俗語には多くの場合軽蔑の感じがつきまとっている。「あれはスリラアだ」という言葉から敬意を汲みとることはむつかしい。従来の用語例からすると、ポーやディケンズの作をスリラアと呼ぶのは何となくふさわしくない感じがする。

だがスリラアという低調な名称には当らぬけれども、トムスンの挙げた諸作が何らかのスリルを重大な要素としていることは否み難い。イヤ、それどころか古来の大文学には殆んど例外なくスリルの魅力が含まれているといってもいいすぎではない（ただスリルにも色々の段階があって、スリラアというスラングは「怖がらせ」「お涙頂戴」などの俗語が意味すると同じ、低調卑俗なスリルを取扱ったものだけを指していると見るのが穏当かと感じられる）。ことに探偵小説ではスリルのない作品なんて絶無といってもさしつかえないと思う。トムスンはコリンズとかガボリオとかメースンとか、どちらかといえばロマンティシズムの作家を挙げているが、それはまったく反対側の理智小説にも、スリルは案外重大な要素となっている。例えばドイルの諸作は一方謎文学でもあるけれど、それと同じ強さでスリルの文学でもある。これはもう説明するまでもないことだが、読者はドイルのどの短篇でも、どの長篇でも思い出すものを取って、そのスリルの重要さを吟味してみるがよい。謎の魅力とスリルの魅力と果してどちらが大きいかに迷うほどなのを発見するであろう。ただ一例をいえば、彼の作品中最大の人気者である「スペックルド、バンド」（この作はオブザァヴァ誌の人気投票などでも第一位を得ている）から深夜の密室に悪魔を待伏せする恐怖、異様の口笛、まだらの蛇などのスリルをのぞいて、いったい何が残るのであるか。ドイルでいけなければ、ヴァン・ダインとエラリイ・クイーンを持ってきてもよい。「グリーン・マアダー・ケース」では一軒の屋敷の中で次々と人が殺されていく恐怖、深夜邸内をさまよう老婆の恐怖、真犯人が可憐の娘さんであったというスリル、それから自動車追駈《おいか》けのスリルまでも取り入れられている。「僧正殺人事件」では、いうまでもなく童謡と殺人とのゾッとする暗合が最大のスリルであり、あの巧みなスリルをのぞいてはこの作の魅力の大部分を失うほどである。クイーンの作でいえば、首をチョン斬ったT字型の磔殺《はりつけ》のスリルその他、多くの言葉を費やすまでもなく、どの作にも何らかのスリルが、重大な要素として含まれていることを否むわけにはいかぬであろう。読者諸君は、心に残っている探偵小説のどれかを取って、その面白さの最も大きなものは何であったか、謎を解く論理の魅力であったか、それとも謎そのものに含まれているスリルの魅力であったかを、静かに思い出してみるがよい。すると、何かしら軽蔑を感じていたスリルというものが、探偵小説の面白さの案外大きな部分を占めているのに一驚を喫するかも知れないのである。

殺人（ないし犯罪）は探偵小説の必然の条件ではないけれど、世の探偵作家は申し合せたように殺人事件を取扱っているのはなぜであるか。それはスリルを求めるからである。スリルは、犯罪と同じく、探偵小説の必然の条件ではない。しかし現実には、スリルはどんな探偵小説にも例外なく取入れられている一つの重大な要素であることを疑うことはできないのである。

では、スリルとは何であるか、と開きなおられると誰しも曖昧にしか答えられないであろう。スリルという言葉は古来詩人、文学者によってしばしば用いられているが、各人各様の用法であって、必ずしも一定した意味を与えられていない。ことに後にできたスリラアという言葉は英語字典にもちゃんと書いてある通り、単なる俗語に過ぎないので、文学辞書など探してもそんな項目はありはしない。しかし、それだからといってあまり独り合点であってはいけないと考え、この一文を書く前に、私はショーター・オクスフォード、ウェブスター、センチュリイなどの大型字典をひいてみたのだが、スリルという他動詞には次のような意味があることが分った。（一）錐《きり》のような鋭いもので突き通すこと、（二）ものを震えさせること、（三）突き通すような感動を与えること、身震いしたり、ドキドキしたり身内がうずくような喜び恐れ悲しみなどの激情を与えること、（四）鎗《やり》などを投げること、というのである。自動詞はこれから類推できるような意味を持っているし、名詞はこの動詞の転化したものである。つまりその元をただせば、鋭器で突き通す、震動させるという具体的な動作であったのが、（三）のような抽象的な感情を現わす言葉に転用されてきたものであろう。これを一と口にいえばスリルとは快（プレジュア）苦（ペイン）ともに鋭く急激な感動を与えることと解してよいのだと思う。

そういう鋭い感動には、しかし、無限の段階がある。どういうものがスリルになるかは、それを受入れる人の情操なり知識なりの程度によって変ってくるのである。それゆえ、スリルの段階とはそれを受入れる人の頭脳の段階だと考えてさしつかえない。何十万という読者を持つ娯楽雑誌の歓迎するスリルは、もっと狭い範囲の知識階級の読者には通用しない。そういう狭い読者が何十万という読者の愛するスリルの読物をいわゆるスリラアとして嘲笑するのであるが、しかしその知識階級の愛するスリルもまた、いま一段高い標準からはやっぱり軽蔑されていることを悟らなければならぬ。そこには上には上があるのである。

これを具体的にいうと、快感の方のスリルでは例えばかつての軍国的な激情である。停車場に凱旋軍隊を出迎えて、ひらめく小学生の国旗の前を軍楽の響きも勇ましく、隊伍堂々と行進する兵隊さんを眺めては、ゾーッと総毛立つ快感に涙ぐむことがあった。水戸黄門や乃木将軍の浪花節で、憐れな善人が助けられ、憎い悪人が「ヘヘエ」と平伏するところなども、何かゾクゾクと鋭く心を打つものがある。「バンザーイ、バンザーイ」という叫び声が、奇妙にも、何とスリルに満ちていることであろう。愛情の頂点にもスリルがある。男女にしろ、親子にしろ、その頂点には何かしらゾクゾクと身も世もあられぬ嬉泣きの境地がある。この境地こそ快感のスリルのほかのものではない。また別の例をいうと闘争そのものからくるスリル、例えば「ワーッ」と鬨《とき》の声を上げて突貫する時のゾクゾクする激情、戦《いくさ》の直前の武者振い、見るものではあらゆる運動競技、中にも拳闘のスリルがある。これらの感情が文芸作品の上に巧みに描かれた時、当然同じスリルを与えることが出来るであろう。

苦（ペイン）の側のスリルではまず恐怖である（ある人はスリルといえばこの恐怖の激

情だけのように考えているかも知れないが、字典も明示している通り、スリルはむろん恐怖に限るものではない）。人ごろし、血みどろ、一寸だめし五分だめし、逆磔刑《さかさはりつけ》、鋸引き、その他殺人と刑罰との肉体的スリル、人体解剖、毒殺、疾病、手術などの医学的スリル、世界中を敵として逃げ廻る犯罪者の身の置きどころもない堪え難い恐怖、追われるもののスリル、断崖、高層建築などの墜落恐怖、猛獣、蛮人などから感じる冒険スリル、一方にはまたお化け、幽霊、死霊《しりょう》、生霊《いきりょう》、神罰、仏罰、心霊現象などの不可知なるものから生ずるスリルなどがこれである。この種のスリルは主として怪奇小説、犯罪小説、冒険小説、探検小説、怪談などの取扱うところであるが、探偵小説にもそれがはなはだ多量に取入れられているのはいうまでもない。

次には悲しみのスリルがある。これは探偵小説とは殆んど縁がなく、恋愛小説や家庭小説やいわゆる悲哀小説の取扱うところであるが、破鏡〔離婚〕の悲愁（「不如帰」など）貧苦病苦の悲愁（「筆屋幸兵衛」など）、子供をかせのいわゆるお涙頂戴のスリル（「なさぬ仲」など）等々その種類は少なくない。それから怒りの感情もその極端にはスリルがあってよいと思う。読物ではその適例を見出すのがむつかしいけれど、芝居では、二枚目を責めさいなむ敵《かたき》役、嫁いびりの悪婆などの芸が頂点に達すると、娘さんをくやし泣きに泣かしめ、手荒い見物をして半畳を舞台目がけて投げつけさせるほどのスリルを与えることができる。

以上例示した激情は、知識の程度を問わず、情操の訓練を殆んど要しないで、文字の読めるほどの人々は例外なく理解できるところの、いわば平俗低調なるスリルである。いかに原始的な激情であっても、扱い方によっては必ずしも卑俗とはいえないのだけれど、例えば笑いにおける「クスグリ」のごとく、「お涙頂戴」や「怖がらせ」やを意識して、何ら深い洞察もなく、これらのスリルを生々しく描き出した作品が、軽蔑を含めて、スリラアと呼ばれるのは是非ないところである。読者諸君は低調な読物ほど「ゾクゾク」「ブルブル」「ハラハラ」「ヒヤヒヤ」「ドキドキ」「ドキン」「ゾーッと」「ギョッと」「アッと」「ハッと」「キャッ」「ゲッ」などの言葉に満ちているのを思い出すことができるであろう。これらの言葉こそスリルそのものを生のままいい現わしているのであって、低調な作物にそれが頻出するのはむしろ当然のことである（上述のさまざまのスリルのうち探偵小説に縁の深いものは恐怖スリルであって、その他のものは殆んどここに言及する必要はなかったのであるが、恐怖以外の快苦にもスリルの存在することについて読者の注意を惹いたまでである。それゆえ以下述べるところのいわば高級スリルについては、むろん喜びにも、悲しみにも、怒りにも、段階の高いスリルがあることはいうまでもないのだが、それらは略して、恐怖スリルだけに局限するつもりである）。

しかしながら、スリルは右のような原始感情に属するものばかりではない。それらの一段上級には、一応の考慮を経た上で初めてドキンとくるような、智的要素を含むところの、それゆえその恐ろしさは原始感情よりも複雑であって、しかも一層深刻な一連のスリルがある。

いま思いつく著しい例を挙げるならば、もがけばもがくほど、一分ずつ一寸ずつジリジリと身を没していく、底なしの泥沼に陥入《おちい》った人間の恐怖、頑強な身体を持ちながらどうにも抵抗のできない気持、表面は固体のように見えていて、その実どこまでも底のないという異様の恐怖、長い間かかって腰から腹、腹から胸、頸、顎、口、鼻と没していき、最後にもがく指だけが残って、それも見えなくなると、あとには何事もなかったようにじっと淀んでいる泥沼の表面、これらのすべての条件が、どんなお化けよりも、どんな拷問よりも一層深く鋭いスリルを生むのである。

また、例えば磁石を失った曇天続きの砂漠旅行者の恐怖がある。見渡す限りの砂、空には鼠色の雲ばかり、太陽も月も星も方角の目印となるものは何もない。ただこれと思う方向へ遮二無二《しゃにむに》歩くばかりである。ところが、そうしているうちに彼はふとこんなことを考える。人間の左右の足は正確に同じ歩幅を踏むものかしら、イヤイヤそんなことはあり得ない。すると、もし右足の歩幅が左足よりも一分でも広いとすれば、十歩で一寸、百歩で一尺、そして千歩万歩百万歩と歩くうちには、思いも及ばぬ大きな差異が生じて、つまり彼は砂漠の中を永久に円を描いてどうどうめぐりしている結果になりはしないか。事実そういうことが起る由であるが、現実よりもその着想だけで、旅人は底知れぬ恐怖に襲われ、立往生をしてしまうに違いない。また例えば、早過ぎた埋葬のスリルがある。地底の棺桶の中で甦《よみがえ》って、叫んでももがいても出るに出られぬ境地の恐ろしさ、これもまた現実よりも想像の中での方が（つまり文学的に）一層深刻なスリルの一種である。

いま一段複雑味を加えたスリルには、幻想と夢の恐怖がある。阿片喫煙者の夢に出てくる現実を何十倍した巨大な風景や人物には、何かしらゾッと総毛立たせるものがある。ド・クインシーの「阿片喫煙者の告白」には、その意味での深いスリルが含まれているといっていい。それに関連して映画の恐怖とも称すべきものがある。谷崎潤一郎氏の「人面疽《そ》」はそのスリルを巧みに描きだして成功した作品であろう。かようにして、スリルは単なる感情から知識を加味したものに進み、やがて心理的な領域に入っていく。

錯覚、物忘れ、意識の盲点などが探偵小説と深い縁を結んでいるのはなぜであるか。それらの心理上の現象に底知れぬスリルを含んでいるからにほかならぬ。探偵小説ではないけれど、ポーの「スフィンクス」では一匹の死頭蛾《しとうが》が山を駈けおりる大怪物に感じられる錯覚のスリルが主題となっているし、また「陥穽と振子」では暗黒の地下室に投げ込まれた人物が、壁に手を当てて室内をさぐり歩いているうちに、実は四角な部屋であるのが、無数の角を持った無限に広い場所のように感じられるという闇中《あんちゅう》錯覚のスリルを取扱っている。また意識の盲点の恐ろしさが内外の短篇探偵小説にいかにしばしば用いられているかはここに説明するまでもないであろう。

近代英米長篇探偵小説の八割までが、なんらかの形で一人二役のトリックを取入れているのは、おかしいほどであるが、これは作者たちに智恵がないことを証するよりも、一人二役型の恐怖がいかに深い魅力を持っているかを証するものと見るべきである。この恐怖はまた二重人格、離魂病の伝説などにも関連しているのだが、この型を代表する作品はスティヴンスンの「ジーキル博士とハイド」であって、これをジーキル-ハイド型のスリルと呼ぶことができる。また一人二役の裏は双生児トリックであるが、その恐怖を代表する作品はポーの「ウィリアム・ウィルスン」、エーウェルスの「プラーグの大学生」などであって、これを仮にウィリアム・ウィルスン型のスリルと名づけてもよいと思う。自分自身と寸分顔形の違わぬ奴が、この世のどこかにいて(ひょっとしたら、そいつはすぐ身近にウロウロしているかも知れない)どんな恐ろしい悪事を企らんでいるか分らないという気持は、殆んど堪え難い恐怖であろう。どこかの雑沓の群集の中で、あるいはまた人影もない闇夜の四つ辻でヒョイとそいつに出会うかも知れないという想像には、実に恐ろしいスリルを含んでいる。自己の二重存在の恐怖は鏡の恐怖と結びつけることができる。鏡というものが、あるいは影というものが、ある場合には非常に強いスリルを与えることは、必ずしも一般的の感情ではないけれども、それだけに生命の恐怖やお化けの恐怖よりは特殊であって、一段高い段階に属するもののように考えられる。

だがスリルの段階はこれで尽きているのではない。もっと純粋に心理的な、人間の心そのものに巣喰っている種類の戦慄がある。私が古来の大文学に含まれているというのは、多くこの種類のスリルであって、それは受入れる側の情操や知識の程度に従って殆んど無限に奥深いところまでいっているように思われる。試みに誰にも知られている手近な実例を挙げてみるならば、例えばポーの「天邪鬼」に扱われているスリルなどはその際立った一つであろう。何一つ証拠を残さないで巧みに殺人罪を犯した男が、ただ黙っていさえすれば生涯安全であるにもかかわらず、その黙っていなければならないという考えに堪えられなくなる。喋ってはいけない、喋ってはいけないと圧《おさ》えつければ圧えつけるほど、喉の奥から蓄音器のように、その喋ってはいけないことだけが、勝手に飛び出してくる。なんという絶望的な恐怖であろう。そして彼は場所もあろうに、雑沓を極めた往来のまんなかで、恐ろしさにブルブル震えながら、気を失うばかりになって、拡声器のようなべら棒な声で、彼自身の罪状を白状してしまい、お巡りさんにとらえられるというお話である。

少しく解釈は違うけれど、ドストエフスキーの「罪と罰」にもこれに類似したスリルが扱われている。ラスコーリニコフが殺人罪を犯して間もなく、彼自身の殺人事件の新聞記事を読まないではいられぬ気持に襲われて、カフェーのようなところへ出かけていく。そこで一杯のコーヒーを命じ、新聞の綴じ込みを借りて、心もうつろにその犯罪記事を読み終るのだが、そうしているあいだに、ふとすぐ前のテーブルに恐ろしい人物が来合せていることを発見する。裁判所の書記官であったか、ザミョートフという、彼を下手人と疑っているその筋の係官なのだ。二人は挨拶する。ザミョートフは何気ない体《てい》で「何をそんなに熱心に読んでいるのです」と尋ねる。するとラスコーリニコフは「それを君はウズウズするほど知りたいのでしょう。教えて上げましょうか。ホラ、こんなにどっさり新聞を借り込んで、僕はいったい何を読んでいたんだと思います」といいながら自分の顔を思いきり相手の顔によせて、囁くような声で「あれですよ。老婆殺しの一件を、あんなに熱心に読んでいたのですよ」といってのける。そうしてこの敵同士は丸一分間もそのままの姿勢で、お互いの目を見つめたまま黙り込んでいたと書いてある。

そのあとで、給仕がコーヒーの代を取りに来た時、ラスコーリニコフは、ポケットから札束を鷲摑《わしづか》みに取り出して、ザミョートフに見せつけながら、次にゾッと震え上るような言葉を口走らないではいられなかった。「見たまえ、金がいくらあるか。二十五ルーブリだ。どこから来たと思います。君はよく知っているでしょう。僕はついこの間まで一文なしだったじゃありませんか。」

ドストエフスキーといえば、彼の作品はどの一つを取っても、私のいわゆる心理的スリルの宝庫であって、殆んどこの世のありとあらゆる型のスリルが、百科辞典のように網羅されているといっても過言ではない。ドストエフスキーをスリルの作家などといっては大方のお叱りを受けるかも知れないけれど、試みにそういう角度から眺めてごらんなさい。どの作品を取ってもいい、諸君はきっと、その一冊がスリルの宝の山であることを発見されるに違いない。私はドストエフスキーだけは何度でも読み返す。何度読み返しても飽きないのは、私の好きでたまらないスリルの魅力に充ち満ちているからだと、大胆にいい切ってもさしつかえないほどに考えている。

「カラマゾフの兄弟」のはじめの方、大抵の人が面白くないというはじめの方、長老ゾシマの伝の中にさえ、飛び切りのスリルが充ち満ちている。むろん恐怖のスリルばかりではない。地獄のスリルとともに天国のスリルがある。つまり、妙ないい方をすると、ドストエフスキーは「スリルの悪魔」であり、「スリルの神様」である。

ゾシマ伝の中から、私の最も愛するスリルを、たった一つだけ例示してみるならば、青年時代のゾシマが、痴情のことから決闘をする物語があるのだが、その場になって、彼は相手にだけ発砲させ、自分は発砲しないで決闘を終ってしまう。後年のゾシマ長老の聖なる思想が働いたのである。すると、彼は俄《にわ》かに社交界の人気者になって、色々の人物が彼に近づいて来る。その中に五十歳ぐらいの地位も財産もある立派な紳士があった。彼は青年ゾシマを毎日のように訪ねて来る。そして、彼自身がかつて痴情の殺人を犯したことを告白し、そのことを世間に公表すると約束する。決闘の際のゾシマの聖なる所業に見習って、彼も告白しないではいられなくなったと語る。

しかし彼はなかなか世間への告白を実行しない。ただ毎日のように青年ゾシマを訪ねて来て「告白してしまった瞬間は、どんなに天国だろう」というようなことを語る。そして、次の日にはやっぱり不決断な青ざめた顔をしてやって来る。「あなたはまだ白状しないじゃないかというような顔で私を見ますね。もう少し待ってください。あなたがお考えになるほど、そんなにたやすいものじゃありませんよ。ひょっとしたら、私はまるで白状しないかも知れません。そしたら、あなたは私を訴えますか」などという。ゾシマは相手の苦悩が怖くなって、その顔を正視できない気持になる。「私はいま妻君のそばから来たのですよ。女房や子供がどんなものか、あなたにはとても分らない。妻や子だけ許してもらったら、私は一生でも苦しみます。私と一緒に妻子まで亡《ほろぼ》すのが正しいことでしょうか」彼は乾いた唇で嘆願するようにいう。ゾシマは「白状するのが本当だ」と勇気づける。

結局彼は「では白状します。もうお目にかかりません」といって出ていくが、すると、暫《しばら》くして、何か忘れものをしたといって帰って来る。そして、青年ゾシマと向い合って椅子にかけ、二分間ほどじっと相手の顔を見つめてから、不意に微笑して、ゾシマをびっくりさせる。それから立上がって、接吻して、こんどは本当に帰って行くのだが、そのわかれ際に妙なことをいい残すのである。「私が二度目に来たことを覚えていて下さい。ね、ね、ようござんすか」

その翌日、彼は人々を自邸に呼んで告白をする。そして、人々も裁判所も半信半疑のうちに彼は病気になって死んでしまう。その病床をゾシマが訪ねた時、彼はソッとこんなことを囁くのだ。「私が二度目に行ったのを覚えてますか。あれを覚えてて下さいといっておきましたね。何しに戻って行ったとお思いです。私はあの時あなたを殺しに行ったのですよ」

こんな風に筋書きにしたのでは、本当の味を伝えることはできない。その部分を読んでごらんなさいというほかないのだが、私はこのスリルが無性に好きである。ドストエフスキーのスリルといえば、直ちにこれが思い浮ぶほど好きである。そこに鱗みたいに層をなして幾つものスリルが重なっている。そのスリルの層の中心に、へびの目のようにキラキラと輝いているスリルがこれなのだ。スリルのスリルである。

ドストエフスキーのスリルについて語り出せば際限がない。すぐ宙《そら》で浮んでくるものだけでも五つや六つではない。殺人者ラスコーリニコフが、人通りの繁《はげ》しい道路で、突然ひざまずいて大地に接吻するという、恐怖ではないが、しかし非常に激しい一種のスリル、「永遠の良人《おっと》」の人物が、自分を殺すかも知れない男と、同じ部屋で眠る場面の幾通りものスリル、「カラマゾフ」のドミトリが、許嫁《いいなずけ》の女から侮蔑的な態度で三千ルーブルを受け取り、それを他の女と使い果してしまったかのごとく見せかけながら、実は半額の千五百ルーブルを着物の襟に縫いつけて隠していた、そのことがどんな人殺しよりも窃盗よりも恥辱だという気持、しかし遂にそれを打ち明ける場面の描写、あれには実に深い心理的恐怖が含まれている。私はあれを一つのスリルとして感じる。

別の作者をいえば、アンドレエフの出世作といわれる短篇に好例がある。上田敏博士が訳していられたと思うが、私は二十年ほど前、ストランド誌の英訳で初めて読んで、いまでも忘れられないほどの印象を受けた。筋は、痴情の復讐から、ある女とその愛人を殺したうえ、しかも処罰を免れるために、狂人を装い、さて目的を果して、精神病院に入れられてから、自分は偽の狂人のつもりでいるが、しかしそれは飛んでもない思い違いで、本当に発狂しているのではないかという恐ろしい疑惑に責められる心理を描いたものである。そのハッと錯誤に気づく瞬間に、一つの大きなスリルが感じられるのはもちろんだが、私の忘れられないのは、それよりも殺人の動機となる一つの場面である。そこは停車場であった。汽車が出発しようとしている。大時計が何時何十分を示している。彼は思い切って恋人に意中をうちあける。膏《あぶら》汗を流しながらうちあける。すると相手の女はさも面白そうに笑い出す。いつまでも笑い続ける。真青になるほどの侮辱だ。その時、彼はどうしたか、怒って立去ったか。涙ぐんでさしうつむいたか。イヤイヤ、彼も同じように笑ったのである。その笑いこそ生涯忘れることの出来ない笑いであった。そして、その彼自身の笑いゆえにこそ、遂に殺人罪を犯すに至ったのである。この主人公のあまりにも残酷な笑いが、私には一つの大きなスリルとして感じられた。必ずしも恐怖のスリルではない。しかしそこから受けるゾーッと水をかけられたような感じ、ギョッと動悸の変調をきたすような感じ、その性質は、お化けの怖さとまったく別種のものとは考えられないのである。

これらのスリルは、私以上のまたは私以下の感受性に対してはスリルでないかも知れない。スリルはまったく、それを受ける人の感受性によって決定されるといってよい。私はどんな小さな蜘蛛にも脅える。だが多くの人にとって、蜘蛛は何らの恐怖を与えない。私は凹面鏡に映る自分の顔に、べら棒に拡大された自分自身にギョッとして震え上る。しかし、多くの人に凹面鏡は面白いおもちゃでしかない。これは具象的な一例に過ぎないけれど、もっと抽象的な、例えば心理的恐怖というようなものも、各人各様であって、スリルの範囲を客観的に定めることはむつかしいのだと思う。くり返すようだけれど、スリルには段階がある。その低い段階のものが軽蔑にしか価しないからといって、その高い段階のものをも同じ原則で律することは間違っていると思う。

スリルについては、まだ色々述べたいことがあるけれど、順序立てて書くほどまとまった考えになっていないので、一とまずこれでやめることにする。ただ、なぜ殊更に分り切ったことを書いてみる気になったか、スリルが何であるかぐらいはよく知っているといわれそうなので、その理由を一言しておく。

年少の読者諸君にはスリルの意味がよく分っていないで、ただスリラアという侮蔑的呼称の連想から、一概に低調なものと思い込んでいる向きがあるかも知れないと考えたことが、一つの理由であった。年少の人の評論などに、スリルという言葉をその低い意味だけで使用しているのを、往々目にするからである。

もう一つの理由は、探偵小説のヴァン・ダイン流の考え方に対する不満であった。ヴァン・ダインは探偵小説はパズルの興味以外のあらゆる文学的要素と絶縁すべきであるかのごとき口吻を漏らしているが、彼の論調に従えば、スリルもまたその絶縁すべき要素の一つであろうと思う。そういう考え方は、純粋は純粋であって、議論として気持はいいし、その法則に従った探偵小説が（もしありとすれば）存在することも、むろん一つの型として望ましいのであるが、それですべての探偵小説を律しようとするのは、結局「探偵小説の貧困」を招くことでしかない。

スリル絶縁論はヴァン・ダインに遡らずとも、我々の日常しばしば目にするところである。最も手近な一例を示せば、先月号「新青年」の縮刷図書館の冒頭に訳されているゼルールド女史という人の探偵小説論にもこれがある。「もちろんスリラアにはスリラアの社会があろう。しかし我々探偵小説ファンはその社会にはいない。我々は殺人事件のスリルを求めず、又犯罪のキック（刺戟）に用はない。犯罪は単に一つの解決条件であり、犯罪の解決こそ重要なのである」というのだ。これは単にいわゆるスリラアについていっているので、私の上述したような高等スリルには及んでいないのかも知れぬけれど、それにしても、探偵小説からスリルを排斥する潔癖は、結局それを貧困にするばかりであろう。そういう考え方をするよりは、探偵小説の「論理」と犯罪文学の「心理」とを結婚させ、その両方の魅力を綯《な》いまぜていくところに探偵小説の将来があるのではないか。実際についていえば、そういう議論だけは行われていても、本当にスリルと絶縁した探偵小説なんてありはしないのだ。「犯罪」のスリルに用がないのだったらまったく「犯罪」のない謎小説を書いてもよさそうなものであるが、いかな純粋論者も「犯罪」と縁を切ることはできない。それはつまり、世の探偵小説というものが、出発点からしてスリルによっていることを証するものではないかしらん。

（「ぷろふいる」一九三五・十二）

【註】戦後は「心理的スリラア」が擡頭《たいとう》し、謎と論理の探偵小説よりも、むしろ高級なものと考えられるようになったが、戦前はスリラアといえば低級探偵小説の代名詞であった。この一文はその戦前の常識に対して書かれたものである。

Ⅲ　トリック各論・補遺

珍らしい毒殺の話

「毒薬と毒殺者」という本があるんです。それはイギリスの軍医学校付属博物館歴史部長トムスンという人の著書で、一九三一年の版です。但し毒薬の学術書でなくて、毒薬ロマンスというようなもので大変面白い。小酒井さんの「毒及び毒殺の研究」というものがありますが、ああいう風のものであれよりもずっと詳しい。大変面白かったのですが、その中から、毒殺を教えることにならないような、まあ多少伝説的な面白そうな話を二、三抜き出して来ました。それは毒薬そのものでなく、毒薬を人に飲ませる時の媒介物の面白いものを選んだんですが、まず第一は「毒の盃」です。

これは、文字通りに毒の盃であって、その盃の中へ毒を入れて飲ませるというのでなく、その盃で何を飲んでも、酒を飲んでも水を飲んでも毒殺の目的を達するという盃を作ったことがあるんです。それは十七世紀のフランス人でフランソア・ブローというのがその毒盃を作る専門家で、毒殺史上有名な男ですが、その方法が大変面白い。多少伝説的で、むしろウィッチクラフトに類するような信じ難い話ですが、まず、銀の盃を用意して置く。蟇蛙《ひきがえる》を捉まえて来て、それに砒素を詰め込む。飲ませるんですか、何ですか、とにかく詰め込むのです。そうしてその蟇蛙の頭へ孔をあけて血を搾り、銀盃の中へ入れる。その搾る時に一種の呪文を唱える。そうして血を銀盃に染み込ませるというのです。ブロー自身の書いている所によると、そうして置いた盃は、いくら水で洗ってもどうしても、あとその盃で酒を飲んだり水を飲んだりした度に、五十度人を殺すことができる力を持っておるという。当時それは一般に信ぜられておったらしいのです。ただその毒の効き目を除くのには、火の中へ盃を投げ込んで焼けばその毒が去る。こういう毒盃を沢山注文を受けて作り、一代に資産を成した男だそうです。

これは大変に伝説的なくだらない話ですが、もう少し実際らしい話に「毒の襯衣《シャツ》」というものがある。それは砒素と斑猫《はんみょう》の溶液に、下に着る襯衣を浸けて乾かすのですね。そうしてそれを殺そうと思う人に着せる。永い間着てる間にそれが皮膚に擦れて皮膚に潰瘍を起し、結局病気になって来る訳ですが、医者がそれを見るとあるいまわしい病気と間違える。必ず間違えるのだそうです。そうして水銀剤をさかんに飲ませる。結局そんなことをしている中《うち》に死んでしまうという、非常に徐々な殺し方ですが、そういう「毒襯衣」というものが流行った時代があるようです。この毒襯衣のことはルシアン・ナッスというお医者さんの著書が引用してあるのですが、その人の挙げている実例に、フランスのプーレイヨン夫人という人がそれを使った実例があるんです。それは夫を殺す目的で、それの襯衣の下の部分だけに今の砒素などを付けて着せたんですが、下部だけに付けたところが面白い。ところが夫がそれに気付いた。何か痛みを感じたのでしょう。気付いて訴えた。結局そのプーレイヨン夫人は処刑されたんですが、これはやはりある毒薬専門家から伝授を受けてやったんで、その伝授料が今の金にして八千円を払っているそうです。ナッスというお医者さんは、そういうことが果して出来るかどうかを、天竺鼠の毛を剃って、そこへ砒素の軟膏を永い間擦り込むことによって実験したそうですが、天竺鼠の場合には、皮膚に何等の異状も呈しなくて、内臓に異状を呈した。そうすると砒素というものは皮膚に触れるだけでそういう小さい動物なら殺すことが出来るというのですが、この「毒襯衣」の実験は、襯衣ばかりでなく、寝室用のスリッパに付けて同じ目的を達した話があり、インドでは婚礼衣裳に用いた。インド人は下着なんか着ないで一枚だけ着るのでしょうから、そういう事が出来る。インドの王族やなんかが毒の婚礼衣裳を用いた例が沢山あるのです。

これは本当に殺すのでなく、ただ皮膚に潰瘍を起させるだけですが、もっと現実的なものに「毒のナイフ」、これは先に申した著者自身が実見したもので、現在も残っているそうですが、十六世紀の後半に作られた食卓用のナイフです。普通の食卓用のナイフより少し小さい位の果物なんか切るナイフらしいんですが、それは柄の中へ刃がすげてある。その刃が心持上下に動くようになっていて、それを握って何かを切ろうとして力を入れると、刃が上へ押される。その時に握っている柄の下部へ針が三本ひょいと飛び出すようなバネ仕掛になっており、その針に毒液が伝っている。そうしてお客が何かを切るとその針が指をチクリと傷つけ、毒が体内に入って死ぬということになっているんです。ところが手の力を抜いてしまうと、普通のナイフの柄であって、針なんかは隠れてしまって見えない。非常に奇麗な宝石なんか鏤《ちりば》めたナイフで、彫刻なんかもしてありその針の孔なんかも分らないようになっていて、ちょっと痛みを感じるだけで目的を達する。そういうナイフが残っているそうです。

それに似たものでは、指輪にそういう仕掛をしたのがあるんです。「毒指輪」ですね。指輪に毒薬を隠したり、あるいはその指輪を嵌めると毒死するとか、沢山用い方の種類があるようですが、今のナイフに似ているのでは、その指輪を嵌めている手で人に触れると、やはりその指輪に目にも見えないような針の仕掛があってそこからちょうど蛇の牙と同じ作用で毒液を注射する。そういう指輪が作られた事があった。それはつい近年にもロンドンに例があったそうです。タイピストが街を歩いていますと、後ろから紳士がやって来た。追い越す時にちょっと手を握って行ってしまった。娘さんは別に気にも止めないで事務所へ行くと、事務所で気持が悪くなって卒倒した。よく調べて見ると、握られた手の所に赤い斑点が残っておった。毒薬は何であったか書いてありませんが、そういう実例があった。この方法は、アメリカで淫売婦に売るために婦女を誘拐するギャングがさかんに使っておったそうです。それはそういう風にして行きずりの女の手を握る。女は歩いている中に気を失って倒れる。倒れたのを見すまして、身寄りの者を装って、自動車に乗せて連去って売ってしまうという手を盛んに用いたという事が書いてあります。

指輪ではその外に、指輪の宝石を入れる座の所が開くようになっていて、その中に毒が隠してあったり、あるいは宝石そのものが抉《えぐ》ってあってその中に隠してあったり、いろいろ隠し場所に使われるのですが、そういう隠し場所で面白いのは、義足が隠し場所になった場合がある。「毒義足」ですね。やはり近年のことで、イギリスの国際ギャングの一員であった男が、泥棒をして捕まり投獄されたが、獄屋で自殺をして死んでいた。調べて見るとその男は義足をつけていたのですが、その義足の中がうつろになっていて、毒薬の瓶が蔵《しま》ってあったという事があります。これはその本に出ているのではありませぬが、義眼がやはり毒薬の隠し場所になったことがあります。それはイードン・フィルポッツの「赤毛のレッドメイン家」という小説の最後がそうなっております。義眼は色々探偵小説には使われておりますが、その中に毒薬が隠してあって、いざという場合にそれを使って自殺させるという趣向は初めてのように思いました。それから義歯が毒薬の隠し場所になった例も沢山あった様に思います。

それよりまだ珍しいのは、「毒焔」とでもいいますか、蠟燭《ろうそく》とか松明《たいまつ》とかの毒の炎で、ローマ時代にはよく使われたらしいのですが、蠟燭や松明の中に毒を仕掛けて置く、それを燃すと毒の焔があがって、その近くにいる人がそれを吸って死ぬという方法が、大分行われたらしい。その実例としては法王クレメント七世が宗教上の儀式の時にこの方法で殺されております。

それから「毒の花」、それは花に毒を塗って置いて、その花を盃の中に入れて酒を飲ませる。それから「毒の寝台」、それは寝台そのものではなくて、シーツにやはり最前《さっき》の「毒襯衣」の原理を応用して毒薬を染ませて置いて、そこに寝た人に炎症を起させ、だんだん弱らせるという方法。それから「毒の靴」、これは靴墨に毒を含ませて置いて、その靴墨を塗った靴を穿いて、舞踊なんかした場合に冒されるんですが、汗ばむと靴下を通してその靴墨が足に触れ、皮膚に炎症を起させそこから体内に毒が入るという方法です。それから「毒の接吻《キス》」というものがある。これはアメリカに最近あった実例らしいですが、婚約の男女が長椅子に向い合って接吻したままで死んでいた。調べて見ると、男の方の口の中にチューインガムがあった。そのチューインガムに毒薬が入っておって、それが接吻した時に両方の口に移って同時に毒を感じて死んだという話があるのです。

最後に、最近読んだ探偵小説で面白いのがあったんですが、バーナビイ・ロスというアメリカの作家の「Xの悲劇」という小説の中に使ってある毒殺の方法、これは小さなコルクの球に何十本という針を通す。つまり金米糖《こんぺいとう》みたような針の球を使って、それに純粋のニコチンを塗ってあるんです。そのニコチンは――アメリカでは殺虫剤として何人《だれ》でも手に入るものらしい。それを塗って、殺そうと思う人のポケットへ入れて置く。そうするとそのポケットから眼鏡のサックを出そうとする時、何気なくこれを握る。ちょっと触ったらたちまち死ぬ。そういう手が使ってあります。これは実際的には何だか廻りくどい方法ですが、探偵小説としては推理を進めてゆくためにこの廻りくどい方法が重要な役目を果すことになっているんです。なぜそういうものを作者が毒殺の方法として使ったかという所に面白味があると思います。

(「新青年」一九三五・七〔「持ち寄り奇談会」より抜粋〕)

微視的探偵法

顕微鏡的あるいは顕微鏡科学分析的捜査法というものは日本でも以前から行われている。発砲の際、弾丸の外面についた擦り傷の顕微鏡検査（銃器の個性鑑別）、ポケットの底や服の羅紗《ラシャ》地、あるいは頭髪などに付着した塵埃《じんあい》の顕微鏡下における科学分析、筆跡の顕微鏡鑑別などは今日では少しも珍らしくない。こういう超肉眼的な捜査法を私は微視的探偵法と名づける。マイクロコスミックな探偵法である。この分野にはまだまだ人の気付かぬ面白いものがあるように思われる。

谷崎潤一郎氏は「金と銀」であったか、あるいはあの頃の他の短篇であったかに、作中人物の言葉として「たとえば誰も見ていない時に、何者かがこの部屋に入って、何もしないで出て行ったとする。この場合、部屋の中には一見何の変化も起らないが、しかし人が出入りしたからには、目に見えぬけれども、何分かの微細な痕跡が残らぬはずはない。少くとも室内の空気は動いたであろう。これに伴って畳の上のホコリが移動したであろう」

というような意味のことをいわせている。もし蠅や蟻ぐらいの大きさの小人がいて、顕微鏡的な目でこれを観写したならば、畳の上には沙漠の嵐のような大変化が起っているはずである。

外国でもグロースやロカールの捜査学はこの微視的探偵法を重視しているが、小説ではドイルが着衣の微細な汚点や、ポケット内のホコリを検《しら》べ、フリーマンが頭髪に付着した金属の粉末を捉えた。近年のアメリカの鑑識エキスパートは「次に試みらるべきマイクロコスミックな捜査法は犯人の呼吸した空気そのものを濾過して、そこに残る塵埃や細菌を検査することであろう」とすらいっている。

この微視的探偵法の一つとして、私は最近面白い実例を読んだ。木材の微視鑑識についてである。

それは今から十数年前、世界の新聞を賑わしたリンドバーグ事件（嬰児《えいじ》誘拐、身代金強要）の際の鑑識捜査例で迂闊《うかつ》ながら私は初心であり、日本の警察でも恐らくまだ実行していないものではないかと思う。この事件は色々のいきさつがあって、結局リンドバーグ家の代理者が、賊の奇怪な指図に従って、要求の身代金を手交したのだが、賊はそのまま逃亡して嬰児引渡しの約束を果さず、後にある森林の中から嬰児の死体らしい白骨が発見せられたという事件で、この事は多くの人がよく知っていると思う。

全世界を騒がせた大事件だけに、アメリカの警察、ことに鑑識当局は全能力を傾けて捜査に当り、捜査上の種々の新レコードを残している。随《したが》ってこの一事件はアメリカの捜査鑑識技術を進歩せしめた意味で、逆に大きな貢献をしたともいえる。

リンドバーグ事件の唯一の現場遺留品は、嬰児を盗み出すために、二階の窓の外に立てかけて、そのまま残してあった一挺の汚い手製の梯子であったが、鑑識当局はこの梯子をあらゆる角度から徹底的に検査した。警察の手では一つも指紋を採ることができなかった梯子の木肌から、ある民間学者が特殊の化学操作によって五百以上の指紋を検出したのなどもその一例であるが、私が最も面白く、また珍らしく感じたのは、この捜査においてウィスコンシン州マディソン市の合衆国林産物研究所技師アーサー・ケーラーが現わした大きな手柄であった。

林産物研究所というのは木製品の製造業者などから、この製品にはどの地方のどの木材が最も適当かというような調査の依頼を受け、木材を科学的に研究してこれに回答することを主たる仕事としているのだが、ケーラーはここの技師として熟練な木材エキスパートであった。

この人は元大工の出で、自分も大工として世に出たのであるが、その技術をミシガン大学とウィスコンシン大学に学び、学士の称号も取っている。リンドバーグ事件の現場に遺留されていた手製の梯子の調査は、警察当局からこのケーラー技師の手に委《ゆだ》ねられたのである。

ケーラーが梯子を調べて見ると、西側の二本の縦の角棒は北カロライナ州の松材、梯子の桟《さん》はポンデローザの松材、楔《くさび》は一種の樺材でできていることが分ったが、この梯子はいかにも手製らしく縦の棒の一端に別のあり合せの木で継ぎ足しがしてあった。その継ぎ木は普通の床板に使われる樅《もみ》材で、それに四つのネジ釘の痕《あと》が穴になって残っていた。穴の中に錆のあとがない所を見ると、この継ぎ木は元、雨のあたらない屋内のどこかに使用されていたものと判断された。

こういう事を確かめてから、ケーラーは一番面積の広い縦の角棒の鉋《かんな》の削り痕を仔細に調べた。鉋で削った木材の表面は一見滑らかであるが、これを顕微鏡的に調べると決して滑かなものではない。そこには使用された鉋の刃の目にも見えぬ凸凹の痕が無数の線条となって残っている。そしてその線条は鉋の個性をそのまま現わしているので、削られた木材から、それを削ったプレイニング・マシンにまで遡源することも不可能ではない。全く同一の削りあとというものの希有性は殆んど指紋のそれと選ぶ所がないのである。

この削りあとの検査は斜めに特殊光線をあてて拡大鏡で覗くのだが、そうして検べた所によると、梯子の縦棒は、機械の回転軸に八個の刃物をとりつけたプレイニング・マシンによって削られていることが分った。同じ個性を持つ削りあとが八つ置きに現われていたからである。また、八個の刃物の内第五番目のものは回転軸への取りつけに目に見えぬほどの歪みがあり、そのあとだけ他の刃のあとより幽かに深くなっていることまで明かになった。人間の指紋の場合でいえば、渦紋の特性と隆線の数の外に、指先にちょっとした斬り傷の痕が残っていたのと同じでいよいよそのプレイニング・マシンの個性がハッキリして来たわけである。

そこでケーラー技師はまず全国の製材工場の中から、この特徴のある八つ刃のマシンを持った工場を探し出すことを思い立った。雲を摑むような話である。しかし、それにはうまい便法があった。彼は工場名鑑によって全国のプレイニング・マシンを設備した製材工場を調べ上げた。すると、この条件にあてはまる工場が千六百ほどあることが分った。ケーラーは非常な手数をかけて、この千六百の工場に宛てて、問題の梯子の縦棒と同じ太さの角材の見本を送るように手紙を出させたのである。

やがて次々と見本の木片が到着し、山と積まれて行ったが、彼はこれを一つ一つ拡大鏡にかけて入念に検査した。非常な根気仕事である。そして、遂に問題の梯子と同じ削りあとの見本木片を発見することができた。その見本を送って来たのは、南カロライナ州のある製材工場であったが、ケーラーは早速そこへ出かけて行って調査した。聞いて見ると、問題の八つ刃のマシンが使用されはじめたのは三十ヵ月ほど前からであることが分った。時間的にも段々捜査範囲が狭まって来たわけである。

そこで工場の台帳を調べて貰うと、その三十ヵ月間に、問題の寸法の角材だけでも貨車で四十五輛、各地の二十五ヵ所の材木問屋へ積み出されていることが判明した。しかし、今度は見本を送らせるような便法はない。四十五輛の角材の中から問題の梯子に使われたたった一本の行方をつきとめなければならない。まるで藁小屋の中に落した針を探すような、考えただけでも頭の痛くなる根気仕事である。

ケーラーはしかしあきらめなかった。各地に散在する材木問屋を一軒々々訪問する決意を固めた。迷宮入りのリンドバーグ事件を解決する為には、それほどの労力も決して惜しくはなかった。そして、結局ニューヨーク市のある材木問屋をつきとめるまでに、彼は実に十八ヵ月に亘る絶え間なき旅をつづけたのである。

そのニューヨークの問屋でも、問題の角材は悉《ことごと》く売りつくされ、一本も残っていなかったが、偶然にもその同じ角材の一部が材木置場の塵埃箱の材料に使われているのを発見した。ゴミに汚れた箱の一部をそれと気づくまでの努力は想像に余るものがある。しかもその角材は問題の梯子に使われた角材と同質のものであることが分った。恐らく犯人の梯子の材料はこの問屋から買われたものである。この上はただその問屋から同じ角材を買った請負業者や大工などを一々当って見ればよい。それは非常な手数には違いないけれども、もうここまで来ては、底の底までつきとめる一途あるのみであった。

ところが実に残念なことには、ケーラーの十八ヵ月の惨澹たる苦心も、ここでハタと行詰まってしまった。というのは、この問屋は現金売り専門であって、得意先の名簿を備えていなかったのである。もうどうすることもできない。ケーラーは唇を噛んで引下る外はなかった。では、彼の苦労は全く水の泡であったか。イヤ、そうではない。全く別の角度から、彼はリンドバーグ事件捜査に結局一つの偉功を立てたのである。

＊

前回にはウィスコンシン州、林産物研究所のケーラー技師が、リンドバーグ幼児誘拐事件の現場に遺棄された梯子の木材の削り痕の顕微鏡的調査に基いて、全米の製材所を虱《しらみ》つぶしに調べ、遂にその出所を確めたが、その材木問屋は現金売り主義で、顧客台帳を備えていなかった為、数ヵ月間の努力も結局水泡に帰した次第を話した。

こうしてケーラー技師は犯人逮捕の大手柄を目標の一歩前で逸してしまったが、彼は長期に亘る無駄骨折りにガッカリした顔も見せず、研究所に帰って静かに次の機会を待った。というのは彼は犯人の残して行った梯子について今一つの切札を持っていたからである。

すると間もなく、彼の待っていた機会がやって来た。リンドバーグ家から賊に渡した身代金の紙幣には、相手に悟られぬような目印がつけてあったのだが、この目印のある五ドル札を使用した男が発見されたのである。それが後に犯人として死刑になったブルノ・リチャード・ハウプトマンであった。

ハウプトマンは五ドル札は他から受取ったものだといい、無罪を主張したが、取調べの結果、彼は大工を職とし、しかもかつて問題のニューヨークの材木問屋から手製の梯子の材料に使用した例の角材などを十ドルだけ買っていることが明かとなった。そこでケーラー技師再登場の舞台が廻って来たのである。

ケーラーが最初問題の梯子を調べた時、梯子の一端に継ぎ木がしてあり、その継ぎ木は床板などによく使われる縦材で、それに四つのねじ釘の穴があいてあった。どこかにねじ釘でとめてあった板切れを取って、梯子の継ぎ木に使用したものに違いない、という事が分っていた。それがケーラーの今一つの切札であった。

そこでケーラーは容疑者ハウプトマンの住居へ出向いて、どこかに四つの釘穴のある箇所がないかと、家中を隈なく調べ廻ったが、すると、屋根裏部屋の床板にそれらしい釘穴が発見された。用意して行った梯子の継木をその上にあてがい、釘をさして見ると、四つの穴がピッタリ一致していることが分った。

数学的に計算して見ると、任意に打った同直径の四つの釘穴が完全に一致する偶然率は、一に十六箇の零をつけた回数にたった一度しかないことが分る。そこで、ハウプトマンはあくまで否定したにもかかわらず、その釘穴の一致が動かし難い証拠となって、遂に彼は断罪されたのである。

しかし、ケーラーはこれだけでは満足せず、更にもう一つの確証を提供した。問題の梯子の桟の合せ目や楔などは細工者自身の手鉋で削ってあるのだが、ケーラーはその手鉋をハウプトマンの家の物置の中から探し出したのである。

彼はその手鉋で木片を削り、削った表面に薄い紙をのせ、ちょうど木版を摺るようにして、上から木炭でこすり、鉋の刃の微細な凸凹による削り痕の線条を探し出した。一方問題の梯子の手細工の部分にも同様の操作をしてこの二枚の紙の線条模様を拡大鏡で覗いて見ると、寸分違わぬことが分った。つまり問題の梯子の細工には被疑者ハウプトマン所有の手鉋が使用されていることが確められたわけで、かくして、犯人指摘の最も有力な確証が二重に得られたのである。

以上はウィスコンシン林産物研究所のケーラー技師がリンドバーグ事件で立てた功績であるが、木材の削り痕研究による鑑識例でもう一つ面白いのがある。それはシカゴ科学捜査研究所の技師、リューク・メイという人の手柄話である。

かつてワシントン付近に少女に対する暴行事件が起ったことがある。犯人はクラークという痴漢であったが、この男はある少女が毎日通学する道の、淋しい林の中を選んで待ちぶせをしていた。相手に絶対に顔を見られないような方法で目的を達する為に、いろいろ苦労をした（顔を見られなければ小平〔義雄。昭和二十年代の有名な性犯罪者〕のように無用の殺生をしなくてもすむからである）。彼は林の中の待ち伏せをする場所に、その辺に生えていた樅の若枝を切って、地上に立て、生垣のような目隠しを作り、その蔭にうずくまって待っていた。そして、目的の少女が通りかかると、彼は隠れ場所を飛び出して、いきなりうしろから襲いかかり、風呂敷のような布を相手の頭からかぶせて、自分の姿を見られないようにしておいて、林の奥に連れ込んだのである。

訴えによって捜査がはじめられ、間もなくワシントン付近のあるホテルに止宿していたクラークという被疑者が捕えられたが、被害者の少女は犯人の顔を見ていないのだから確証がない。クラークは無論犯行を否定している。

逮捕の際、クラークの身につけていたものを取上げたが、その中に一挺のポケット・ナイフがあった。また、彼のいたホテルの部屋にヒマラヤ杉の若枝が二本置いてあり、訊ねて見ると、クリスマス・デコレーションにするために自分で伐って来たものだと答えた。ナイフがある。それで伐ったという杉の枝がある。そして犯罪現場には林の中から伐りとられた樅の枝の目隠しがある。当然この事件は木材エキスパートの手にゆだねられた。リューク・メイ技師の登場となったのである。

メイ技師はこの三種の資料を受取ると、まずナイフの刃を顕微鏡で調べて見た。ナイフはよく拭き取ってあるので、肉眼では分らぬけれども、拡大して見ると、刃の表面に樹脂が付着していることが明かとなった。

次に現場の樅の切口がこのナイフの刃の個性と一致するかどうかを確めなければならない。それにはナイフで別の枝を切って、その切口の目にも見えぬ刃の凸凹を示す線条と、証拠品の樅の枝の切口のそれとを、顕微鏡で比較すればよいのだが、木の枝といっても直径半インチにも足らぬ細いものだから、ナイフの刃のどの辺で、どんな角度で切りつけたかということが分らなければ、比べて見ても無意味である。

ここでメイ技師は一つの奇妙な道具を発明した。それは人間の腕と同じように動く金属製の、いわば腕のロボットである。その腕の先にナイフを摑ませ、ネジの調節によって、どんな方向にでもナイフを打ちおろせるような仕掛けをした。つまり、ナイフの刃の枝に対する角度を任意に調節し、一つの角度を定めたら、自動的に少しの狂いもなく、全く同じ切口を幾度でも作ることができるようにしたのである。

そうして、組織的にナイフの刃のあらゆる部分で、またあらゆる角度で、現場の樅の枝と同じ直径の枝を、何本も何本も切断して見て、この切口の細線を顕微鏡で覗き、根気よくこれを繰返している内に、遂に全く同じ線条のある切口を得ることができた。

それから、現場の樅の切口と、機械の腕が作った切口とをそれぞれ半円の形に切って、その二つの半円をナイフの痕の線条が一致するようにピッタリ合せて一つの円形としたものを、顕微鏡写真に撮ったのである。その写真を見ると、年輪の異る二つの半円をつなぎ合せた表面に、ナイフの刃の個性を示す水の流れのような線条が無数に現われていて、その各々の線条が二つの半円の接合部で、少しの喰い違いもなく見事に一致している。

なお被疑者の部屋にあったクリスマス用のヒマラヤ杉の切口にも、同じようにして比べて見ると、これまた刃のあとの線条が完全に一致したのである。

数学のコンビネーションとパーミュテーションの方式によって、この場合の線条の一致が、全く異るナイフの刃によっても生じ得る可能度を割出して見ると、アメリカの全人口に当る一億の人間が、それぞれ六百五十に零を二十四個つけた天文学的数のナイフを持っているとして、その内にたった一度だけ偶然の一致があり得るに過ぎないという計算になるという。指紋以上の確実度である。そこで裁判官は被疑者クラークの否定にもかかわらず、彼に有罪の判決を下したのである。

以上二つの木材エキスパートの手柄話は、マイクロコズミックな鑑識の面白い一例として記したのであるが、微視的捜査法にはこの他にも色々の分野がある。被害者または容疑者の着衣、頭髪、爪垢、耳垢、鼻糞などに含まれている塵埃の検鏡、靴底に付着した土砂の検鏡などには面白い実例が沢山ある。

もっともこの塵埃による捜査はコナン・ドイル（後にはフリーマン）が探偵小説の方で先鞭をつけたといってもよいのであるが、捜査学でこの方面の大先輩はオーストリアの犯罪学者ハンス・グロースとフランス、リヨンの科学捜査研究所長エドモン・ロカールであろう（グロースは「予審判事必携」の著者として我国にもよく知られ、ロカールも探偵小説に理解のある犯罪学者としてよく話題にのぼる人である）。そのロカールが探偵小説と実際捜査との関係について次のように記している。

「警察の鑑識専門家がドイルの探偵小説を読むのは決して時間の空費ではない。シャーロック・ホームズは屢々微細な泥や塵埃の汚点によって推理をしている。例えば、訪問者の靴やズボンの裾の汚点を見て、ホームズはその男がロンドンのどの方面からやって来たかをたちまちいい当ててしまう。（中略）我々のリヨン科学捜査研究所は、塵埃鑑識についてハンス・グロースとコナン・ドイルの示唆に負う所が多大であったことを告白しなければならない。」

そこで私は次回には、この塵埃探偵法について少し書いて見ることにする。

＊

着衣、帽子の鬢革《びんがわ》の裏、毛髪、爪、耳、鼻の孔などから塵埃を取って検鏡する微視鑑識法は広く知られているし日本の警察でもすでにこれを実行している。

着衣の塵埃はブラシで擦り取ってはいけない。かえって一ヵ所の微細物を衣類全面に拡げる作用の方が大きいからである。これを避ける為に犯罪学者グロースが考案した方法は、まず紙の大袋を用意し、この中へ着衣を入れて、外から鞭などで軽く叩きつづけ、紙袋の底に留った塵埃を集めて検鏡するのである。日本の警察でもこの方法を用いているらしいが、フランスの犯罪学者ロカールは更に一歩を進めて、室内掃除に使うヴァキウム・クリーナアに似た小型の真空吸引器を考案し、これで任意の塵埃を吸い取ることをはじめた。

ロカールは塵埃鑑識については幾多の興味ある業績を残しているが、その一例を示すと、今から十年ほど前、ロカールの研究所の属するリヨン警察管内に、郵便物抜取り事件が起ったことがある。書留の封書の中から頻々として為替や小切手が抜取られる。段々調べて見ると、犯人はある大きな郵便局の内部のもので、抜取りは同局の手洗室で行われているらしいことがわかった。そこで、一人の探偵が手洗室の真上の小部屋に陣取り、床板の小さな隙間から下を監視することにした。

根気よく覗いていると、遂に一人の局員が手洗所に忍び込んで、束になった封書の中から、為替などを抜取っている所を発見した。しかし真上から覗いているので犯人の顔が分らない。肩と頸《くび》のうしろが見えるばかりである。着衣は局員の制服で何の目印もない。そこで探偵はとっさに機知を働かせて、足元の床にちらばっていた漆喰の白い粉を、靴先でソッと覗き穴から下へ落し、粉は犯人の上衣の肩から背中に降りかかった。

何か天井からパラパラと落ちて来たので、犯人は驚いて手洗室を飛出し、上衣を調べて見ると白い粉がついているので、意味は分らぬながらも、注意深くこれをブラシで払い落して、何喰わぬ顔で自分の席に戻っていた。

探偵の報告を受けたロカールは直ちに全局員の上衣を一ヵ所に集めさせ、次々と真空吸引器で上衣の羅紗のホコリを吸取って検鏡して行った。すると何番目かの上衣から問題の漆喰と同質の細粉が検出された。その特徴のある粉は他の上衣からは少しも発見されなかったのである。そこでその上衣の主を確かめ、証拠をつきつけて訊問したところ、なんなく白状したというのである。彼はブラシで擦って、肉眼では何の痕跡も残っていないと安心していたのだが、真空吸引器は目に見えぬ細粉を羅紗の毛の間から集め得たのである。

着衣の表面からは大した材料の得られない場合にも、そのポケットの底には長い間のゴミが溜っていて、犯罪捜査上思わぬ収穫を得ることがある。警察官は普通犯人のポケットをいきなり裏返しにして調べたりするが、微視鑑識の立場からはそういう乱暴なやり方は禁物である。ロカールは必ずポケットの袋を鋏で切取って、丁寧に順序よく調べる方法を採った。そうすれば、底のゴミだけではなく、ポケットの中途に引っかかっている微細物をも、そのままの姿で発見できるからである。

このやり方で、ロカールはある時、殺人被疑者のポケットの内側の上部から、皮膚病の為に剝脱《はくだつ》した皮膚の細片を発見したことがある。この事件の被害者は一種の皮膚病に罹《かか》っていて、絞殺された際その皮膚の剝離細片が犯人の手に付着し、犯人はその手を何心なくポケットに突込んだ為、細片がポケットの内側に残ったもので、検鏡の結果皮膚病の性質が全く同じであることも分り、これが断罪の有力な証拠となったのである。

爪の垢の検鏡によって被疑者の数日あるいは十数日来の環境を確かめ有力な証拠を得た例は少なくない。ある場合には検鏡のために爪を切り取ったという事実だけで、犯人がハッとして自白した例もある。

耳垢や鼻くそも微視鑑識の大切な材料である。石炭業者、粉屋、パン屋などの耳には必ずその細粉が耳垢となって固まっているもので、ロカールは大抵の職業は耳垢によって判別できるといっている程である。石炭業者の耳の中には、その職業をやめてから一年後にも、まだ炭粉が検出できるという。

やはりロカールの取扱った例であるが、フランスのナンシイで裕福な農夫が殺されたことがある。その死体の頭髪や爪の間の微細物を検鏡したところ、極めて稀な種類の蕈《きのこ》の胞子が沢山混っていた。農夫の自宅を検べて見ると、その農夫は穴蔵の中で同じ種類の蕈を栽培していたことが確められた。犯人はなかなか分らなかったが、しばらくすると一人の浮浪者が有力な嫌疑者として抑留せられた。

ロカールはその男の着衣の塵埃検査によってある程度の証拠を集めたが、動かし難い確証が得られなかった。そこで男の耳垢を取って検鏡したのだが、すると彼の経歴が手に取るごとく判明した。その耳垢には普通に含まれているよりも遥かに多量の塩分があった。これは彼が長らく海上生活をやっていたことを物語るもので、水夫であったという本人の自白と一致した。

またその耳垢にはマルセーユ港からパリまでの道路の種々の特徴ある塵埃が悉く含まれており、彼の足取りが手に取るごとく確かめられた。更に犯罪の直接の証拠としては、農夫の栽培していたのと同じ種類の蕈の胞子が、やはりこの男の耳垢の中に混っていたのである。非常に稀な種類の蕈だから、偶然の一致ということは考えられなかった。男が農夫の穴蔵へ入り、しばらくそこに留まっていたことを確証するものといってよかった。段々取調べて行くと、その男は穴蔵の中で農夫を殺害し、夜の更けるまで死体と一緒にそこに隠れていて、それから死体を遠方に運んで遺棄し、罪跡をくらまそうとしたものであることが判明した。

靴の底に付着した土砂やその中に含まれる微細物の鑑識が重要であることはいうまでもないが、その場合靴底の付着物を一度に削り落すというような乱暴なやり方は固く戒めなければならぬ。靴底には歩いた道路の性質によって異った土質が薄い層をなして付着しているものである。この層を一つ一つ注意深くかき落し、それぞれ別々の容器に入れて検査することが何よりも大切である。

かつてフランスの犯罪学者達が靴底の検査によってその主の歩いた場所をいい当てる実験をしたことがある。雨上りのある日、被験者は底を洗い清めた靴をはいて、ナンシイの付近を出鱈目に歩き廻って帰って来た。試験者はその靴を受取ると、上述の通り靴の底についている土の層を一つ一つ丹念にはがして別々の容器に入れ、これを検鏡した。

その結果次のことが判明した。(1)靴底に接した一番目の層は黄色い粘土質で微量のカルシウムを含んでいた。(2)次の層は固い黒土で、スズカケ樹の種子と、切られて間もない微細な木片とを含んでいた。(3)三番目の層は一見灰色の土であったが、検鏡すると練瓦の粉と石炭の粉を多量に含んでいた。(4)一番外側の層は固い黒土で(2)と全く同じ性質であった。

試験者はこの結果をナンシイ郊外の地図と引比べて判断を下して行ったが、(1)の黄土は某公園のほかにはない土質であった。⑵の固い黒土は最近石を敷いた某公道のもので、その道路にはスズカケの並木があり（スズカケの種子と符合）またその並木は近頃刈込みが行われた（微細な木片と符合）ことが分ったので、この判断の正しいことが一層明かとなった。

⑶は某河岸添いの道路の練瓦や石炭の堆積を連想せしめたが、土質もそこのものと全く同一であった。⑷は最後に⑵の某公道を再び歩いて帰ったことを示す。こうして判明した場所をつないで、地図の上に線を引いて見ると、被験者の歩いた道筋を掌を指すようにいい当てることができたのである。

塵埃とは間断なく崩壊しつつある宇宙万物の顕微鏡的微分子である。掃除婦を悩ますホコリ、雨に雪に氷に霧に、さては人体の汗や脂に含まれた塵埃、地球表面の至る所この微分子の存在しない個所はない。

工場の空を覆う煤煙から、大洋を走るヨットの甲板に落ちる目にも見えぬホコリに至るまで、あらゆる種類の微分子がある。いかなる寺院の高塔といえどもこの微分子の圏外に抜け出すことはできない。大空の青さそのものが、外ならぬ塵埃の所為だとさえいわれている。産湯を使ったばかりの赤ん坊の頬にも刻一刻ホコリが降りつもり、真空管の中にすら排除し得ざる最小限の塵埃がある。

塵埃の性質は地球を覆う物質と共に多様である。岩石も金属も微粒子となって空中に浮揚しないものはない。蝶の鱗粉、微小昆虫の死体、植物の胞子、繊毛、生物も無生物も絶間なく崩壊して、空中の微細分子となりつつある。

随って犯罪捜査における塵埃の利用も殆んど無限の可能性を持っている。人間行動の秘密は、目に見えぬ塵埃に訊ねるがよい。訊ね方次第によっては、無生の塵埃があらゆる難問に答えてくれるであろう。

（「黒猫」一九四八・六〜八）

自動車と探偵小説

探偵小説には自動車がいろいろな方法で使われる。第一はタイヤの跡である。これは人間の足跡や指紋と同じように、自動車の個性鑑別に用いられる。タイヤの模様は会社によって皆ちがっているので、柔《やわらか》い土に印したその跡を見れば、どこの会社のタイヤをつけている車かということが、すぐにわかるがそれだけではない。タイヤの磨滅度、その表面についた傷のあとなどが、一層はっきりと車の個性を教えてくれる。

これは捜査する側の利用方法だが、犯人の側からも、車の欺瞞についていろいろな手が用いられる。

まず車のナンバープレートの数字を変えて、目印をなくする手段である。これは犯行の前に、贋《にせ》の番号札を本物の上にかけておいて、逃走の際に、何かのメカニズムでそれをはずし、本当の番号に戻すという方法である。

しかし、それだけでは充分ではない。車体の色が目印になるので、咄嗟にこれを変えるカメレオンみたいな方法がある。アメリカのギャングなどは、ペンキ吹きつけ器を用意していて、車を人目のない横丁に入れ、非常に短い時間で、車体を全く別の色に変えてしまうのである。

捜査する側では、この欺瞞を防ぐために、怪しい車と見たら、何かで車体をこすってみて、表面の塗料の下から別の色があらわれないかどうかをためすことになっている。

自動車の後部のトランクは、人間一人ぐらい押しこむことができるので、往々にして死体の隠し場所に使われることがある。殺した死体をトランクに入れて遠くへ運び、人知れず処分してしまうことができるからである。

また探偵の側には、このトランクに別の用途がある。それは尾行の際の利用法で、自動車のトランクの中へおとなが身をひそめるのはちょっとむずかしいかもしれないが、小さい子供なら楽に入れる。そこで、私の少年探偵小説の主人公小林少年などは、よくトランクに忍んでいて、犯人の隠れ家をつきとめるのである。

もっと大がかりな方法では、自動車そのものを、峠などの崖から墜落させ、ガソリンを爆発させて、車体も中に乗っている人間も焼いてしまうというのがある。この手は犯人自身が不慮の死をとげたと見せかけるために使われることが多い。すなわち犯罪者の自己抹殺である。

その場合、犯人の身替りになる死体が必要である。自分の殺した被害者の死体を用いるときもあるが、そういう死体のない折の自己抹殺には、大学の解剖学教室のホルマリンの池に漬けてある解剖用の死体を手に入れて、自分の替玉に使うこともある。いずれにしても、他人の死体に自分の服を着せ、時計や指環など目印になるような自分の持物を、死体の身につけて、その死体を後部席に横たえる。そして、犯人は車を運転して崖の上へ持って行き、適当なところで徐行させ、ドアを開いて飛び降りてしまう。

運転手のなくなった車は、タイヤの向いた方向へ進んで行き、深い谷に顚落《てんらく》してしまう。あらかじめガソリンが爆発するような装置をしておくので、落ちた車は火を発し、中の贋死体は顔もなにもわからないように焼けてしまう。

あとになって、自動車事故が発見され、黒こげになった死体が調べられるが、服の焼け残りや、時計、指環などの持ち物によって、犯人の死体と認定され、犯人は自己抹殺の目的を達するのである。

しかし、犯人が成功し悪人が栄えて終るのでは具合がわるいので、その犯人のトリックが暴露するという筋を考える場合が多い。その一例にこういうのがある。

その小説の犯人は、堕落医学生を大金で買収して、解剖学教室の死体を盗み出させ、それを替玉にして崖からおとし、死体を黒こげにしたのだが、その事故が発見されると、一応解剖に付される。すると、死体の頭からピストルのたまが出てくるのである。遠方から撃たれた盲管銃創で、その小さな射入孔は濃い髪の毛にかくれていて、犯人はつい気がつかなかったのである。

この死体は自動車事故の前に、頭を撃たれている、殺人事件だというので、騒ぎになり、だんだん調べられて、遂に犯人の欺瞞が暴露するという筋なのである。

（「日野ニュース」一九五九・二）

Ⅳ　トリック総論

探偵小説のトリック

ヴァン・ダインはその感想録の中で、次のような意味のことを述べています。「自分は探偵小説を書き出す以前、病気で二年程静養していたが、その間に内外二千巻の探偵小説を読破した」と。

これによって見ると、ヴァン・ダインの眼に触れただけでも、二千種にわたる探偵小説があるわけです、いや、彼の手にした二千巻のうちには、必ず多数の短篇集が含まれていたに違いありませんから、それやこれやを考えると、現在世界に存在している探偵小説の数は、実に驚くべき多数にのぼるわけです。

探偵小説以外の小説だって、勿論これと同数――いやいやこれの何倍、何十倍という多数にのぼっている事は言う迄もありません。しかしそれ等の小説の作家と、探偵作家の立場の相違は（そしてつまりそれが同時に探偵作家の苦しさになるのですが）一つの新らしい探偵小説には、必ず新奇なトリックが盛られていなければならないということです。そしてこのトリックというやつが、厄介なことには形而上的意味よりも、より多く形而下的意味において読者の注目をひいているということです。例えば、ほかの小説の作家が、先人の書いた小説と殆んど同じプロットを扱ったとしても、作者個性の相違、時代精神の推移、作中人物のシテュエーションの差などで、全く違った、そして充分褒められるべき小説を書くことが出来ます。

しかし、探偵小説ではそういうわけに行かないのです。一度描かれたトリックは、物理学の定理のように、時代の変化から超越して、永遠に生きています。だから後から来た作家が、前の作家の扱ったトリックと同じものを、たとえ知らずに取扱ったとしても「や！あいつ××の焼直しをしやがった」と読者から直ぐ言われる事になります。そしてその小説のほかの部分が、どれだけうまく書かれていようと、黙殺されてしまっても仕様のないことになるのです。

しかも、探偵小説だって小説である以上それを書く作家たちは、やはりほかの小説家と同じような修業もしなければなりません。それでいて尚その上に彼等は、常に新らしき定理を探している物理学者でもあらねばならないのです。

ここで、この文章の冒頭に掲げたヴァン・ダインの言葉を思い出して下さい。世界には既に数万にのぼるであろう探偵小説が書かれているのです。もしそれ等の探偵小説に、ことごとく異ったトリックが盛られていて、しかも絶対にそれに手をつけてはならないとしたら、――探偵作家たる事のいかに難《かた》きかお分りのことと思います。

再びここにヴァン・ダインの言葉をかりれば「一人の作家が六篇以上の探偵小説を書くべきではない」というのです。この言葉を言いかえれば、一人の人間が六つ以上の奇抜なトリックを考えられる筈がないという事になります。「だから私は六篇の探偵小説を書けば、筆を折って二度と探偵小説には手を染めないつもりだ」と、これも彼ヴァン・ダイン氏の言葉です。そして今や、彼は宣言した数に達する探偵小説を既に発表しましたが、この僅か六篇の小説においてさえも、後から書かれたもの程、小説中に殺人の数が多くなっているのはどういう意味でしょう。つまり、トリックの奇抜さに自信を失って行った作家が、次第に薬を強くしたと見られないことはありません。無論、それはそれで充分面白いのですが、聡明なヴァン・ダインにして既にしかりとすれば、新らしきトリックを探す事の如何に難きか――実際探偵小説の辛さが身にしみるわけです。

ここで私自身のことになりますが、探偵小説を初めて書き出した時分、私はこんな風に考えた事があります。これはほかの随筆にも書いた事ですが、つまり、探偵小説のトリックなんて、殆んど漁りつくされているのだから、新しいトリックを探したところであり得よう筈がない、だから自分は一つ、一番代表的なトリックを、片っ端から、もう一度引繰り返してやろう、と、それはかなり絞い考えなのですが、初期の作品において、二、三その手を用いてみました。そしてそれはかなり成功したとも言えるのです。

　では、探偵小説の一番代表的なトリックとはどんなものか、実は私がこの短い一文で書きたかったのはその事なのです。長々と愚痴めいた事を書いて恐縮ですが、ではこれから大急ぎで本題に入りましょうか。

＊

　探偵小説の一番代表的なトリックは、なんと言っても一人二役という型でしょう。つまり作中の人物の一人が、一人で二役を勤めているという型です。その一役の方が悪人であることはいう迄もありませんが、他の一役はなるべく読者の疑惑圏内から遠い人物であらねばなりません。従って、それが探偵などだと、最も理想的なわけです、今でこそ、探偵と犯人が同一人物だというトリックは古い手になっていて、賢明な読者なら直ぐ看破いたしますが、初めて書かれた時代には、きっと素晴らしいトリックだったに違いありません。

　この型は遠くボアゴベの「死美人」において既に書かれ、続いてルブランの「８１３」。ルルウの「黄色の部屋」に扱われ、その他探せばどれだけあるか分らないくらいでしょう。

　この一人二役型を引繰り返すと、二人一役というトリックが出来ます。二人の人間が一人の役を勤めるというわけです。これにはしかし、二人の人間の容貌姿態が酷似している必要がありますから、そこで双生児《ふたご》というトリックが生れて来るわけです。

　双生児という存在それ自身が、我々にとっては実にグロテスクな感じですから、探偵小説にとっては最も好箇の材料となるわけです。双生児でなくても、容貌が酷似している二人の人間の存在は、実際奇妙な錯覚を起させます。このトリックを最も有効に使ったのが、マッカレーの「双生児の復讐」となるわけですが、その他ドイル、ビヤース、そしてこれは探偵小説でありませんが、アントニー・ホープの「ゼンダ城の囚人」などと優れた作品があります。

「黄色の部屋」で思い出しましたが「密閉された部屋の中における殺人」というトリックも、探偵小説で最もしばしば取扱われる材料であります。密閉された部屋の中で人が殺されている。窓も扉も全部内部から錠が下ろされていて、何処からも犯人の逃出す隙間はない。それにもかかわらず、被害者の死体のみがそこにあって、犯人の姿は見えなかった。──こういう場合が合理的に説明されるとしたら、実際それを思いついた作家は実に愉快なことに違いありません。そこで大抵の探偵小説は必ず、一度はそこに思いを凝らすものなのです。

このトリックは遠くポーの「モルグ街の殺人」において、早くも書かれて以来というもの、実に枚挙に遑《いとま》のないくらい取扱われています。今ちょっと思い出しただけでも、ルルウの「黄色の部屋」、ドイルの「金縁の鼻眼鏡」、ルキューの「赤い部屋」、カロリン・ウェルズ女史の「フォークナーズ・フォリーズ」、ミルンの「赤い家」等々、探せばその他にいくらでもありましょう。最近ではヴァン・ダインの「カナリヤ殺人事件」などもこの例です。この中でも最も優れているのはルルウの「黄色の部屋」です。私はよく思うのですが、この作品はあの素晴らしい〈密室の犯罪〉というトリックを考えついたために、それを唯それだけのもので発表するのが惜しくなって、数ヶ月も、或いは数ヶ年もかかってねちねちとそれを考えているうちに次第に他のトリックまで思いついて、あの素晴らしい探偵小説を書き上げたものでしょう。

暗号もまた探偵小説中において花形役者の位置を要求する事でしょう。

ポーの「黄金虫」において最も優れた一例が示され、ドイルの「ダンシングメン」によって巧みに模倣された事は、あまりにも有名な話です。私はしかし考えるのですが作中に示された暗号は、必ず最も賢明な読者には、作者の説明を待たずして解読されるべきものであらねばならぬと思うのです。という事は、つまり作中人物のみが——という事は作者自身だけがという事になります——知っているある特殊な事情を基本として、暗号が構成されていてはならないという事です。その点、ポーの「黄金虫」に示された暗号並びに暗号解読法は、永遠に最も優れた一例であるでしょう。何故ならば、彼が示した解読法は、英語国民にとっては、あらゆる場合に適用され得るからです。

夢遊病者を取扱ったトリックも、探偵小説に、かなり屢々見られるところであります。夢遊病者というものは実際気味の悪いものに違いありません。何しろ、ふいにふらふらと起上ってどんな事をするか知れないし、そしてまた、自分のやった事を完全に忘れているというのですから、探偵小説家には好箇の材料となり得るわけです。シェクスピヤーの「マクベス」以来、探偵小説にも屢々現われる例でありますが、その代表的なものは、コリンズの「月長石」となりましょう。題は忘れましたが、フリーマンにも確かあったように思います。

一時日本の創作探偵小説界では、これは嘘だったと、最後で全部を引繰り返す一種のトリックが盛んに取扱われましたが、最近では、あまり見られなくなったようです。つまり、読者はあまり手厳しく作者にかつがれる事を好まないからでしょう。奇抜なら奇抜なりに、読者は常に、作家の合理的な説明を要求しているものですから。

その他、小道具を種に盛んにトリックが行われます。そして、どの探偵小説家も、最も多くこの点に思いを凝らしているものですが、これを一々引例する事はとても大変です。

長々と下らない話を書き綴って来ましたが、私はいつも思っているのです。

あらゆる探偵小説のトリックを、系統的に分類して見る事は、きっと面白い仕事に違いありません。私も暇があったらやってみたいと思っています。

「江戸川乱歩式トリック分類表」――

そんなものが出来たら、その時こそ、この一文と同じ題で、もう少し面白いお話が出来ると思います。そして、この埋め合せをしたいものだと思っています。

（「探偵小説」一九三一・九）

トリックを超越して――私の読者へ

この雑誌〔新青年〕には、私は多分二年以上、一篇の小説をも書いていない。その私が、編集者の注文に応じて「私の読者」へ呼びかけるのは、少し滑稽であるかもしれぬ。「私の読者」なんて、この雑誌にはほとんど残っていないだろうから。

私は探偵小説について自信を失っていたのだ。少なくとも、真面目なる探偵小説読者に示すべき何物をも持たなかったのだ。私の非常に弱気な性質から考えて、これから後も恐らく自信を持つ時は来ないであろう。しかし近頃私は探偵小説について、少しばかり違った考えを抱き初めている。

私はかつて、旧探偵小説は夜明けの幽霊の如く消え失せ、それに代ってもっと新時代にふさわしい違った形の探偵小説が現われることを待ち望んだ。広く文芸界を見渡した上で、探偵小説にもそういう転換期が近づいているのではないかと考えた。

しかし、これは私の思い違いであったかも知れない。「新青年」の諸記事は、月と共にスマートに統一されて行ったけれど、その一部分をなしている探偵小説は、旧来のものに比べて、さして変化した様には見えぬ。近来の探偵小説欄が粒揃いであることは確かだ。しかし、これが「新」探偵小説であるといい得るが如きものは見当らぬ。

昨年度新人海野十三氏の連続短篇は、その科学的題材、その熱、その陶酔、まことに近来の会心事であり、又谷崎潤一郎氏の長篇大作は、その前人未踏の取材、心にくき名文章、毎月の雑誌発行日を待ち兼ねる程のものであり、共に少なからず私の創作欲を刺激したのであるが、しかし、それらのものとても、「新」探偵小説ではない。

一方欧米の探偵小説壇を眺めても、米のヴァン・ダイン氏といい、英のウィルス・クロフツ氏といい、近来出色のものは、作中に現われたる彼等の豊富な経験、探偵小説的興味に対する思慕、誠実、構成の手腕、文章の妙などによって、世にもて囃されるのであって、決して、「新」探偵小説なるが故ではない。

探偵小説界に、一人のジェームズ・ジョイス現われるまでは、我々はしばらく旧探偵小説の分野において、出来る限り優秀なる作品を生み出すべく力《つと》むべきであるかも知れない。

探偵小説のトリックを構成する所のエレメンツは有限であって、過去数十年、各国の作家によって、それらのエレメンツのあらゆる組合せは、ほとんど使用し尽され、もはや全く新しきトリックを作り出す余地なしとは、欧米の作者、評論家なども屢々筆にし、私自身も左様に感じているものであるが、そして、前述の意味とは別に、このトリック欠乏の点からも、探偵小説の行詰りを嘆じているのであるが、しかしこれもまた、私の若気の至りであったかも知れないのだ。

過去数年間に現われた探偵小説で、最も我々を撃ったものはヴァン・ダイン氏の諸作である。これは何人《なんぴと》も異存なき所であろう。三年程前私はヴァ氏の三つの長篇を続けざまに読む機会を得て、初めて彼の作風を知ったのであるが、その時私は、探偵小説の根本興味である謎を解く手法においては、ほとんどドイルを出ていないことを感じた。のみならず、ヴァ氏の使用しているトリックは、多くは過去の作家の誰かが用い古したものであった。

だが、それにもかかわらず、彼の小説は充分私をひきつけた。読みつつ巻を置く能わず、読み終ってしばしは興奮さめやらぬ底のものであった。その後同氏の他の諸作を読むに及んで、この感は益々深いのである。

それ故に私は思うのだ。私のいわゆる「新」探偵小説がしばらく、望み得ないものであるならば、又あらゆるトリックがほとんど残りなく使用し尽されてしまったものであるならば、それもよし。我々の探偵小説に対する思慕の失せぬ限り、熱のさめぬ限り、たとえ「旧」探偵小説であろうとも、たとえトリックは重出しようとも、あるいは視角を変え、あるいは構成を改め、あるいは技巧を練って、今しばらく、愛する探偵小説の為に、我々の力をいたすべきではないかと。

我々は一方ではトリックを軽蔑しながら、しかもトリックにこだわり過ぎていた。探偵小説である以上、全然トリックを無視する訳には行かぬ。しかし、単なる思いつきで探偵小説を書く時代は過去った。我々はトリック以上の要素に重点を置くべきではないか。トリックは古めかしくとも、なお充分精神をうち込み得るが如き探偵小説を創り出すべきではないか。つまり我々はトリックを超越しなくてはならないのではないか。

今、私は斯様《かよう》に感じている。そして、うつろい易く弱気な私の心を鞭うっている。私は探偵小説を書かなければならぬ。今一度、懐かしきこの雑誌の読者諸君と懇親を結ばねばならぬと。（六、一二、一三）

（「新青年」一九三二・二［増刊］）

「謎」以上のもの

探偵小説種切れの欺き

本来の探偵小説が「謎」の文学でなければならないという事は、外国でも日本でも、動かし難い定説となっている。即ち小説中の犯罪を「何人が」「何故に」「如何にして」行ったかという謎が興味の中心であって、読者も小説中の探偵と一緒に、むしろ先を争って、その謎を解こうとする所に、探偵小説の魅力がある。それ故、読者と小説中の探偵とは、均等の機会を与えられなければならない。いい換えれば、あらゆるデータを予め読者の前にさらけだし、しかも最終まで「謎」の興味を失わぬが如き筋立てであって、その解決はあくまで論理的であらねばならない（いわゆる探偵小説のフェア・プレイ）というのが定説となっている。殊に日本では、ヴァン・ダインの輸入以来、探偵小説の本道を守れという声を聞くことが多く、ある時は、それについて論争さえ行われた。

「謎」の説はポオからドイル、そして最近のヴァン・ダインに至るまで（そのヴァン・ダインは随筆の中で、探偵小説を謎の範疇に属すると明言し、クロス・ワード・パズルの興味に比べている）総ての優れたる探偵小説の裏書きする所であって、一見論議の余地がない様に思われる。いわゆる本格探偵小説に関する限り、この説に正面から不賛成を唱えたものは、恐らくどこの国にもないのであろう。

それにもかかわらず、私はこの定説に対して、ある疑いを抱くものである。探偵小説は、かくの如きクロス・ワード・パズルと本質的に違わない様な定義に満足すべきであるか。そして又、別の方面から考えるならば、この謎の説こそ、探偵作家を自縄自縛《じじょうじばく》に陥れ、探偵小説を行止りの袋小路へ追いつめるものではないかと。

探偵小説は遠からぬ将来、行詰まってしまうに違いないという悲観論は、批評家も作家自身も、口をそろえて唱える所である。あたかも彼等が、探偵小説は謎の文学でなければならぬとの主張において、異口同音であるのと同じ程度に。

ロナルド・ノックスの左の言葉は、それらの悲観論を、もっとも平明にいい表している様に思われる。

「遠からずして、あらゆる（探偵小説的要素の）可能なるコンビネーションが、使用し尽されてしまうのではないか。小説の筋立ては、日一日と賢くなって行くが、しかし読者の方も同様に賢くなって行く。常連的探偵読者の見透し得ないような新型目隠しを考案することは、ほとんど不可能である」

読者がそれ程賢くならない間は、もっとも疑わしからぬ人物を、最後の犯人とする方法が通用した。だが、今日の読者はそれを卒業してしまっている。彼等は最初から作中のもっとも疑わしくない人物を探そうとするのだ。

欧米探偵作家の悲観論

チェスタトンはかつて、これが対策として、真犯人をまず疑わせておいて、中途でその嫌疑を晴らして見せる方法を提案したことがある。一度疑われて、しかも嫌疑の晴れた人物は、丁度種痘と同じに、読者の疑いに対して免疫的な存在となるからである。ウィルス・クロフツの如きは現にこの方法を用いている。

その外、例えば、裁判官が犯人であったというトリック、探偵が犯人であったというトリック、更に甚だしきは「私《わたくし》小説」の筆者その人が犯人であったというトリック（ドウゼの「スミルノ博士の日記」、クリスティーの「ロージア・アクロイド殺し」など）、又それよりももう一段進んで、最初から疑われていた人物が、結局真犯人であったという裏の裏を行く手段などが、その著しいものである（この最後のものは、ちょっと馬鹿々々しい様に思われるが、ノックス作「陸橋殺人事件」という実例がある。犯人が正直で、探偵の方が賢すぎた場合だ）。

このように、謎の種は、もうほとんど行く所まで行ってしまっているのだ。人間の力で、この上読者の意表に出るトリックが、更に幾つも考えだせようとは思われぬ。真面目な探偵作家、評論家が、探偵小説の行詰まりを歎くのも決して無理ではない。

探偵小説論のまとまった著述としては、古くはカロリン・ウェルズの「探偵小説入門」、近くはダグラス・トムスンの「マスターズ・オヴ・ミステリイ」、彼女の選した探偵小説集の巻頭にのせたドロシイ・セイヤーズの長序などが、代表的のものであるが、彼等は皆「謎」論者であって、同時に探偵小説行詰まりを憂うる悲観論者である。

その他、ノックスの言葉は前述の通りだし、六作で探偵小説を打切ると宣言したヴァン・ダインは「一人の作家に六つ以上の優れた構想を期待することは難しい」といっているし、モーリス・ルブランも、何かの随筆に、種切れの歎息を漏らし、探偵小説の生命の長からぬことを歎いていたし、又「マスターズ・オヴ・ミステリイ」によれば、コナン・ドイルですら、ちょっと風変りな視角からではあるが、探偵小説の滅亡を予言している。

もっとも、トムスンやセイヤーズなどは、「誰が犯人か」という謎は行詰まっても、「如何なる手段によって」という謎は、科学の進歩と共に無限であると、気安めの結論を述べているが、遺憾ながら、手段の疑問には到底犯人探し程の興味がない。誰が犯人か分ってしまっていては、その犯罪手段が如何に珍奇であっても「謎」としての魅力は大半減殺《げんさい》されるのだ。探偵小説が「謎」である限り、この気安めには悲観論を打ち破る程の力はないのである。

斯様に見来《きた》る時、誰しも気づくことは、「謎」の説と悲観論との切り離し難い関係であろう。すなわち、探偵小説が謎の興味をのみ生命とするならば、それは当然行詰まりの運命に到達する外はないのだ。そして、あれ程の流行を見たクロス・ワード・パズルが、いつしかすたれてしまったように、探偵小説もすたれる時が来るのだともいえる。

だが、探偵小説は誕生以来百年に満たずして、早くも行詰まりを歎じ、滅亡を考えなければならない程、果敢《はか》ない運命を負わされているのであろうか。現に世界に流行しているいわゆる探偵小説は、その多くは低調なるスリラーであって、スリラーであるが故に亡びる事なく、真の探偵小説は「謎」であるが故に滅亡しなければならないのであろうか。私にはそうは思えない。世の探偵小説愛好者達も決してそうは思わないであろう。では、上に述べたような悲観論は何故に生じたのか。そして我々はこれを如何に処理すればよいのか。

探偵小説行詰りの打開

私は、この事は「謎」の過重視から来た迷蒙《めいもう》ではないかと思う。探偵小説は謎の文学であって、「謎」ではない。むしろ謎以上に文学でなければならない。探偵小説が、謎々や、手品や、クロス・ワードでないことは誰でも知っているはずだ。それでいて、謎の種が尽きたからといって、探偵小説の行詰まりを歎ずるのは、迷蒙《めいもう》でなくて何であろう。

私はかつて、自分にいい聞かせる意味で、「トリックを超越せよ」という短文を書いたことがあるが、我々は最早、謎やトリックを超越しなければならないのではないか。それを無視せよというのではない。出来るならば新しい謎を取《と》りいれるとは無論望ましいけれど、たとえ使い古された謎を使用しても、その構成、表現に、文学として優れていたならば、十分存在価値があり、新しい個人力の出現に随って、探偵小説は永遠に成長し得るものだという見方である（無論、ここでは、謎の文学としてのいわゆる本格探偵小説のみについていっているのだが）。

又、こういうことも考えられる、従来の優れた探偵小説の中にも、よく吟味すれば、この意味で「謎」やトリックを超越しているものが、少なからずあるのではないか。我々はそれらの作品について、謎と謎以外の（あるいは以上の）要素とをゴッチャにして、漫然と讃美していた場合が、案外多いのではないか。例えば、ドイル以来の代表的な作家達にすら、前人使用ずみのトリックの重出を、少なからず指摘する事が出来るのだが、それにもかかわらず、その作品がやっぱり読者を引きつけるのは何故であるか。もし「謎」が第一のものであるならば、トリックの重出は、その探偵小説を全く無価値にするはずではないか。

私は更に、この考えを裏書きするために、もっとも適切な一例をあげることが出来る。それは探偵小説をクロス・ワードに比したヴァン・ダインその人の諸作である。彼の作品にはほとんど例外なく、幾つかの大きなトリックを含んでいるのだが、それらは大部分前人によって使用ずみのものである（このことについて、私はかつて感想を書いたことがある）。それにもかかわらず、彼の作品が十分読者を引きつけるのはなぜであるか。私が思うのに、彼の探偵小説が優れている所以は謎そのものにあるのではないからだ。探偵小説に対する並々ならぬ心酔と、いやしくもせぬ態度と、学者的な教養と、そして、あのペダンティックな饒舌さえもが、つまり彼の表現力そのものが、「謎」以外の要素として、謎の重出を忘れさせる程も、非常に大きく働いているからだ。もし彼の作品からそれ等の要素を取去ったならば、ほとんど残る所がないのではないか。

私は無論、本来の探偵小説が「謎」の文学であることを否定しようとするものではない。ただ「謎」であると同時に、「謎」以上に文学であることを要求するのだ。その上、探偵小説を行詰らせるものが、上述の如く「謎」の要素にあるとするならば、なおさら謎にのみこだわることを止めて、謎そのものの新しさ古さにかかわりなく、十分情熱を打込み得るが如き、あるいは存在を主張し得るが如き「文学」に向って精進すべきではないか。

一般に探偵小説と呼ばれている所のものが、斯様な「謎」の文学以外にも、広い分野を持つことはいうまでもない。そして、私はそれらの凡てにほとんど差別なく関心を有するものであるが、ここにはただ、本来の探偵小説だけについて所感を述べるにとどめた。

（「東京朝日新聞」一九三三・五・二十一～二十三）

トリックの重要性

私は今から十四、五年以前「トリックを超越して」「謎以上のものを」などという評論を書いて、一方においては未開拓の心理的謎、心理的トリックの方向へ進むべき事を、又一方においては前人使用ずみの物質的トリックをその作家の個性のままに再使用しながら、それに他の文学的要素のころもを着せることによって探偵小説の将来を開拓すべき旨を提唱したことがある。この後者、すなわち文学的要素の重視という点については考え方が全く変ったというわけではないが、現在ではむしろ逆にトリックの重要性を強調したいような気持になって来ている。それには次のような理由がある。

その一つはその後十数年間の経験によって「トリックの行詰り」ということは必ずしも絶対的でないことを悟り得たからである。当時目に触れた外国人の探偵小説論などには「トリックの行詰り」ということが盛んに云われていた。トリックはほとんど考案しつくされ、もう新らしいトリックなんか残っていないという考え方である。私自身も探偵小説の筋を考える場合この事を痛感していたし、当時最も問題となっていたヴァン・ダインの諸作も、重要なトリックはほとんど前人使用ずみのものばかりで、彼の魅力はトリックよりもその教養と文体とにあることが感じられた、というようなことが重なって、私は労して功なき新トリックの案出に苦悶するよりも、トリックは使用ずみのものでも差支ないから、その扱い方、全体としての文学的手法に新味を出すことに努力すべきだと考えたのである。ところが、そんな風にトリックにあきらめをつけてしまったのは少々早計であったことが段々分って来た。

ヴァン・ダイン以後日本に輸入せられた諸傑作は文学的に優れているというよりは、やはりトリックなり筋の組立て方なりに独創のあるものであった。フィルポッツ然り、クロフツ然り、バアナビイ・ロス然り、その他ブッシュ、スカーレット（既訳「白魔」ではなくて未訳「エンジェル家の殺人」〔一九五一年、『三角館の恐怖』として乱歩が翻案〕）、コール（「百万長者の死」）など深く印象に残っている作品は、多かれ少なかれトリックにおいて独創のあるものであった。最近読んだものではカーの諸作がそうであるし、ウールリッチ（アイリッシュ）の「幻の女」もある意味ではそうだし、旧人クリスティの新作「そして、みんな居なくなったとさ」の如きも、傑作か否かは別として、彼女がいかにトリックにおいて新味を出そうと努力しているかの好例証となる作品である（クリスティのこの作はルネ・クレール監督で映画化されたという）。すなわちこれらの実例によって、行き詰ったと見られるトリックにもまだ独創の可能性が十分あると感じたのが理由の一つである。

理由の第二はこれも多年の読書経験から来ているのだが、謎とその解決を主眼とする本来の探偵小説においては、他の如何なる文学上の条件よりも（但し文章未熟にして小説の体を為していないような作は論外である。ここではそういう初等教科書的なことを云っているのではない）トリックに大きな独創があるか否かによって、引いては全体の筋の考え深さ如何によって、その価値が定まるということを強く感じているからである。これは初読の直後にはそれほど感じられない。他の色々な要素にぼかされ、トリックの貧弱なもの、筋の余り考え抜かれていないものでも感心することがあるけれども、時がたつにつれて、そういう附加物の記憶が薄れて中心トリックだけが頭に残り、その作品を思い出す時には直ちにトリックや筋の独創的な部分だけが浮かんで来るようになる。そして、世界のベスト・テンを撰ぶような際には、やはりそういう印象の深いものが先に来る（私の経験では、これにはたった一つの例外があるばかりである。それはシムノンの二、三の作品。これについては後に触れる）。

現在のところ私の長篇探偵小説のベスト・テンは大体次の順序になっている。フィルポッツ「赤毛のレドメイン一家」、ルルウ「黄色の部屋」、ヴァン・ダイン「僧正殺人事件」、ロス「Yの悲劇」、ベントリー「トレント最後の事件」。クリスティー「アクロイド殺し」、カー「帽子蒐集狂事件」、ミルン「赤い家の怪事件」、クロフツ「樽」、コール「百万長者の死」、これらの作はいずれも文学としては純文学に敵し得べくもないけれども、筋とトリックの独創においてはいかなる他の文学分野にも類例のない、探偵小説としての高度の作品ばかりである。そして、この私のベスト・テンは必ずしも突飛な選択ではなく、往年の「新青年」の十傑投票の総和やクイーンの「ミステリ・リーグ」の読者投票の結果などと大して変っているわけではない。すなわち十目《じゅうもく》の見るところである。右の内カーとコールの作は既往のベスト・テンのいずれにも入っていないけれど、これは私としてもごく最近挿入したもので、その選択標準は他の諸作と何等相違していないのである。

【註】このベスト・テンにはポー、ドイル、その他の古典は入れなかった。近代の長篇と古典作品ではややその性質を異にしているからである。又ドイル、チェスタトン、ベイリー等短篇作家のものも入っていない。長篇と短篇とを同日に談ずることはむつかしいし、又現代探偵小説の主流は長篇にあるからである。ではシムノンはどうなるのか。右の十篇よりもシムノンの「モンパルナスの夜」(原名「男の頭」)は遥かに優れているではないかという考え方があると思う。しかし厳密に云うと「モンパルナスの夜」は右の十篇と同日に論じ得ない作風である。最も分り易い云い方をすれば、まず第一に「モンパルナス」は謎とその解決という探偵小説本来の興味から少しはずれている。力点がそういう所に置かれていない。次に、こういう味を楽しもうと思えば、何も窮屈らしく探偵小説の畑を探し廻らなくても、他の文学分野に「モンパルナス」なんか足元にも及

ばぬような優れた作がいくらもある（一例ドストエフスキー「罪と罰」）のに反し、右の十篇の如き謎とその解決に力点を置かれた作は他の文学分野に類例がないのである。私といえども単に一つの小説としては「モンパルナス」を右の十篇よりも高く買うものであるが、探偵小説のベスト・テンを撰ぶ場合は、やはりこれは別格として「表」の外側（張出しの位置）に置きたいのである。ルブランの「８１３」の如きも私は別の意味で、即ち探偵味の非常に濃厚な通俗冒険小説の最傑作として、同様「表」の外側に置くものである（但しこれは厳密にベスト・テンを撰ぶ場合のみのことで、漠然と探偵的文学の好悪《こうお》をいう場合には、シムノンもルブランもこんなに区別して考えているわけではない）。

アメリカでは近来ハメット、チャンドラア（この人の文体は私は相当高く買っているが）などを代表者とするいわゆるハード・ボイルド派が有力で、ある場合には本来の探偵小説から逸脱して奇妙な方向を取りつつあり、私は探偵小説の主流がこういうものになっては困ると考えているのだが、これとは少し違った意味で、日本探偵小説界の従来の傾向についても、私自身の迎合的駄作の羞恥とは別に、一種の不満を感じているものである。謎とトリックと筋の独創、ベスト・テン級の独創というものは、一作家の生涯に一度か二度しか生み出せないものであろうし、独創の程度を多少下げて考えても、職業作家ともなれば、到底そういう考え抜いたものばかりは書いていられないのであるから、トリックや筋はともかくとして、他の文学的要素で優れたものを目標とすることは決して悪くはないし、作家の性格によっては、むしろそういう方向に力むべきであるが、しかし探偵小説の理想がそこにあるかの如き議論が行われるのは考えものである。探偵小説本来の興味はどうでもいい、他の点で優れていればよいという考え方そのものが、論理的におかしいのである。

アメリカでハード・ボイルドが有力だといっても、本来の探偵小説は厳として存在しているのに反して、日本の場合は、短篇作品に多少そういうものが生れているばかりで、長篇では皆無に近いのである。しかも世界の探偵小説界は前大戦以降長篇時代に入っていて、短篇は従属的地位しか与えられていない。実際問題としても一、二の例外を除いては、現にドイル、チェスタトンを凌駕するが如き短篇探偵小説はほとんど見当らないのである。本来の探偵小説の立場からすれば、日本探偵小説界は第一次大戦前期のまま取残され、その上あらぬ方向に逸脱しつつあったというのが公正な見方ではないかと思う。

【註】しかし、これについては日本と欧米との出版界の事情の相違を考慮しなければならぬ。欧米においては書きおろし長篇の単行本出版のみによって十分作家の生活が保証されているのに反し、日本では、少くとも従来は、新聞雑誌に執筆しないでは生活が困難であった。単行本も一度新聞雑誌に掲載せられたものでなくては却って出版がむつかしいという実情であった。従って長篇はほとんど連載物に限られ、連載という形式が作

品を歪める為に、一冊の本としては統一のないものとなる場合が多かった。又新聞雑誌から連載長篇を依頼される作家は極めて限られた人々、限られた場合のみであって、多くは短篇の乱作によって生活を営むほかなく、考え抜いた長篇を書く機会に恵まれなかったということが、日本探偵小説界の、というよりは広く一般文学界の、質量ある傑作をはばむ最も大きな隘路《あいろ》であったと云っていい。しかし、戦後の出版界の実情を眺めると、一時的現象にもせよ、単行本出版による生活保証ということが必ずしも不可能でない傾向を帯び来《きた》っている。又出版者の中には欧米を模して、半年一年後の長篇作品に対して予約金の支払い（作家の生活保証）を申出るものも現われつつある現状である。この際作家も出版者も、この一時的現象を常道化する為、大いに努力すべきではないかと思う。

しかし、そういう物質上のことはともかく、我々は世界の長篇探偵小説時代に伍して、我々の長篇探偵小説を生まなければならない。作家の性格に従って文学第一、リアリズム第一、ユーモア第一等々を目ざすのは無論結構であるが、そういうヴァライティは大いに望ましいのであるが、まず何よりも探偵小説を書かなくてはいけない。本来の探偵小説を（上記のベスト・テンに選ばれた種類の作風を）黙殺してしまって、最初からあらぬ方向を目ざすのは、探偵小説というジャンルを自から無視することでしかない。探偵作家であるからには一応は本来の探偵小説にも努力し、傑作を生むことに力をいたすべきであろう。たとえ力をいたさずとも、少くとも探偵小説の本質がそこにあることだけは承認すべきである。

日本の探偵作家中には未だかつて一度も本来の探偵小説を書こうとしなかった人も一二ならず存在するが、大多数はその初期において一応は探偵小説を書いている。書いたけれどもそれに飽き足りなくて、他の方向に逸脱したという例が、私自身をも含めて、非常に多いのである。しかし、これは早計ではなかったか。英米の、殊に第一次大戦後の長篇探偵小説をもう少し研究すべきではなかったか。英米の作家達は老年期に至るまで、一生涯を探偵小説のみに終始している人々が非常に多いという実例に刮目《かつもく》すべきではなかったか。

戦後本誌や「宝石」誌上で横溝正史君が本来の探偵小説を目ざして精進しているのは目ざましいが、この傾向を一般的におし拡げたい。それぞれの持味によって一応英米のベスト・テンと相競うが如き作品を示して貰いたい。それは世界的な立場において探偵小説を書くということである。そして又、探偵小説ほどコスモポリタンな文学はないからである。私も老驁《ろうど》に鞭打ってこの線に添いたいと考えている。（〔昭和〕二一・七・一五）

（「ロック」一九四六・十）

一人の芭蕉の問題

木々高太郎君の「新泉録」に対しなるべく無遠慮な感想を書けといって雑誌ロックの山崎君が「新泉録」の原稿を見せてくれた。山崎君の内心は私達の間に活発な論争を期待している模様であったが、木々君の考えと私の考えとは故甲賀三郎君と木々君と程は相違していないので、論争にはならないかもしれない。しかし多少意見の相違がないでもないから、少しく私の感想を書いて見ようと思う。

最も直截にいうと木々説は探偵小説本来のものすなわち謎や論理の興味がいかに優れていても、独創があっても、それが文学でなければ意味がないというのに対し、私の考えは、無論文学を排撃するものではないが、いかに文学として優れていても、謎と論理の興味においで水準を抜いていなければ、探偵小説としてはつまらないというのであって、同じことを違った角度からいっているようにも見えるけれど、文学と探偵興味とが両者の最高において渾然として一体となることが至難の道であるが故に、現実の問題としては、両者の考えに相当の距離を生じて来るのである。木々君は文学第一主義、私は探偵小説第一主義、これが渾然一体化するのが理想であるが、その理想実現がほとんど不可能に近いほど困難なところに問題が生ずるのである。

私は以前から、一つの理想論としては、心中ひそかにその至難を危ぶみながらも、木々説に賛意を表して来た。往年の随筆「探偵小説の意欲」「探偵小説と科学精神」などはこれを語るものである。私は木々君に劣らず文学が好きである。しかし遥かなる理想としては探偵小説文学論に賛意を表しながらも、実際問題としては、私は一応普通文学と探偵小説とを分けて考えている。人生の機微に触れんとする時には探偵小説にこれを求めないで、普通文学に親しむ。探偵小説に求むる所のものは普通文学に求め得ない所のものである。これを仮に謎と論理の興味と名づける。探偵小説に求むる所は謎と論理の興味であって、人生の諸相そのものではない。探偵小説にも人生がなくてはならない。しかしそれは謎と論理の興味を妨げない範囲においてである。

普通文学の手法をできる限り取入れることは望ましい。しかしそれは「文学味ある探偵小説」を極限とし、それ以上に、即ちただの文学にまで抜け出すことは、私の考えでは至難の業である。ただの文学となった時、探偵小説はもはやかげをひそめてしまうからである。私はまだ探偵小説の探偵小説らしさを愛する。この「らしさ」を失ったただの文学を、私は探偵小説と呼称する必要を認めないのである。それはもはや探偵小説というジャンルが消滅することである。ただの文学にまで抜け切って、しかも探偵小説と呼び得るものがもし生れたならば、それは最も困難な理想が為しとげられたことであるが、私の現在の想像力をもってしては、そういう作品を脳裏に描くことができない。至難中の至難事である。

木々君はトリックの創案が先ではない、そういうトリックを生む人間及人間相互の関係を創造することが先であるという。その意味が動機の必然性の重視にとどまるならば少しも異議はない。しかし、ここにも限度がある。文字通りトリックを第二とし、人間及人間相互の関係のみを重視してその必然を追って行く時は、そういう作中人物はもはや作者の意のままには動かなくなるのが自然であるから、果してそこから探偵小説的トリックが生れて来るかどうかは疑問である。トリックなどは生れないでもっと違ったもの、あるいは探偵小説としては不満足なトリックしか生れて来ないこともあると思う。人間そのものを先にする場合これは当然の成行きである。そこから生れるものは、もし作者があくまで文学的に正直であるならば、せいぜい幾らか探偵味のある普通文学である。「カラマーゾフの兄弟」は仮にこれを探偵小説として評価する時、そんなに程度の高いものではない。探偵小説本来の興味はおのずから別個のものである。

実際問題としても、内外の探偵作家がトリックと推理のある本来の探偵小説を書く場合、まず人間を創造しその人間の必然を追って行って、ごく自然にトリックが生れて来るのではない。そうではなくて、まずトリックを創案して、そのトリックにふさわしき（可能なる限りにおいて必然性ある）人間関係を生み出すという順序を採っていると思う。文学上のリアルとは逆であるが、そこに探偵小説の宿命がある。この宿命を無視してリアリズム文学の常道を進むならば、そこから生れて来るものは探偵小説ではない。

繰返していうが、私は文学を排撃するものではない。探偵小説本来のものを第一とし、それを害《そこな》わざる限りにおいて文学を取入れよというのである。ここにヴァン・ダインない し甲賀三郎説との相違がある。しかし更にその限度を越して文学第一の木々説までには到っていないのである。その可能性を全く否定するものではない。ただ至難を感ずることがより深いのである。

私は日本の探偵小説は全体として探偵的興味よりも文学味において勝っていると考える。傑作集などを編纂しながら、英米の短篇探偵小説集と比べて、文学味ではこちらの方がやや高いなと感じることがしばしばである。無論その文学は第一流のものではない。比較上の話である。これに反して日本の作品には探偵小説本来の論理的興味は極めて希薄である。三、五十枚の短篇ではこれも止むを得ないと思うが、では長篇にその興味の濃厚なものがあるかというと、それは更に甚しく乏しいのである。

私は戦争中から戦後にかけて、英米の著名の長篇を従来になく多量に読んだが、読めば読むほど、日本の探偵小説は世界の主流とはひどくかけ離れていることを、段々強く感じて来た。我々はかつて英米の探偵小説に刺戟を受け、当初はそういう方向を目ざして出発したのであるが、まだ本来の探偵小説を卒業しない前に、いつの間にか傍道《わきみち》にそれてしまっていたのではないか。日本の探偵小説に今必要なものは文学論ではなくて（それはある程度持っているのだから）かえって探偵小説論ではないか。そして、今一度本街道に立戻り、本来の探偵小説、ことに長篇探偵小説において、英米の傑作と肩を並べ、あるいはそれを凌駕するがごとき作品を生まなければならない。私は終戦後探偵小説復興の機運を見た時、この事を最も強く感じていたのである。

英米探偵小説の傑作といえども純粋文学の観点よりすれば決して第一流のものではない。しかし最高の文学でないからといって、私はこれを無視しないのである。無視しないばかりか、これを重要視し、日本の探偵小説がその本来の興味において英米傑作の水準に達していないことを残念に思うのである。今後我々は好むと好まざるとにかかわらず、従来よりも一層世界人の立場に立たなければならない。探偵小説もその例外ではない。これを世界的観点から批判し育成しなければならない。そういう意味からも、日本の探偵小説は全体としては世界の本道に立帰ることが望ましいのである。

以上は現実当面の問題であるが、目を遥かなる水平線の彼方に馳せ、遠き理想を語る場合には、またおのずから別個の感想がある。

私は昭和十一年頃の随筆「探偵小説の意欲」の中に、「一口にいえばそれは割り切れるものと割り切れないもの、科学精神と芸術精神とをいかにして有機的に化合せしめんかとの苦悩である。探偵小説は割り切れる世界のものであるとして英米探偵小説の旧道に安住するのはたやすい。またその常識論理のマンネリズムにあきたらずして、探偵小説そのものを捨て去り、別の割り切れぬものの世界へ踏み込んで行くのも難しいことではない。だが、そのいずれにも満足しない心、そして両者融合の新世界に憧れる貪慾、ここに探偵小説の根本的な苦悩がある」と書いている。これは永遠の夢であるかも知れない。夢は夢なるが故に尊いのかも知れない。流石の文学論者木々高太郎君も過去の業績においては、まだこの夢を実現してはいない。第一流の文学であってしかも探偵小説独自の興味をも失望させないもの。実に実に至難の道である。しかしながら私はそれの可能性を全く否定するものではない。革命的天才児の出現を絶望するものではない。もし探偵小説界に一人の芭蕉の出ずるあらんか、あらゆる文学をしりえに、探偵小説が最高至上の王座につくこと、必ずしも不可能ではないからである。

和歌の卑俗滑稽なるものから分脈発生した俳諧は、もともと市井《しせい》俗人の弄《あそ》びにすぎなかった。〔松永〕貞徳、〔西山〕宗因の先輩は概ね平俗なる洒落《しゃれ》と滑稽に終始していた。古俳諧には謎々、語呂合せの分子すら多分に含まれていた。しかし芭蕉の個人力は、貴族歌人嘲笑のもとにあったこの俗談平語の俳諧を、悲壮なる気魄と全身全霊をかけての苦闘によって、ついに最高至上の芸術とし、哲学としたのである。

ここに歴史上の事実がある。革命の先例がある。探偵小説を至上の芸術たらしめる道はあたかもこの芭蕉の道のほかのものではない。常識の予想し得ざるもの。百年に一人の天才児が生涯の血と涙をもって切り開く人跡未到の国。ああ、探偵小説の芭蕉たるものは誰《た》ぞ。好漢木々高太郎果して芭蕉の惨苦を悩むの気魄ありや否や。

（「ロック」一九四七・二）

「本陣殺人事件」を読む

横溝君の「本陣殺人事件」が完結したので、最初から通読して色々感想があった。これは戦後最初の推理長篇小説というだけではなく、横溝君としても処女作以来はじめての純推理ものであり、また日本探偵小説界でも二、三の例外的作品を除いて、ほとんど最初の英米風論理的小説であり、傑作か否かはしばらく別とするも、そういう意味で大いに問題とすべき劃期《かっき》的作品である。そこで、私はこれを我々の間にはじめて提示せられた一つの標本として、従来のこういう場合に比べてはやや詳細に、「本陣」そのものの批判だけではなく多少探偵小説一般論にも触れながら、これを検討して見たいと思うのである。

横溝君には過去に「真珠郎」「呪いの塔」などの長篇探偵小説があるけれども、いずれも論理小説とは称し得ないものであった。英米のそれとはどこか違った味のものであった。横溝君は読書家としては一種の推理小説マニアであって、広く英米推理小説に通暁し、かつて「探偵小説」編集長としては同誌に「トレント最後の事件」「矢の家」「赤屋敷」等の最傑作を次々と掲載した事実のみをもってしても、彼の推理小説観賞眼を察し得るのであるが、それにもかかわらず、自作としてはそういう英米風の理屈っぽい長篇を一つも書いていない。私はこれを不思議に思っていた。あるいは観賞家としてはこれを愛するけれども、作家としては性格として論理一点張りの小説は好まない、もしくは書きこなし得ないのではないかとすら考えていた。例示すれば、「真珠郎」は別の意味では非常に面白いのであるが、論理の部分にははなはだ物足りないものがあり、この人はこういう風にしか書けない作家かも知れぬと考えていたわけである。ところが、戦争が横溝君の嗜好を一変せしめたのか、終戦以来彼は本格ものばかりを書くと宣言し、その最初の見本として「本陣」を完成した。そして、これこそは「トレント」「矢の家」「赤屋敷」などと同じ性格を持つ純粋の推理長篇小説であって、私は彼が論理の文学においてもまた一個練達の士であることを認めざるを得なかったのである。

これを批判するに当っては、最初に作者のために弁じておかなければならない事がある。それは、この作は相当の意気込みをもって書かれてはいるが、作者の全能力を傾注したものとはいえない点である。大筋はあらかじめできていたに違いないけれども、執筆はやはり月々の締切りに追われていたように思う。これは論理小説の正しい書き方ではない。全部書き終ってから、さらに初中終の矛盾を訂正し、性格描写その他足らざるを補い、しかる後発表するというのが本来の道である。「本陣」はこの手続きを踏んでいないために、しか完結の後、作者自身にも慊《あきた》りない個所がいろいろできているのではないかと想像する。全力傾注と称し得ないゆえんである。

この小説の美点を一言に尽せば、論理の網の目が細かい所まで行届き、極めて巧みに組立てられていて、少しもごまかしがないことである。また小説の興味の凡てが論理の組立てに懸っていて、装飾らしい装飾がほとんどないことである。私はかつてクリスティーの作風（スタイルズ、アクロイド等）を装飾皆無の探偵小説といったことがあるが、「本陣」の作風はそういう意味でクリスティーに似ていると思う。「アクロイド」の主人公の姉さんのゴシップ蒐集家的性格、「本陣」の琴の神秘性や三本指の男の点出などは装飾の意味を持たないではないが、しかしこれらは論理の骨組みに必要不可欠の要素の一つであって、単なる装飾のための装飾ではない。例えばその最も極端なものはセイヤーズの筋に無関係な饒舌、それについでヴァン・ダインの美学哲学に関する饒舌、クロフツの旅行と風景描写などは、私のいわゆる装飾の適例であるが、たとえ骨組に必然の関係を持っているものでも、「赤毛」「トレント」の恋愛描写、カーの超自然的怪奇描写などは、それ自身論理以外の魅力となっている意味で、やはり一種の装飾効果をあげている。ところがクリスティーの「スタイルズ」などにはそういうものが全く感じられない。作中人物の性格は描かれていても、性格のための性格ではなくて、論理のための性格である。これこそヴァン・ダインの探偵小説論の理想とするところの、純粋に論理の美観のみによって存在を主張する作風といえる。「本陣」はそういう点でクリスティーの作風に似ている。横溝君はこの事を意識して、論理に必要不可欠のもののみを残し、他の装飾分子は（そういう装飾的饒舌の性格が彼には多分にあるにもかかわらず）これを惜しみなく切捨てたのではないかと想像する。全体を後日の聴書きという体裁にしたのも、一切の無駄を省いて論理の骨組みだけを読者に示す意図から出ている。これは小説の分量を適当な長さに圧縮する必要からと、もう一つは装飾過多の作風にして、しかも純推理小説を崩さないだけの用意が（あるいは余裕が）作者にできていなかったという二つの理由から来ているように忖度される。

クリスティーは英米の読者に歓迎されるようには日本では歓迎されていない。探偵小説を謎解き小説として愛する人、例えば坂口安吾氏のごときはクリスティーを極愛するが、謎解きだけでは満足しない人々は、クリスティーを好まない。故小栗虫太郎君のごときは、クリスティー嫌いで有名であった。「本陣」の好悪についても同じことがいえるのではないかと思う。もっとも「本陣」はこれを装飾過多にすればカーの作風に近づく性格を持っている。琴や三本指の男などをもっと怪奇のための怪奇として扱い、超自然的雰囲気を濃厚にすればカーになったと思うが、これらの素材にカーの諸作ほどの魅力がなく、それに深入りしては結局従来の横溝マンネリズムに陥るおそれがあるので、わざとあっさり取扱ったのではないかと想像する。

純日本式雰囲気において「密室殺人」を描こうとした作者の意図は十分成功しているし、

この点は大いに買うべきである。田舎の旧家の建物とその中に住む人々のそれぞれに特徴ある性格、旧家の格式体面ということ、古風な結婚式、神秘なる琴の音、金屏風、琴爪、琴柱《ことじ》、琴糸、銘刀、水車（この水車の音は作者が断るまでもなく、小説のはじめから絶えず聞えていた）、論理の骨組とその背景、人物、トリックのメカニズムに至るまでことごとく純日本的素材によって組立てられている点は見事であった。

トリックにも独創があり、この型の「密室殺人」は横溝君の創意といっていい。作中にも断ってあるように、この着想はドイルの「ソア橋事件」（その源はグロース「予審判事必携」の実例、ヴァン・ダイン「グリーン家殺人事件」にもこれが使用されている）から来ているが、それを密室と結びつけたところに作者の創意がある。また、犯人が密室から抜け出したと見せかけて、実はそうでなく、抜け出したのは兇器のみであり、真犯人は室内に止まって自殺したというこの型は従来誰も使用していない。「自殺」という解決は読者の予期せざるところでアンフェアだという意見があるかも知れないが、決してそうではない。自殺とはいえその前に他殺が行われており、それを隠すためのトリックも自殺者の計画によって行われたのであるから、これは「密室殺人」の一つの変形として充分成立つ。読者がこの形式の可能性を見落していたとすれば、それは作者の罪ではなくて読者の罪である。

トリックに関係のある小道具の使い方もはなはだ巧みである。この巧みさは西洋に例を求めればスカーレットの「エンジェル家」などに似ている。種々様々の小道具が大トリックを中心として必然の網の目に組立てられ見事にそれぞれの役目を果している所、小道具遣いの名手といっていい。琴爪と三本指の偶然の一致を巧みに取入れた点、猫の墓と手首の隠し場所、血の指紋と丹塗《にぬ》りの柱の保護色、琴柱をトリック・メカニズムの支点に用いた点、凡て小道具遣いの心憎き巧みさを示すものである。

筋の運び方、描写の手法もこういう形式の小説としては申分なく行届いている。真相発覚に至るまでの経路も最善の順序で描かれている。発覚後の解説もほとんど申分がない。論理嫌いの読者にはあの部分がくどくどしく感じられるかもしれないが、私などはあの長い解説にこよなき楽しみを覚える。一枚々々皮をはぐように疑問が氷解し、論理の辻褄が合って行くところ、作者の腕の冴えをまのあたりにして、ヤンヤと褒め立てたい快感を覚える。この頃読んでいるもので、この結末の論理の最も鮮かなのはカーの諸作であるが、横溝君のそれはカーに匹敵する巧みさを持っている。

以上はこの小説の長所について私の感じたところを列挙したのであるが、そういう多くの長所があるにもかかわらず、またこの作風は私の唱道する所のポー、ドイル直系の本来の推理小説の典型的な形体を備えているにもかかわらず、私はこの小説の読後、無条件に喝采を送ることができなかった。よくできてはいるが、欧米の傑作に比べては何かしら大いに物足りない所があった。「赤毛」や「Ｙ」や「アクロイド」やカーの傑《すぐ》れた作などとはまだ相当の距離があるように感じられた。この感じは一体どこから来るのであろうか。それを、今私の気付いた限りにおいて解剖して見たいと思う。

この何かしら物足りないという不足感には大小様々のものがあるが、まずその小さなものからはじめると、兇器を屋外に運ぶトリック・メカニズムが一読直ちには納得できない点である。水車、琴糸、琴柱、石燈籠《いしどうろう》、節《ふし》抜《ぬ》き竹などの道具は、純日本的で面白くはあるけれども、そのメカニズムが複雑すぎるために、読者をして「そんなにうまい具合に行くものか」と感じさせる点にある。琴糸をほどけぬように結ぶことはなかなかむずかしいように思われるが、それを何本も何本もつなぎ合せて、長い道中の途中で解ける心配はないのか。一応固定した支点の琴柱が飛ぶ代りに背の高い石燈籠（背は高いはずである）の方が倒れるようなことはないのか。解け易く結んだ刀が欄間に引っかかった時には解けないで、ちょうど石燈籠のところでうまく解けるようにできるものかどうか。その時にも石燈籠が倒れるおそれはないのか。それから水車の軸がちょうどこのメカニズムに適合するような角度を持っていたかどうか。水車は川のこちら側にないと、この仕掛けはいよいよむつかしくなるが、こちら側にある場合はまた水車小屋が非常な障害物になりはしないか。などという細かい疑問が百出し、そんなうまい具合に行くものかという結論になる。これは一つにトリック・メカニズムの複雑性に基因し、そういう複雑なメカニズムを必要としたところにこのトリックの弱点がある。しかしこれは致命傷ではない。そういう難点はいろいろな細かい細工によって必ずしも征服できないものではなく、読者としては作者がそんな細々《こまごま》した説明を省略したものと善意に解して読み進むことができるからである。

それよりも、このトリックについての不満は、作者も断っているように、トリックが機械的に過ぎる点である。英米推理小説の実例を見ても、機械的トリックを使用した作品は決して第一流のものではない。横溝君は無論それを知っている。知りながらなおかつこれを用いたのは、こういうものも一度は書いて見ようという作者の道楽気であって、すでにして最上のものを目ざしてはいなかったこととなる。しかもその機械トリックがあのように複雑を極めていた為に、この弱点は一層目立って来たのである。

次のやはり余り大きくない欠点は、主人公がメカニズムの予行演習に三本指の死体を使ったという点である。あの際実物の死体を使う必要は少しもなかった。メカニズムが肉体に刺った刀を引き抜く力があるかどうかをためす為には、琴糸の緊張して行く時に、ただ指で刀身を強くつまんでおれば充分目的を達する事であって、わざわざ死体を座敷に持込み、実際に刀を刺して見るというような手数のかかる実験は必要がなかったと思う。死体であっても刀を刺せば少量の血は流れるかも知れないし、恐らく泥まみれの死体が、床《とこ》盃《さかずき》を目前に控えた座敷を汚さないではすまなかったであろう。そのあと仕末だけでも非常な面倒ではないか。

さて段々大きい不満に及ぶのであるが、次に主人公の弟が予行演習を見て兄の脅迫に会い、進んで兄の殺人と自殺を幇助するに至る心理がはなはだ不可解である。弟がいかに変質者で倫理的不感症に陥っているとしても、単なる殺人幇助なれば兎も角、実の兄の自殺を面白半分に助けるという心理は、よほどの説明がなくては理解できない。彼が保険金ほしさにこの好機を利用して兄を見殺しにするほどの悪党であったとすれば、不自然はなくなるけれども、この小説では弟の性格は決してそういう風に描かれていない。彼の動機の最も大きなものは探偵小説マニアの遊戯に過ぎなかった。

これは単なる変質者とのみでは納得できない心理である。小説はあらゆる可能性を追及して差支ない。しかしながら、作者はそれが可能であるがごとくに表現する義務を負わされていることを忘れてはならない。

弟の心理にそういう不自然が感じられる源泉は兄の心理にある。犯罪動機に心理的必然性が欠けているという点にある。兄の企図が誰が考えても必ずしも尤《もっと》も至極であり、そのほかに手段がないようなものであれば、弟がこれを幇助することも不自然ではないからである。では、主人公は殺人と自殺のほかに、全く手段がなかったかというに、決してそうは考えられない。汚れた女を妻にすることはできぬ、さればとて結婚を中止することは周囲に対する自尊心が許さない。この矛盾を解決するためには、決して自殺を選ぶ必要はなかった。いろいろの方法があるであろうが、一例を示せば、新婚の妻を名ばかりの妻として外見をとりつくろうこともできたはずである。妻もまた自《おの》れの過去を償うためには、そういう待遇に甘んじ、名ばかりの妻の役目を演じ得たに相違ない。そして幾年かの後、他の名目によって離婚すれば、主人公の自尊心はほとんど傷つけられなくてすんだのではないか。主人公の潔癖と孤独と自尊心と短気で怒り易い性格は説明されている。しかし、この異常なる解決策がこれらの性格の組合せから直ちに生れて来るとは考えられない。語られているだけの主人公の性格では、この異常行動に必然性がない。彼はかつて肺を病んだ事はあるけれども、現在は健康であり、まだ末永い学者としての生涯がある。これは彼にとって充分貴重なものであったはずである。そういう貴重なものを単に周囲への自尊心のみから、この汚れた一婦人の為に捨てるというのははなはだ解し難い心理ではないか。また、短気故の一時の激情からでは決してなかった。あれだけの準備とメカニズムの装置はムラ気な一時的感情でできるものではないからである。

しかし、主人公とその新妻との結婚前の恋愛が非常に深いものであって、女が他の男を知っていたことがかかる犯罪（この場合は情死ないし無理心中の性格を持つ）を敢てせしむるほどの心理状態にあったとすれば、肯《うなず》けないではないが、二人の関係はそれほど深くもなく、また主人公はそれほどの恋愛至上主義者としては描かれていないのである。

私は推理小説に最高のリアリティを要求することには躊躇を感じるものである。ポーの作り出した従来の形の探偵小説には、その本質において文学上の真のリアリズムと矛盾するものがある。私は厳密な意味でリアリズムと矛盾せざる推理小説というものをまだ想像することができない。かかる矛盾なき全く新しい推理小説が生れるためには一人の芭蕉を要すると考えている。随って、私の今求めるものは近代文学が唱道する所の最高のリアリティではなくて、犯罪動機等における性格と心理の必然性あるいは蓋然性に過ぎない。それは二千数百年の昔、アリストテレスがギリシア悲劇に対してなしたちょうどあの要求以上のものではないのである。

曰く「詩人は実在可能だが到底信じられない出来事よりも、むしろ実在不可能だが本当にありそうな出来事の方を選ぶべきである」

また曰く「たとえ詩が模倣せんとする実際の人物が矛盾ある人間であって、そして斯様な性格として描かれるのであっても、やはりその矛盾が矛盾なく描かれなければならぬ」

また曰く「万一詩人が非蓋然的な筋を描き、そして、人をして作者はその筋をもっと蓋然的な形式に書けば書けたであろうにと、明かに思わせるならば、その作者は芸術上の過失のみならず背理の罪を負うものである。」（こういう引用をしたのは、ちょうど今アリストテレスの「詩学」を読返していたからでもあるが、しかし単にそれだけではない。探偵小説の一つの弁護論として昔から引用せられるカタルシスの説もこの詩学に出て来るのだし、またそこに論ぜられているギリシア悲劇そのものが、ある部分において、探偵小説の遥かなる祖先であるかのごとき許多《あまた》の近似性を持っているからである。アリストテレスは決して唐突の引用ではない）

それ故「本陣」の作者は読者をしてそういう非蓋然性を感じさせないような活路を、主人公の性格に発見しなければならなかったのである。そして、その性格を事後に解説するばかりでなく、事前に充分読者に示しておかなければならなかったのである。トリックの論理にアンフェアがなくても、主人公の心理の説明にアンフェアがあっては、やはりその小説は完全ではない。従来の定説では事前に犯人の性格描写をすることは困難だとされていたが、私は必ずしもそうではないと思う。真のリアリティに及ぶことはできないけれども、性格の蓋然性を示すことは、種あかしに渡らない範囲で充分できるのではないかと考える。事前に物的証拠を提示し得ると同じ意味で、犯人の性格をも提示し得るはずであり、またこれなくしては物質的にのみフェアであっても、心理的にはフェアでないわけである。

今後の推理小説は単なる物質的トリックと物質上の論理にのみ跼蹐《きょくせき》すべきではない。私の夢見るところは性格や心理そのものによるトリックの創造と論理の駆使にあるが、そうでなくても、物質的トリックを中心とする場合も、性格と心理はこれに伴い、これが裏づけとならなければならぬ。我々の力むべきはこれらの部面、即ち動機と性格と心理の蓋然性（といわんよりはむしろ必然性）にある。

次に私は「本陣」の構成について互に相関連する二つのかなり大きな不満を持っている。その第一はこの小説に悪の要素が欠如していること、第二は犯人が事件の当初においてすでに死亡していること。

探偵小説は、ことに長篇のそれはなぜ例外なく殺人事件を取扱うのであるか。それは探偵小説が謂《い》うがごとく単なるパズルの文学ではないからである。謎と推理のみが唯一の条件なれば、殺人や犯罪を素材とする必要は少しもない。それにもかかわらず始祖ポー以来探偵小説には犯罪ことに殺人がつきもののようになっているのはなぜであるか。その理由は、探偵小説の魅力の半ばあるいは半ば以上が、殺人のスリルと、犯罪者の悪念から生れた絶望的な智力と、そして、世人が経験することを極度に怖れながら、しかも下意識においてはかえってその経験を願望しているところの、犯罪者の戦慄すべき孤独感等にあるからである。これらを直写するものは犯罪文学であり、これらを発《あば》く者の側から間接に描くものが探偵小説である。即ち作者も読者も探偵小説とは犯罪小説の裏返しに過ぎないことを予想し期待しているのがポー以来の実情だといってよい。裏返しの犯罪はある場合には正面からのものよりも一層不安であり、一層恐ろしく、それ故に一層魅力を持つことがある。感情の立場からいえば犯罪者の戦慄すべき孤独感、論理の立場からいえば、それ故に生れ来る彼の執拗邪悪なる智力。裏側からである。裏側ではあるがこの要素が充分織込まれていない探偵小説は、実はその魅力の半ばを欠くといっても差支ない。私が「赤毛」に最も心惹かれる理由がここにある。その他傑作と称せらるる推理長篇小説はこの要素を十二分に持っている。

「本陣」の不満はかかる魅力をほとんど欠如していることである。登場人物の何者も真の悪念を持っていない。むしろ善意からの犯罪といってもよく、その意味でこの小説は従来の探偵小説の型を破っている。そして、これを一つの新味といえばいい得るけれども、たとえ作者がことさら「悪」のない探偵小説を意図したとしても、やはり上述の探偵小説本来の性格に反し、その意図は成功しているとはいえないのである。

第二の、犯人が事前に存在を失っているという点は、これと相関連して更に大きな物足りなさの理由を為している。探偵小説の面白さの半ばは犯人と探偵との暗黙の智的闘争にある。犯人が死んでしまっていても、その最後の悪念と智力が（「本陣」の場合は智力のみであるが）事件の解決までは生きて残っていて、探偵はこれと闘争をつづけるわけではあるけれども、最後に至って、残っていたのは架空の智力のみであって、その本体たる犯人は事前にこの世を去っており、探偵はいわば独角力《ひとりずもう》を取っていたという事が分っては、読者は一種の物足りなさを禁じ得ないのである。犯人が何者かは分らないけれども、絶えず文章の背後に存在し、探偵の行動を眺め、探偵の推理が真相に近づくに従って、紙背においてこれを焦慮し、恐怖し、できるならばこれを妨げんとして、暗黙の智的闘争をなすのでなくては、長篇探偵小説の真の面白さは、生じて来ないのではないか。ベスト・テン級の西洋探偵小説はいずれもこの点をおろそかにしてはいない。「赤毛」の恐ろしさのごときは専ら紙背における犯人の悪念と智力から来ているといってよい。但し「トレント」と「Y」は例外である。前者の犯人は事前に死亡し、後者の犯人には真の悪念と智的闘争がない。しかしながら「トレント」には犯人対探偵の闘争に代る恋愛闘争がある。しかもその恋愛の相手が終幕の近くまで犯人の幇助者に擬せられているのだから、これは充分代理を勤め得る魅力である。「Y」は子供が犯人であって普通の意味の悪念と智力は実在せず、当の筋書作者は事前に死亡しているのではあるけれども、あの筋書の下意識的悪念と実行者たる少年の組合せに比類なき独創があり、その魅力が犯人非実在の不満を補って余りがある。

「本陣」の場合も犯罪幇助者たる弟は最後まで存命しているけれども、この弟は単なる幇助者であって、真犯人のごとく紙背において恐怖し焦慮し闘争することがなく、彼の存在によって犯人に代るべき魅力を生み出《い》だすには至っていないのである。

解剖と称するにははなはだ大ざっぱであったが、これが現在までに私の念頭に浮かんだ「本陣」読後感である。目標をベスト・テン級の英米作品に置いたので、やや注文が多すぎたかと思うが、これらの様々の不満にもかかわらず「本陣」はその論理的手法の巧みさにおいて、正系推理小説の骨法を征服したものである。我々はこの方向に疲れてはいけない。この方向を早計に見捨てることなく執拗に進まなければいけない。そうすればやがて山頂の絶景に達する日も遠くないであろう。

「本陣」と同じ日に、私はイタリー作家デリッコの原作という「悪魔を見た処女」の邦訳（未來社小型叢書本）を読んだ。イタリー探偵小説というものを少しも知らなかったので、はなはだ珍らしく感じたが、この作は舞台もフランス、登場人物もフランス人、味はシムノンに酷似して写実的手法に優れたスッキリとした作風である。トリックは単純ではあるが極めて巧みであり、意外性もあり、探偵の推理もないではないが、英米風の論理的興味は希薄である。その代りに雰囲気が非常によく出ていて、シムノンやハーリヒのスクールに属するかなり優れた探偵小説である。

こういう作風と見比べると「本陣」のような正系推理小説は何となくゴツゴツして、理屈っぽくて、作りものの感じが目立つのを免れない。世の本格嫌いはそこが嫌いなのである。しかし論理興味を推理小説の本道と考える私は、いかにスッキリしていても、あるいは文学的に優れていても、やはりこのイタリー探偵小説では物足りない。論理小説に作りものの感じが目立つとすれば、それはまだ作者の力が足りないのである。我々は論理の正道を捨てることなく、しかもこれらの難点を征服して行かなければならない。そこに正系推理小説を志すものの荊棘《けいきょく》の道がある。(二二、一、八)

(「宝石」一九四七・二、三[合併号])

創意の限度について

編集当番の山田〔風太郎〕君から「本格探偵小説は初期の作品ほど優れていて、作家が年をとるに従って駄目になる傾向があるというが、それは本当だろうか。もし本当だとすると、われわれ探偵作家を志した若いものにとっては、一大事である。これについてあなたの考えを聞かせてくれ」という原稿依頼を受けた。いかにも一大事の問題であるが、私の考えは悲観論に傾いているので、「鬼」の雑誌には書きにくいと陳じたら、内輪の鬼雑誌だからこそ、ありていに申述べよということであった。

文学には「創意」の部面と「練達」ないし「悟入」の部面とがあると思うが、本格探偵小説の「謎の提出とその解き方の面白さ」というものは、主として「創意」の部面に繋っている。科学で云えば「史的研究」や「集大成」の部面よりも「発明」「発見」の部面に属する。世間には生涯に何十という特許をとるような発明家もいるけれど、そのうち真に優れた発明は全くないか、あっても一つか二つにすぎない。一般に大発明は生涯に一度のものである。探偵小説の謎とその解き方の創意もこれに似ているのではないか。西洋の過去に属する作家の生涯の作品を見ると、大体この考えに一致していることがわかる。

まず昔の短篇時代で云えば、ポーは専門作家とは云えないから例外だけれども、三ないし五作しか書いていない。少いだけに、いずれも優れている。最後の「盗まれた手紙」が最上作とされているが、これは作が少なかったから、通則の逆になっているにすぎない。ドイルは最初の短篇集「ホームズの冒険」に秀作が最も多く、後の短篇集になるほど落ちることは周知の通りである。第二集「思い出」で打切ろうとして、ホームズを殺してしまったのは、作家自身が謎の創意の限度を知ったからであろう。にもかかわらず、読者と雑誌社の熱意にほだされて（収入のことも考慮に入れて）ホームズを無理に活きかえらせ、あとの三集までつづけたのである。チェスタトンも同様、最初の一、二冊に秀作が集まり、あとは（謎の創意においては）グッと落ちていること、いつか「幻影城通信」の短篇回顧に書いた通りである（「英米の短編探偵小説回顧」。「続・幻影城」所収）。

長篇時代に移って、ヴァン・ダインは「長篇探偵小説は生涯に六篇を限度とする」と唱えたほどで、彼の作品もそれを裏書きしている。「ベンスン」「カナリヤ」は熱意はあるが、いまだ習作、「グリーン」「僧正」で最高潮に達し、それからは下り坂、後半期の諸作はガタ落ちになっている。クロフツの最優作は処女作の「樽」であり、フィルポッツの最優作は第二作の「赤毛」であり、両者とも後になるほど創意と、従って情熱が衰えている（クロフツの「クロイドン」は後年の秀作だけれど、これは倒叙もので、謎の創意に主眼が置かれていない）。

クイーンとカーは持久力の強い方ではあったが、いずれも処女作から十年以内に最も優れた作を生んでいる。クイーンは大体「スペイン岬」までで、そのあとは謎の創意が衰えているが、「スペイン岬」は一九三五年だから、処女作から六年後にすぎない。ロス名義の「X」「Y」「Z」もこれより早く書かれている。一九四二年の「カラミティー・タウン〔災厄の町〕」以後は謎一点張りでなく、別の味がつけ加わって来たけれども、謎とその解き方の「創意」はやはり薄くなっている。カーはクイーンよりも息が長く、いまだに謎第一の作風をつづけているが、カーもディクソンの方も、処女作から十年間に、めぼしい作の大部分を書いてしまっている。十三年目の一九四二年に「皇帝の嗅煙草入」のような秀作が生れたのは異例というべきであろう。

フランスのルブランも最優作「８１３」「奇巌城」などはごく初期の作に属し、後年はガタ落ちになっていること、ヴァン・ダインによく似ている。ルルウも最初の作「黄色の部屋」以外は本格ものとしては読むに足るものがない。

専門でないために、探偵小説は生涯に一作ないし二、三作しか書かなかった人の作品で、ベストテン級に入っているものが数篇ある。ザングウィルの「ビッグ・ボウ」、ベントリーの「トレント最後」、メーソンの「矢の家」、ミルンの「赤い家」、ノックスの「陸橋」

などである。ただ一、二作をものしただけで、百年間のベストテンに入るというのは、大したことだが、それほどのものを書きながら、これらの作家があとをつづけていないという事実は、純探偵小説に於ける「創意」の限度が極度に小さいことを語っているとも見られなくはない。

一般に文学を職業とするということが、もともと無理な話なのである。一年一作或いは二、三年に一作でやって行ける作家はまだしも、毎月数篇の短篇を書かなくてはやって行けず、又、多く書くことが見栄になっているという現状は、実にふしぎなわけのものである。普通文学でもそうなのだが、探偵小説には一層この感が深い。謎とその解き方の創意だけを目ざして、殊に短篇国の日本で、職業探偵作家をつづけることは、良心的に云えば至難の道である。短篇国においては、作家はその作品の十中七、八は所謂広義の探偵小説を書くべきであり、雑誌編集者もその心構えをすべきであろう。短篇国の短篇雑誌では、作家のためにも、雑誌自身のためにも、本格万能は禁物である。

そこで山田君の設問に帰ると、純探偵小説の謎の「創意」は初期に出つくしてしまうのが原則であり、それのみを職業とすることは無理で、純探偵小説は、生涯に数作を書けば足りるというのが純粋な考え方だと思う。しかし、文学を職業とすることが、厳密には既に不純なのだから、その不純をもう少しおしひろめて行けば、世間というものはふしぎなもので、そこにおのずから妥協の道もあり、便法もある。現に、後半はガタ落ちのルブランでも、ヴァン・ダインでも、出版社はヤイノヤイノと責めたてて、死ぬまで筆を擱《お》かせなかった。収入の点ではガタ落ち以後の方が、かえって多かったかも知れない。一応ある水準以上の作家的地位を築いておけば、生涯の職業としても別に困りはしないのである。それよりも、純粋な気持で、作家自身がこれに満足しうるか否かの方に、もっと問題がある。

それには、結局、広義の探偵小説に移行して、その方面に自尊心を持って行くほかはあるまい。つまり、限度のある謎の「創意」を第二として、主力を限度のない「練達」と「悟入」の部面に注ぐのである。それでは本来の探偵小説味は弱くなるし、所謂「鬼」的読者はこれを甚だ不満とするであろうが、個々の作家自身の立場としては、このほかに道はないように思われる。考えて見ると、純探偵小説は、特殊の才能ある普通小説の作家が、生涯に二、三度或いは五、六度書いて見るというのが、最も無理のない行き方なのかも知れない。その方が却って探偵小説という特別の文学を、純粋に保ちうる道なのかも知れない。

（「鬼」一九五二・三）

探偵小説の特殊性への執着

中島河太郎君は最近の二、三の評論で、いわゆる本格探偵小説はトリックにおいて行き詰まったし、本格物の性格としてトリックに重点が置かれるため、雰囲気や人物の性格が活写されず、文学的批判に耐え得ないものが多く、そういうものはすたれて、もっと普通文学に近い形式のものが栄えるであろう。ここに探偵小説の「革命」を期待すべきだというような説を発表していた。

日本では探偵小説発生の初期から、「鬼」以外の大多数の作家やインテリ読者によって、こういう説が唱えられていた。中島君がその評論の一つに引用した、今から三十年前の萩原朔太郎氏の「本格嫌い、変格好き」の所説も、その一つに外ならなかった。

英米では、これと異り、一九三〇年代の半ばごろまでは、ポー、ドイル、クリスティー、ヴァン・ダイン系統の作風を探偵小説の本流と考え、批評の対象となるものもそれらの作品ばかりであったが、ここ二十数年来、探偵小説の範囲を広く考える意味で、昔の日本と似た傾向を示して来た。ハードボイルド、心理的スリラー、長篇倒叙探偵小説などに、優れた作家と作品が続出し、一方本格派は旧態依然の感じだものだから、クイーン、カーは過去の探偵小説の二人の殿将であって、新らしい探小は別のものになっているという意見すら現われるに至った。

中島君が「革命」説を唱えるに至った動機には、この世界的傾向も一つの要因をなしていると思うが、中島君としては、もっとほかの理由があったと想像される。

中島君は、大正の一時期に日本文学の主流となった反自然主義のテーマ小説、中にもポーやワイルドの影響を多分に受けた谷崎潤一郎、芥川龍之介、佐藤春夫諸家の或る時期の作風は、文壇においては、それきりで打ち絶え、その傾向の作風が探偵小説壇に継承されているのだという持論を持っているが、この傾向の作風に重点を置くとすれば、やはりそれは本来の探偵小説ではないのであって、中島君に、謎解き小説よりも、この傾向のものを重視する性格があり、それが同君の「革命」説に結びつくのではないかと考えられる。

もう一つは、中島君は日本作家の作品に悉く目を通しているので、その多読の結論として、やはりトリックばかりに重点を置いたものよりも、文学味のある作風の方が感銘度が深いことを痛感し、いつとなくその方へ同君の嗜好が傾いて来たのではないかと思う。

ヴァン・ダインの如き巨人が、突如として現われればよいのである。そして、その可能性なしと断定は出来ないのである。物質トリックの組合せでもよろしい。心理的トリックでもよろしい。現在のわれわれには想像も出来ないような純探小的創意ならばなお結構である。それを巨人の強烈なる個性をもって処理するならば、本来の探偵小説の興味を捨てない「革命」も可能だと思う。世界のどの国から現われるかわからないが、いずれにしても、そういう巨人の出現が探小の行き詰まりを打開し得ることを、私は信じている。

私は普通小説がつまらなくて、探偵小説を愛好した。そういう愛好者として、探小が普通文学に溶け込み、その個性を失うような意味の「革命」を甘受することは出来ない。それは私の意味での探偵小説の「滅亡」であり、その時、私の愛好心は、そういう非個性探偵小説とは絶縁して、「郷愁」の世界にのみとじこもることになるであろう。(昭和三十年十一月)

(「推理小説論叢」一九五五・十一)

トリックについて

私はかつて推理小説を定義して、「推理小説とは主として犯罪に関する難解な謎が論理的に徐々に解かれて行く経路の面白さを主眼とする文学である」と書いたことがあり、今日でも純推理小説に関する限り、この定義は正しいと考えている。

しかし、英米では、このような謎と論理の推理小説が全盛だったのは、今から三十年ぐらい前までで、その後はだんだん他の傾向のミステリ小説が多くなり、その方に優れた作が続出したので、謎と論理だけの純推理小説は、現在では主流ではなくなっている。それでも、イギリスにはまだ純推理小説を書く作家がたくさんいるが、アメリカの批評家は、これを古風なイギリス的作風と称して軽蔑している（実はけなしながらも、懐しんでいるようなところもあるのだが）。

日本はどうかというと、論理的な純推理小説は、昔から余り栄えなかった。私なども純推理小説よりも怪奇小説の方を多く書いているし、他の作家もそれぞれ純推理小説でないものを書き、いわゆる変格派と呼ばれる人が多かった。戦前、純推理小説を固執したのは甲賀三郎と浜尾四郎ぐらいのものであった。

戦後は横溝正史、角田喜久雄、高木彬光などが純推理小説の長篇を書き、英米の黄金時代に似た一時期を画したが、現在ではまた、謎と論理に眼目を置く作風はだんだん出なくなっている。他の傾向のものが主流となっている。

英米でも日本でも、期せずしてこういう新しい方向をとるようになった理由は、いろいろあるが、その最も大きな理由の一つにトリックの行きづまりということがある。

冒頭に定義を示した純推理小説は斬新なトリックというものに大きな比重がかかっている。その中心となるべきトリックのあらゆる形が、各国の作家によって使いつくされ、今日では新しいトリックを創案することが極度に困難になってきた。したがって、そんな苦労をするよりも、他の要素の導入によって、これを補うという傾向となり、英米でも日本でも、推理興味もむろん含まれてはいるが、それよりも普通文学の要素が多分に取り入れられ、推理小説という特殊のジャンルを曖昧にするような方向をとっている。

もう一つは、トリックというのは、つまり手品であって、種を割ってみれば、実にあっけない、子供らしいものだから、そういうトリックにあきたらないという理由もある。したがって、トリックはごく自然なもののほかは余り使わないようにして、それを他の文学的要素で補うということになるのである。

私自身はトリックのある純推理小説に強い執着をもっている。そういう特殊性のゆえにこそ愛したという気持が、今も残っている。しかし、好むと好まざるとにかかわらず、世界のミステリ小説の大勢は、普通小説に少しばかりの「謎と論理」を加えたという形のものに変ってきた。したがって文学的水準は高まっている。英米ではこういう新傾向の作風をサスペンス小説と呼ぶ場合が多い。

そういうわけだから、トリックを語ることは、新時代の目から見れば、過去を語ることにすぎないが、しかし、私はチェスタトン一人を思い出すだけでも、トリックに愛想をつかす気にはなれないのである。トリックというのは、考え方によっては、一種のパラドックスなのだが、チェスタトンの作品はパラドックス・トリック小説の粋といっていい。チェスタトンほどの個人力が新しく生まれたならば、トリックの全く別の扱い方を発明しないとも限らないのである。

私は六、七年前の「宝石」に「類別トリック集成」というものを書き、早川書房版の「続幻影城」にも収めたが、それは主として英米の推理小説から、八二〇ほどのトリック例を拾い出し、それを私の流儀で分類したものである。それによると、推理小説発足以来百二十年間に、最もしばしば使われたトリックは、「一人二役」（八二〇例中一三〇例）と「密室殺人」（同じく八三例）の二つであることがわかる。

トリックというものの面白さを解しない人々は、「一人二役」でも「密室」でも、一度読めばたくさんだ。あとはその真似にすぎないじゃないかと、大ざっぱに考えるが、そうではないので、「一人二役」は、私の分類によれば、八種類に大別され、それがまた個々の作品で扱い方が変っているので、非常に多くの新案があるわけである。私の小説には、純推理小説と否とを問わず「一人二役」のトリックを使ったものが大部分である。あいつのトリックは「一人二役」の変形ばかりじゃないかといわれているほどだ。これは「隠れ簔」の変身願望への執着というものにも関係があるのだが、一生「一人二役」を使っても飽きないというほどの異様な魅力がある。英米作品の分類で最高頻度を示しているのも偶然ではない。

「密室」の方も同様で、私の分類では十二種類になっているが、その細分があり、また、それ以外のものも創案されるわけで、無数の可能性がある。純推理小説黄金時代の殿将の一人といわれるジョン・ディクソン・カーは生涯「密室」トリックばかりを案出して飽きなかった。では、この二大トリックのほかに、どういうものがあるのか。私の分類表の大項目だけをしるすと、左のようになる。

【1】犯人または被害者の人間に関するトリック

(A)一人二役(一三〇例)(B)一人二役のほかの意外な犯人(十項目、七三例)

(C)犯人の自己抹殺(四項目、一四例)(D)異様な被害者

【2】犯人が現場に出入りした痕跡についてのトリック

（A）密室トリック（八三例）（B）足跡トリック（一八例）
（C）指紋トリック（五例）
【3】犯行の時間に関するトリック
（A）乗物による時間トリック（九例）（B）時計による時間トリック（八例）（C）音による時間トリック（一九例）（D）天候、季節その他の天然現象利用のトリック
【4】兇器と毒物に関するトリック
（A）兇器トリック（十項目、五八例）（B）毒物トリック（三項目、三八例）
【5】隠し方のトリック
（A）死体の隠し方（四項目、八三例）（B）生きた人間の隠れ方（一二例）
（C）物の隠し方（四項目、三五例）（D）死体および物の替玉（一一例）
【6】その他の各種トリック（二十二項目、九三例）
【7】暗号トリック（六大項目、三七例）
【8】動機のトリック（四大項目、三九例）

これに玄人だけにわかるような簡略な説明を加えたもので百数十枚を要したのだから、詳しく書けば一冊の厚い本の分量になるとおもう。だから、ここには、この分類を解説する余裕はないのだが、読者はこれらの項目を眺めて、御存知のトリックを、それぞれの項にあてはめてごらんになるのも一興であろう。

【6】の「その他の各種トリック」については、少し説明しておく必要がある。これは他の項目のどれにも含められないものを雑然とならべたので、私の集め得た二十二種類のうちの主なものを次にしるす。
★鏡トリック　★錯覚トリック　★早業殺人　★群集の中の殺人　★「赤髪組合」トリック　★「二つの部屋」トリック　★プロバビリティの犯罪　★職業利用の犯罪　★正当防衛トリック　★一事不再理トリック　★犯人自身が自分の犯行を遠方から見ているトリック　★交換殺人（以下略）

これも一々説明するいとまがないが、二、三について書いてみると、「早業殺人」というのは、例えば被害者に強い睡眠剤を与えて、寝室に中から鍵をかけさせておいて、翌朝ドアを叩いても起きないので、騒ぎ出し、ドアを破って多勢で室内に入り、自分は素早くベッドに近づいて、ナイフで喉を切る、そして、ドアを破る直前に犯行があったように見せかけるという種類のものである。

「赤髪組合」というのは、ホームズの短篇の一つで、赤毛の人を高給で雇って、毎日事務所へ通わせ、そのすきに、その人の家の地下から裏側の銀行の金庫室へ地下道を作って、大金を盗むというトリック。その類型がいろいろある。赤髪組合というものが、いわゆるレッド・ヘリング（燻製ニシン、別に「推理をまどわす事物」の意あり）になっているのだ。ついでに書き添えるが、イギリスの犯罪小説家協会のマークは二匹のニシンを組合わせたもので〔実際には二本の短剣〕、その会報の誌名は、「レッド・ヘリングズ」である。「二つの部屋」というのも、ある作家の短篇で、そっくりそのままの部屋または家屋が二つ、ちがった場所にあって、被害者を眠らせておいて、一方から他方に運び、同じ部屋または家と思いこませて目的を達するという種類のトリック。

「プロバビリティの犯罪」というのは、子供のある家庭で、高い階段の上の方に、ビイ玉をころがしておいて、夜中に二階から降りる人物が、それを踏みつけて転落し、大けが、または死亡することを狙うという種類のもの。犯人は絶対に疑われない。失敗したら、また別の方法をくり返せばよいというズルイ犯罪である（日本作品の例、谷崎潤一郎「途上」、私の「赤い部屋」）。

こんなふうに、説明しだすと、前に列記した諸項目にも及ばなければならないことになり、際限がないので、詳しくは私の著書を見ていただくことにして、結論にはいる。

平野謙、荒正人などの「近代文学」の同人諸氏には推理小説好きが多く、坂口安吾、大井広介の諸氏も加わって、戦争中、推理小説の犯人探し遊戯に耽ったことがあり、それが病みつきとなったのだから、これらの人々は純推理小説派である。したがって、トリックも軽視はしない。平野、荒両氏は最近はやや考えが変っているかもしれないが、三つ子の魂で、やはり純推理への郷愁は捨てられないのではないかと思う。

これに反して、その後に起こった文壇作家の推理小説は謎と論理派の加田伶太郎、三浦朱門両氏などを除くと、多くは先にしるしたサスペンス派に近い作風が多い。普通小説に少しばかり論理興味を加えたという形のものである。したがって、論理遊戯に耽らず、トリックの創案などは余り重視しないのである。

では読者の好みはどうかというと、この方面も戦後のアメリカナイズの例外ではなく、ハードボイルドやサスペンス小説を愛する人々が大多数ではあるが（それだけミステリ小説の読者層がふえた）、しかし、一方にはイギリス好みの純推理小説を愛する人々も、アメリカ読書界などに比べては遥かに多いのである。最高のベストセラー作家松本清張の代表的長篇には、やはり謎と論理の要素があり、トリックも無視されていないし、別のベストセラー作家仁木悦子の作品は、すべてトリックのある純推理小説である。

トリックは行きづまったといわれながら、イギリスでも日本でも依然としてトリック小説が行なわれている。もっとも、同じトリック小説でも、それに着せる衣は、作者によって変化してきたことはいうまでもない。そこに進歩も見られるのだが、さらに、一躍して、先にチェスタトンのことを書いたときにほのめかしたような、全く別の角度からのトリックによる、謎と論理の小説が創造されたならば、そういう個人力が現われたならば、……純推理小説の特殊性に執着する私には、いまだにそれを期待する気持が強いのである。

（「随筆サンケイ」一九六〇・九）

資料

探偵小説を語る——対談・横溝正史

乱歩は何故書かぬ?

記者　本日は本格派の御両氏に、大いに探偵小説を語って頂きたいのですが……。
横溝　不眠症はどうなりました?
江戸川　近頃はいくらかいいんだけれど、酒が飲めないんでいけないね。
横溝　あなた、蔵の中を改造してるんですって?
江戸川　改造というほどのことはないが、本が置けなくなったんで、別に物置を造っているんだ。
横溝　ぼくは楽しみにしていた。いよいよあなたが蔵の中へ閉じこもるのかと思ってね（笑声）。
江戸川　そうじゃないよ。
横溝　「新青年」を創刊号から全部読んで、トリックの分析をはじめたそうだけれど、どういうふうにやっているの？

江戸川　あらゆるトリックを系統的にしらべようとしているのです。そういうことまでしなくともいいんだが、小説が書けんから……。カーの「魔棺殺人事件」の中に密室講義というのがあるね。あれは密室トリックだけだが、全体のトリックのああしたものを作って、そしてその隙間を見つけようという、遠大な計画をたてているというわけ。これは小説が書けんから、時間潰しにやっているんだが、それを完成させようとすると、相当労力と時間を要するね。いまその中途にあるけれど、それができたら、それを前において書きはじめようというわけだ（笑声）。

横溝　大変な仕事だ。

江戸川　半ばまですんだが、その副産物みたいなものだが、外国の著名な短篇のトリックを調べようと思ってね、海外の傑作集を読んで統計を作り、訳されているものと、訳されていないものとを調べてみた。一応「新青年」だけでいいから、訳の有無をしりたいと思った。それで、全部調べて、その結果を「幻影城通信」に書こうと思っている。それは、トリック表を作るための前提だね。それを増補してゆくと、完全なトリック表ができるわけだが、これこそぼくの「虎の巻」になるわけだ（笑声）。

横溝　それができたら、じゃんじゃん書くわけか。

江戸川　トリックの隙間が見つかったらばだよ。しかし、そういうことをやっていることが、書けん証拠かもしれん。
横溝　書く意欲が起った証拠だよ。
江戸川　書かなければいけないとは思っているんだ。
横溝　しかし、えらいことをやりはじめたもんだ。いつ頃完成するんです。
江戸川　もう数ヵ月で終ると思うね。
横溝　そうすると、近々には創作に着手することはできないというわけですな。
江戸川　まあ、二、三ヵ月してからでないと、何とも答えられないね。
横溝　「宝石」の読者のいちばん聞きたいのは、武田〔武彦〕君、そこだろう。
記者　全くそうですよ。少年物を書きだしたんだから、大人の物も書かんわけにはゆかぬでしょう。
江戸川　それは運ですよ。昔からぼくは小説なんか運で出てくるもので、努力して出てくるものではないと思っている。運がなければ、いくら無理をしても、いつかの「悪霊」〔未完〕みたいな結果になる。本当に書きたいというときに書かして貰いたい。ぼくらは老人だから、つまり隠居みたいなものだから、そういう態度でいいのじゃないかと思う。若い人はどんどん書いているからね。そのくらいのところでかんべんしてくれないと困るよ。だから書く時期は、いつ書くとか何とかハッキリしたことは言えない。
横溝　あなたは小説を書き出してから、時々休んでしまう時期があるけれど、いまはその何回目です。

江戸川　四、五回目だね。支那事変のはじめ頃昭和十四、五〔一九三九、四〇〕年から書いていないね。その前にも二、三度休んでいるから、三十年間に正味十年ぐらいしか書いていない。

横溝　まるで書いていない（笑声）。

「鬼火」から「本陣」へ

江戸川　自分でもよくこれでやっていけると思ってるよ（笑声）。お互に随分永くやっているね。君はぼくよりも古いんだからね。

横溝　古いったって、大差はないよ。書くことを商売にしたのは、ぼくのほうが新しいけれど。

江戸川　「新青年」の第二巻だから、大正十〔一九二一〕年だよ。西田〔政治〕君は八重野潮路の筆名で大正九年から書いている。

横溝　そうだ。ぼくが大正九年に中学を出て、その翌年だったからね。「新青年」のあの古いところは楽しみだったがね。

江戸川　古い懸賞のところをみると、よく君が書いているんだ。余り書いているんで、「新青年」に載せきれんで「中学世界」にも廻っているんだよ。

横溝　あれ、そんなことがあったかね。

江戸川　そうさ。それから少しあとになって目立っているのは角田喜久雄君だ。毎号毎号必ず投書の中に三編ぐらいはあるよ。角田君が分量では旗頭だね。

横溝　ぼくが投書したのはそんなにないんだがね。

江戸川　とにかく常連だった。その頃、特別大きな懸賞があって、それにも当選している、あれはなかなかよかったよ。

横溝　あれは色盲を扱っているけれど、翻案でもなんでもなしに書いたんだがね。その後、ああした色盲が盛んにトリックに使われだした。あの懸賞に十円貰ったのは、実にうれしかったね。

江戸川　横溝君は四度変っているね。最初は「画室の犯罪」とか「丘の三軒家」とか、ああした形の本格物を書いて、それから「山名耕作の不思議な生活」だとか、ああいう味の物を書いた時代、その次に「鬼火」の時代になって、こんどの「本陣殺人事件」が出て、これで四遍変ったわけだ。

横溝　いまがいちばん自分に合っているという気がする。

江戸川　「鬼火」の時代も好かったね。

横溝　病気してからだね、本当に探偵小説を書こうという気になったのは。

記者　戦後本格派になった動機はどこから来たんです。

横溝　それは戦争中にカーを読んで、ごつごつでなくても、本格物は書けるんだという自信がついたからだね。
江戸川　カーの着想は実に突飛だよ。冒頭に必ず不可能興味を持ってくるね。
横溝　チェスタトンみたいなところがあるね。
江戸川　あれは、あのまま日本人には書けんね。書いたって日本の読者には駄目でしょう。
記者　横溝さんの「びっくり箱殺人事件」は飛びきりのファースで本格物という全く珍しい作品ですね。ぼくは実にあれはいいと思った。
横溝　あれはいまでもやってみたいと思っている。けれど、ああいう作品は向く雑誌と向かぬ雑誌があってね。「宝石」では駄目だね。
記者　そんなことはないですよ。ファースでもロマンでも、結局は骨に本格を、というのが読者の好みだと思うんです。
横溝　ああいうものを書きたいと思いながら、しかし、筆に自信がなくて躊躇している時分、海野十三さんと乾信一郎君が毎日のように愉快な手紙をくれたんだ、それでぼくがほとんど同じ調子で返事をやるんだね。それでこの調子で小説も書いてやれ、とやったわけです。
江戸川　横溝君、君は前にはなぜ本格が嫌いだったんだ。
横溝　窮屈だったからね。本格物というのは、探偵が出て来て、結局こうだああだと、あっちこっちを調べるだけだから、無味乾燥になる。その中にロマンがあるとは気がつかなかったね。
江戸川　クロフツやヴァン・ダインのやってるものは嫌いなんだね。
横溝　ぼくは「獄門島」を書いてみて、ハッキリそれがわかったね。
江戸川　ぼくは「本陣」のほうを買うね。
横溝　むろん、「本陣」には、戦後はじめて書くという熱意はあったが、小説として「獄門島」のほうが完成されていると思うんです。
江戸川　とにかく君の努力は買うよ。

「陰獣」を書いた頃

横溝　はじめてあなたに会ったのは「人間椅子」の頃でしたね。うちへ来て「人間椅子」にしようか、「椅子になった人間の話」という題にしようかということを話し合って、帰りに古道具屋に行って、「この中に人が入れますか」なんてあなたが聞くもんだから、ぼくは恥かしくて逃げ出しちゃった（笑声）。
江戸川　そんなことがあったね。
横溝　「パノラマ島奇談」を貰ったのは、ぼくの編集長時代だったが、あのときはあなた自身も嬉しかったらしいね。

江戸川　何か書かなければならないという責任を感じていたんでね。

横溝　「陰獣」を貰って、それを三つに分けて、その第一回を発表して、ぼくはやめた。

江戸川　あれは二度下書きをした。最初はもっと短かったんだが、それを長くして、清書とあわせて三度書いたわけだね。

横溝　いまの若い人にはその苦労がないね。ぼくも「鬼火」を書いたとき、文章に非常にこったね、それからは案外楽に文章が書けるようになった。

江戸川　「鬼火」は君の最高傑作だよ。

横溝　熱があったからね。

江戸川　話は違うが、森下〔雨村〕さんの時代は、探偵小説研究というような原稿も随分集めたものだ。井上十吉さんなんか実によく読んでおって、作者別に筋書をつけて発表している。あれなんか当時としては大したものだよ。

横溝　あれはよかった。

江戸川　横溝君の編集長時代は短かったね。

横溝　二年ぐらいだったね。

江戸川　森下さんの時代にはナンセンス調をいれない前で、文献なども入れて重厚な味があった。

横溝　あの時代はやれたんだ。未開の曠野だからね。それがやれたんですよ。

江戸川　君が「新青年」にナンセンス調をいれはじめたので、わしは諦めたよ。

横溝　ぼくもそのときのことが言いたい。江戸川乱歩はいかにわがままな人間であるかということだ（笑声）。ぼくがモダンをはじめたら、江戸川さんは非常に怒ってね。あなたも、あの頃は心臓が弱かったんだね。怒って、くさって書かなくなった。それからぼくはヒュームの「二輪馬車の秘密」を翻訳してのせたんだけれど、モダンばかりやっていたぼくがヒュームを載せたら、あなたは非常によろこんで、こういうものはいいというんで、手紙を貰ったね。それでぼくはこいつ脈があると思って、あなたの家へ行って「陰獣」を貰って来たんだ。

江戸川　とにかくナンセンスになって、探偵小説時代は過ぎ去ったという気になったんだよ。モダンボーイのナンセンス趣味の前では、生真面目な探偵小説なんて、おかしくてね。

横溝　ある程度ナンセンスも必要だった。とにかく乱歩さんはわがままで「新青年」の隅から隅まで自分の思うようなものにならなければ気にすまん人だからね（笑声）。

海外の新作から

横溝　あなたは戦後外国の探偵小説を盛んに読んでいたけれど、本格はイギリスでも駄目だって言ったね。

江戸川　そうじゃない。やっぱり本格はイギリスに多い。しかし往年の本格黄金時代に比べては甚だ寂しいのだがね。
横溝　いや、イギリスでも本格は駄目だって言ったよ。
江戸川　変ったと言ったんだ。
横溝　それじゃあ、本格は下火というわけでもないんだね。
江戸川　本格は四、五人きりしかいない。あとはスパイ小説とか、スリラーが多いですよ。いままで心理スリラーなんてなかったからね。
横溝　そうですね。しかし、四、五人いればいいじゃないですか。
江戸川　一つはイギリスの出版界が駄目なんだろう、戦後の打撃があるので。結局それはアメリカで売れる作家でないとやっていけないということで、アメリカ式のものが目立っているわけだね。しかし、セイヤーズは評判がいいな。
横溝　アメリカでも？
江戸川　アメリカで評判いいね。
横溝　しかしなにね、結局戦争が終って向うの本を随分読んだけれど、アメリカが沢山出ているね。数は多いが、われわれはハードボイルドの良さは判らないね。
江戸川　それから精神分析物も多い。
横溝　アムネジア〔記憶喪失症〕が大はやりだね。何を読んでもアムネジアが出てくる。
江戸川　向うの評論家などは探偵小説も結局風俗小説になるというんだ。風俗小説じゃっまらないと思う。探偵とか泥棒が出てくる風俗小説。私小説に近いものだね。ぼくはそういうのは面白くないね。

横溝　だいたいアメリカに本格が出来たというのがおかしいじゃないですか。

江戸川　最初に話したように、最近短篇を、たくさん読んで、こういうことを発見した。第一はね、われわれの知らないトリックが相当あるですよ。我々はトリックなんか知りつくして、新しいトリックはもうないと思っているだろう。そうして読んで見ると、我々の知らないトリックが随分あるんだ。だから、トリックは無限にある。心配することはない。そういう感じがしたんだ。それからもう一つ、ドイルの「赤毛組合」やロバート・バーの「健忘症連盟」みたいな、妙な味ね、これはイギリスの新しい長篇本格物の中にもある。ポストゲートの「十二人の審判」では、子供が継母だか乳母だか、自分を監督している女と二人で住んでいて、自分の可愛がっている兎を、その女に殺されてしまう。そうするとその子供が憤慨して、その女を毒殺しようとする。自分達の食物に毒をいれる。ところが女は大人だものだから死なないで、その子供のほうが死んでしまう。つまり、子供が被害者のように見えていて、本当は加害者だったわけだ。それがへんてこな味で書いてあるんですね、無慙なだけのものではないんだ。普通の残酷とも違う、何とも言えない変な味だね。僕の知らなかった味ですよ。そういうのが傑作集で人気のある短篇にも多い。

横溝　面白い味だね。少し残酷だ。

江戸川　一種の残酷さはあるんだけれど、とにかく変な味だよ。ヒュー・ウォルポールという人の「銀仮面」という短篇ですが、これもその一つだね。相当年配のオールドミスのところに浮浪人が訪ねていく。それに飯を食わしてやる。綺麗な青年だから御馳走したり、小遣いをやったりしている。別に恋愛ではない。そのうちに青年がだんだん慣れてきて、そこに下宿してしまう。こっちはよう断わらんのだね。するとまたその青年の親戚というのが、だんだん入りこんでくるんだよ。こっちは独りだろう、二階のひと間へ押しこめられてしまうんだ。小母《おば》さん、小母さんと言って、親切らしく言って、押しこめるという感じを見せないで結局押しこめてしまうんだね。また主婦のほうでも出て行けとは言わないんだ。青年の感じが悪くないからね。そうするとその主婦が病気になるんだ。青年が非常に親切らしく看護するんだが、だんだん飯を喰わせなくなる。下の部屋では同居人たちがダンスなんかして大騒ぎをやっているんだ。とうとう主婦は餓え死にしてしまう。ふてぶてしいんだけれど、ふてぶてしく見えない。これなんか非常にへんな味だろう。そういう味なんだ、ぼくの言うのは……。

横溝　そういうのが多いんですか。

江戸川　チェスタトンにも、こういう味があると言えば言えるね。

横溝　一種の凄みですか。

江戸川　われわれの凄みとは違うけれど。

横溝　読んでいて凄いでしょう。
江戸川　凄いけれど、これは非常に面白いと思ったね。
横溝　戦後の日本でやれそうなことだな。
江戸川　あとで天下にこれほど悪人はないという感じがするね。
横溝　その怖さが本当の怖さだ。いまの日本の同居生活には、それに近い話があると思うね。
江戸川　ノックスという作家も極端な話を書くね。その意味で面白いと思ったのは、医者から不治の病で数ヵ月きり命がないと宣告される。自殺をしようとして、いろいろやってみるが、それも出来ない。それで人に殺して貰うより手がない。どうしたら殺して貰えるだろう。それには人を殺すのがいちばんいい。そうしたら死刑にして貰えるから――。それが殺人の動機なんだ。「動機」という題なんだよ。
横溝　オスカー・ワイルドにもあるね。たしか映画になって来たそうだが――。
　しかし、これは本格ではむずかしいね。だからね、トリックもトリックだけれど、動機でもすぽッと変ったのがあると面白い動機だというんで読者も満足するよ。
江戸川　ぼくがいままでに作ったトリック表で言うと、密室が代表的なトリックだけれど、そのほかでは被害者が犯人だったというのがいちばん多いね。それの変形が無数にあるんだ。探偵が犯人だったというようなのは度々は使えるけれども。

横溝　首をとるというのはたいてい被害者が犯人だね。首をとるとか、顔の相が変っているとかいうやつね。
江戸川　チェスタトンは実にトリッキイだね。そのトリックが又一つ一つ違うんだ。
記者　それを分類するとどうなりますか？
江戸川　密室は別問題としていうと、場所のアリバイ、時間のアリバイ、人間的アリバイと大分けをする。その一つ一つが又こまかく分れる。場所のアリバイというのは物質的な関係ですね。時間というのはその言葉通りだし、人間的というのは、一人二役だとか、探偵即犯人、被害者即犯人とかいうやつ、そういうふうに種類を大ざっぱに三つにわけたんだ。結局探偵小説はアリバイ小説だからね。アリバイの種類によって出来ているんだ。カーの密室講義は実によく出来ていて、あれ以上に考えられないんだ。ところが、最近読んだノックスのものに、カーの書いてないのがあるんだ。邦訳もあるが「密室の行者」という作品で、密室で飢え死する話だ。密室へ鍵をかけておいて飢え死する。御馳走が沢山あるのに飢え死するんだね。ベッドの上にいるんだが、四人の犯人が天窓の外からベッドぐるみ綱で天井の方に引ッぱりあげておくので、飯が喰いたいけれど喰うことが出来ない。遂に腹が減って死んでしまうんだよ。死んでから又ベッドを下へおろしておく。
横溝　妙な話ですね。
江戸川　外国の短篇で人気のある、票の多いやつは、たいてい昔の「新青年」に訳されている。だから、「新青年」を持っていれば、だいたい向うの傑作は読めるわけだ。訳者はさすがに延原〔謙〕君がいちばん多いね。

横溝　彼はいいものを読んでいたんだね。

記者　結局これから大いに現われてほしい探偵小説はどういうものですか。

横溝　変ったものがほしいですね。ライス型、ウールリッチ型……誰もやらんからぼくが一つ一つやっているんだけれど……。

江戸川　「宝石」の百万円コンクールでも、大物が出てほしいね。それに日本には、いい批評家がいないのも困るね。

記者　「宝石」で大いにその方面の人も育てたいと思っています。

横溝　山田風太郎君からぼくは挑戦されているんだ。今年の長篇賞は高木彬光君にとって貰い、短篇賞はぼくが貰う、とね。戦前派を、ノックアウトするそうだよ（笑声）。

記者　大いに「宝石」を舞台にしてやって頂きたいですね。では、お忙しいところを有難うございました。

（一九四九・六・一四　於横溝邸）

（「宝石」一九四九・九、十〔合併号〕／『宝石推理小説傑作選1』いんなあとりっぷ社、一九七四）

トリック分類表

中島河太郎・山村正夫

本格推理小説の真髄は、作中トリックの独創性にある。どんな奇抜な名トリックを思いついても、先例があれば価値を失う。それ故に、実作者がたえず警戒し神経を使わなければならないのは、案出したトリックが、他の作品に類似してはいないかどうかという点である。一般小説の盗用とは別な厳しい制約が、推理小説にはあるのである。

その意味で、江戸川乱歩先生が昭和二十九年「続・幻影城」（早川書房刊）に収録された「類別トリック集成」は、専門の推理作家にとっては、またとない便利な、好個の参考書といってよかった。

しかしそれ以後、もはや十五年の歳月がたち、その間に発表された内外の推理小説の長短篇は、おびただしい数にのぼっている。創案されたトリックも、無数に近い。これらを体系化し分類する仕事は、たしかにもっと早くなされるべきであった。現にひそかにこの難事に着手された方は、何人かあったはずである。それが乱歩先生以後、こうした試みが実現しなかったのは、何といっても膨大な数の作品群のなかから、トリックを抽出するだけでも、短時日では不可能な作業だからにほかならない。

松本清張氏編集の本号〔「推理小説研究」第七号〕では、氏の企画によりその分類表を付録として掲載することになった。

実をいうと、最初は適任者を探すべく交渉を進めたのだが、時間的な都合で執筆をお願いできなかった。そのためやむなく、急遽中島河太郎氏の手を煩わせ、氏の御尽力で私たちがかわりに責を果す仕儀になってしまった。松本氏の要望が強かったのと、これ以上本誌の発行を延引するわけにはいかなくなったせいである。したがってこの分類表は、決して満足なものとはいえない。それどころか、わずかな期間に目を通せる範囲の作品しか渉猟できなかったので、ごく偏頗《へんぱ》なかぎられたものしか採集できなかった。しかもほとんどが国内の作品で、海外の作品まではとても網羅できなかった。

そこでとりあえず、その一部を発表して、いずれ機会を見て、補足した上で完璧を期したいと考えている。

分類は、江戸川先生のトリック集成の類別に準拠した。先生の表に記載のないものは、戦前の作品からも選んだ（外国作家の名作には、重複したものもある）。また作例を明かにすることは、未読の一般読者の興をそぐことにはなるが、あくまで専門作家を対象とし

た研究誌という建前から、分類表の末尾に明示することにした。御了承願えれば幸いである。（山村正夫記）

【第一】犯人（又は被害者）の人間に関するトリック（二二七例）

（A）一人二役（一四例）

（1）犯人が被害者に化ける

場末の映画館の立看板の蔭に、浮浪者の恰好をして倒れている。目撃者は酔っぱらいが寝ていると思いこむが、後で本物の浮浪者の死体が発見されると、最初に目撃したとき既に死体が運ばれていたものと勘違いする。①

（2）共犯者が犯人に化ける

東京にいる姉にかわり、容貌のよく似た妹が名古屋の銀行へ行き、現金を入金する。②

（3）共犯者が被害者に化ける

共犯者は殺人後、被害者に変装。箒形のブラシをひとつまみずつわけて白い軍手の中に押し込み、人間の手に似せたものを作る。口の前に支えて、顔の下半分を隠すと同時に、さも後から強盗に襲われて口をふさがれているように見せかける。その恰好で窓ぎわに上半身をのぞかせて、大声で救いを求める。訪問者を装った犯人は、パトロール中の警官を証人にして、その光景を目撃、アリバイを作る。③

（４）犯人が別な人物に化ける

銀行の近くのアパートに住む犯人が、銀行の現金輸送車から現金を奪う犯罪を計画。あらかじめ、総入歯と虹彩の色を変えたコンタクトレンズ、近眼鏡などで、別な人間に変装して、自室の隣りに部屋を借りる。犯行時、わざと変装姿を人目につくようにしてアパートの部屋に逃げ込み、ベランダの隔壁越しに自室へ戻り、本人にかえって、盗んだ札束はテレビのキャビネットの中に隠す。このため現金強奪犯人が、部屋から消失したごとくに見える。④

（５）被害者が別な人物に化ける

被害者が犯人を殺すつもりで、別な第三者に変装し、人の目につくよう行動するが、それを見破った犯人が、逆に変装姿の被害者を殺してしまう。⑤

（６）犯人がウェイター（給仕）に化ける

高級クラブの晩餐会の席上、柄に真珠のついた魚用のフォークとナイフが、二十四本盗まれる。客は十二人、ウェイターは十五人いた。実は両者の服装が同じ黒の夜会服なのを利用して、給仕の一人を殺し、給仕たちの前では客を装い、客の前では給仕に化ける。そこで本物の給仕が、食べ終った魚料理の銀器を運び去る前に、給仕姿をして何喰わぬ顔で、素早くそれらを片づけ、フォークとナイフを盗んで、上着の胸ポケットに隠す。それからクラブの玄関の携帯品預所では、客のふりをして逃走を図る。⑥

（7）妻が夫に化ける⑦
（8）女が男に化ける
売春婦がゲイボーィに化けて、警察の目を眩ます。⑧
（9）替玉トリック
歌舞伎役者（八代目団十郎）が、名古屋の興行元に別の役者（嵐瑠璃五郎）を連れていかなければならぬ義理がある。しかし瑠璃五郎が承知しないので、旅の途中まで彼になりすまし失踪と見せかける。そののち、あとから追いかけてきた自分は仕方なく一人で名古屋にきたといいわけする。⑨
（10）二人一役および双生児トリック
【イ】妻が赤い革ジャンパー、耳のたれた革帽子、防風眼鏡で夫の姿に変装して、映画館の自転車置場で入れ替り、アリバイを作る。⑩
【ロ】肺結核で一年しかもたない男が、ノイローゼの社長とそっくりなので、社長が療養がてらの海外旅行する船に乗り、社長を殺して船から突き落す。男は社長の身代りとなり、自分の神経では旅行にたえられぬといって下船する。病人なのでほとんど人にあわず、そのうち自然死をまつ。社長の弟が財産のっとりのため、男にどうせ生命がもたぬなら、生きてる間に思うままの生活をさせるともちかけたのである。⑪
【ハ】ホテルの逃げ道のない所で被害者が発見されたので、医務室に連れて行くと、目を離した隙に自室に引返して倒れて絶命している。犯人はまず、被害者を別の部屋に隠しておく。被害者に化けた共犯者は射たれたと電話し、医務室へ連れていかれたあと逃げる。その隙に、犯人が被害者を自室に運び入れる。⑫

【ニ】（被害者の双生児）双生児の姉を持つ映画スターを脅喝するため、マネージャー、医師、村人が共謀の上、北海道の喫茶店にいる姉を東京へ連れていき、富豪の息子とスキャンダルを起させる。そのうち姉の方が邪魔になってきたため、映画スターとの入れ換りをすすめて、妹の自宅へ誘い、毒殺してしまう。ところが妹の方も姉に殺意を抱いていたため、どちらが殺されたかわからなくなる。⑬

（11）一人四役

一人の人物が探偵であり、証人であり、被害者であり、犯人でもあるというもの。⑭

（B）一人二役のほかの意外な犯人トリック（八例）

（1）歴史上の人物が犯人

実在したドイツの著名な宰相が犯人。①

（2）古典的名作の主人公が犯人

源氏物語の登場人物が犯人。②

（3）裁判官が犯人

【イ】孤島に招待された十人の人間が、次々に全員殺されるが、被害者の一人である裁判官が犯人。③

【ロ】スペインの大使が、ロンドンに幽閉されたエリザベス女王の判事を委嘱される。ところが塔内では、他の判事が相ついで殺される。その犯人は、政略上スペイン王から密命を受けた大使だった。④

（4）犯行不能と思われた幼年又は老人が犯人

リュウマチで足が痛み、階段の上り降りも満足にできない老婆が犯人。⑤

（5）物体が犯人

真珠を隠した軽気球の操作を誤って綱索で絞め殺される。⑥

（6）動物が犯人

【イ】鍵のかかった室内から、大粒の真珠をちりばめた腕輪が盗まれるが、次には別な部屋から安物のブローチが盗まれ、高価な指輪の方は手も触れてない。両方の事件とも、現場のテーブルの上には、マッチの燃えさしが残っている。実は犯人が鸚鵡を飼い馴して、マッチをくわえさせると、いきなりテーブルの上に飛びあがって、かわりに宝石をくわえるようにしこんだもの。⑦

【ロ】人体は血清とか血液とか、あるいは動物のからだから抽出した液を注射されると、後でその物質に対して恐しく過敏になり、一週間ほどたってそれと同じものを注射すると、即死する可能性がある。これを応用して、毒性の強いキプロス峰を飼っている医者が、春風邪の予防注射と称して、前に蜂の毒を被害者に注射しておき、後日一匹の蜂に刺させる。⑧

(C)消失トリック(四例)

(1)人間消失

【イ】新郎新婦が船で新婚旅行に出かけることになるが、花嫁は盲目なので、夫に手をひかれて乗船する。ところがいざ船室に入ると、夫は用ができたからといって出て行ったまま戻ってはこない。するとボーイがやってきて、「御主人は、御乗船なさらなかったんですか?」と変なことを訊く。タラップで検札をしていた船員もやってきて、確かに花嫁一人しか乗船しなかったと証言する。夫は実はその一等航海士だったが、ある理由のため花嫁にはそのことを秘密にして、サラリーマンを装っていた。そして乗船まぎわに、船員の服装に着替えて乗りこんだので、船の方では彼のことを同じ乗組員仲間としか思わないから、盲点に入ってしまったのである。①

【ロ】弁護士がホテル内のテーブルで女を待っていると、彼女は前方のトンネル状をなした花すおうの樹の木蔭道から現れる。それと入れ違いに、ウェイトレスが、ナプキンで覆った茶の盆をさげて、トンネル内にひきあげる。女はまもなく「コンパクトを忘れた」といって、同じトンネル内を引き返し、ホテルに戻る。ところがいつまで待っても来ないので、弁護士がトンネルを通ってようすを調べにいくと、向う側にいた客が、

「ウェイトレスが出てくるのは見かけたが、女の姿は見なかった」と否定する。実は女は白服の下にウェイトレスの制服を着こんでいて、弁護士が注意をそらせたすきに、共犯者のウェイトレスをトンネルの途中から逆戻りさせ、彼女が銀盆に残していったカツラやメーキャップの道具で変装し、白服はナプキンでおおった盆のなかに隠して、持ち去ったもの。②

【ハ】偽学生を追跡中の一高生が、校舎のあいだのせまい道の曲り角で、相手を見失う。前方から配属将校が来ながら、怪しい者は見なかったという。実はこの偽学生は、一高生の思想調査に入りこんだ憲兵で、急場の依頼により、配属将校が偽証したもの。③

【ニ】保健所の食品衛生監視員が、数寄屋橋の交叉点で、馴染の女に出合ったところ、彼女はとつぜん消失してしまう。女はアンモニアの瓶の入ったスーツケースをさげていて、その瓶が割れ、臭気があたりに散った。このため臭気に敏感な衛生監視員は、そちらに意識を奪われて、目を女にむけていながら、十秒ほど知覚しなかった。その十秒間のあいだに、女は道を聞くため交番に入ってしまったというもの。④

（D）異様な被害者（三例）

（1）被害者は誰か？のトリック

暴逆なローマ皇帝が腹心の刺客に、謀叛を企む重臣の暗殺を命じる。だが、それを聞いていた下臣には、ターゲットが誰であるかわからない。やがて命令者の皇帝自身が被害者となる。①

（2）心中トリック

【イ】目的の男と女を愛人関係に偽装し、アベックで旅行に出発するところを、第三者に目撃させた上で、別々に九州の香椎海岸へ誘い出して殺害、心中死体に見せかける。

②

【ロ】自殺した姉に、某所から大金がころげ込むことを知った妹夫婦が、死体を辺鄙な山中に運び、別な男を誘い出して殺す。白骨化してから発見させ、心中と思わせるもの。

③

（E）共犯者トリック（七例）

（1）相互に憎み合っている者同志が共犯者

【イ】富豪の女と結婚した男に捨てられて、復讐に燃えた愛人の女が、男の新婚旅行の先々につきまとう。実は富豪の女を殺すため、男と愛人の女は共犯者だったというもの。

①

【ロ】離婚してお互いに嫌悪し合っていると見られていた元夫婦が、実は共犯者であり、計画的にわざとそのように演技していたというもの。②

【ハ】対立している労働組合の委員同志が、共犯関係にあるもの。③

（2）医師が共犯者

【イ】連続殺人の何番目かに、犯人は自らも被害者のごとく装って死に、後で共犯者の医師も殺し、犯人も自殺する。④
【ロ】毒殺と思われた被害者とそれを検死した医者が共犯で、殺人犯から金をゆすり取るため、一芝居打ったというもの。⑤
【ハ】そばに人のいない岩礁の上で男が突如倒れ、みんながかけよると脈搏がとまっている。実は小さな堅いゴムのボールを腋下にはさみ、腕を強くしめつけると血行がとまる。医師は心臓の停止と、海水着の背中に鉤ざきのあることから、鋼鉄製の針様のもので刺し殺されたと偽証。みんなが死体片づけの仕度に行った隙に、死んだはずの男は海中に入って姿をくらませる。⑥

（3）共犯関係の逆転

バラ園の園主夫妻の許に居候になった税務署員が、園主の妻と密通して共謀の上、主人の毒殺を計る。ところが園主の妻は、実は主人と共犯でその男を毒殺するという、意外性のあるトリック。⑦

（4）交換殺人

邪教の神像を求めて多額を出すという信者をめぐって三つの殺人事件が起こる。人妻と財産を入手したい男と、会社の使いこみをした男とが、アリバイを作りあう。⑧

【第二】犯人が現場に出入りした痕跡についてのトリック

（A）密室トリック（三六例）

（1）犯行時、犯人が室内にいなかったもの

【イ】太陽の光を受けた酒入りのガラスの水差しが、レンズの作用をして、壁にかけてあった猟銃の発火点に焦点を作り、弾丸が発射されて密室を構成する。①

【ロ】屋根に登った犯人は、地上四メートルくらいの高さにある八十センチ平方の小さな窓から、岩塩の弾丸を射ちこむ。弾丸は被害者の体内で溶けるから、兇器が見あたらなくなる。②

【ハ】犯人は被害者を街路越しに窓から射殺後、拳銃を投げ込む。ところが偶然にも、床にぶつかったはずみに拳銃が自動発射して、飛び出した第二弾が、ジュータンに焼け焦げを作る。③

【ニ】（機械的トリック）観音開きになった飾戸棚の中段に、モーターと拳銃を固定するための、金属製の爪が装置してあり、また背後の壁には、二本の長い鎖がたれさがった飾時計がかかっている。この鎖の一端の分銅の裏側には、細い絹巻線が取りつけてあり、その先端部の銅線が、裸にむかれている。そして絹巻線の他端は、壁の電源に結びついている。分銅は一杯に引きあげると同時にスイッチが入り、絹巻線にスイッチが流れる。

一方、拳銃を固定した爪の背後には、真鍮の突起物が出ていて、時間がたち、分銅がおりて突起物と接触すると同時に、電流がモーターに流れ、その始動によって拳銃の引金が引かれるというもの。④

【ホ】三人組が共謀した事件で、かれらのうちのAがまず目的の家の召使いに住込み、密室状態の主人の寝室の真上の部屋に、縄を用意して待っている。共謀者のBは、ちょうど主人の部屋の真下の道路で玩具のピストルを射ち、悲鳴をあげてから、ピストルを路上に投げ捨てて走り去る。主人は、ピストルの音と悲鳴とに驚いて、窓から上半身を乗り出して、下を覗く。これを待ちかまえていたAは、輪にした縄を下げて、窓から出ている主人の首にひっかけ、グイと上へひきあげる。主人の体は、窓から出て宙にぶらさがる。その死体を今度は別の窓から、建物の裏側に吊りさげ、地上で待機していたCがこれを受けとると付近の森へ運んで、そのまま木の枝にひっかけて縊死自殺を装わせる。⑤

【へ】船窓のような円窓のある、船室に構造の似た三階の部屋で、被害者は窓から首を突き出したところを、絞殺される。実は犯人は、一階の部屋で編物をしていた足の不自由な老婆で、前もって毛糸を、円窓の鉄の窓枠がはみ出た部分に、一まわり巻きつけて、あまりを外へたらしておく。それから、二分とか五分とかぐらい幅のある紐のようなものを同じ毛糸で編み、たれさがった毛糸の先に、まず二分ぐらいの毛糸の編紐、それから五分ぐらいの編紐という風に順々にくくりつけて、たぐり寄せる。その上で編紐の一本は、一階の窓に固定し、もう一本は水差しの把手の部分に通して、老婆が握っている。庭で起った火事のため、被害者が窓から首を出したところを、老婆は錘《おもり》がわりの水差しを外に投げ、同時に編紐の一端をひっぱる。編紐は窓枠からするっとはずれ、被害者の首がしまる。⑥

【ト】被害者は密閉された部屋で、毒矢に射たれて死んでいる。窓ガラスや扉の鏡板をはずした形跡はなく、金網は通風蓋でおおわれている。実は犯人は、丸い握りのついたドアのノブの心棒の金属が、四角な棒であることに目をつけ、まず外の方の握りのネジをドライバーではずし、心棒ばかりにしてから、細い針金でくくって静かに室内へ落す。そこにできた四角な窓から、半弓《はんきゅう》で細い毒矢を射込んだもの。犯行後は、針金をうまく引っぱって心棒を元通りになおし、ノブをネジで止める。⑦

【チ】梨花槍《りかそう》という、中国の古代武器である特殊な槍を真似て、兇器に用いたもの。この槍は、先端の部分に火薬を装塡した筒がついており、点火するとまず火薬が破裂して閃光を放ち、敵の目をくらませるので、相手が倒れたところを穂先で刺す。これを応用した犯人が、竹槍と短刀、それに花火をつめた紙筒で梨花槍の代用をつくり、窓の鉄格子ごしに被害者を刺殺する。⑧

【リ】ドアの鍵穴に弾丸をつめ、ハンマーで火薬をつめた雷管の部分を殴って、弾丸を発射させる。⑨

【ヌ】水をこす大きなガラス製の濾過装置のある研究室で、老教授が毒殺される。その部屋は、戸口のドアは内部から鍵がかかり、素通しの窓は鉄格子がはまっていて、人間は忍びこめない。実は犯人は、特殊な形のグラスで酒をこぼさないように的めがけて命中させるコタボスという古代ローマのゲームを犯行手段につかい、窓から濾過装置に毒を投げこんだ。⑩

【ル】（エレベーターの殺人）犯人はまず、短剣と丈夫な紐か針金を用意して、四階建の建物の最上階である屋根裏部屋に上り、エレベーターが三階に停止しているときに、紐の一端を竪穴の上部のどこかに結びつけ、他端をエレベーターの天井の空気抜の穴の中へたらしておく。その紐の先に短剣の柄《つか》をしばりつけ、短剣の柄を空気穴からエレベーターの天井の外へ出し、下から格子の鉄棒に、十文字の鍔《つば》がガッチリ当るまで引きしめる。被害者がボタンを押して、エレベーターが下降をはじめると、短剣の柄についた紐がひっぱられ、遂には柄が抜けて、そのいきおいで刃が真下にむかって下落し、手押車に乗った被害者の首に突き刺さる。⑪⑫

【ヲ】医師の犯人は、あらかじめ出血多量により死んだ行きずりの馬喰《ばくろう》の血を保存しておく。それから浴槽内に弱電流を流して被害者を感電死させ、共犯者に用意の血を水を入れる口から流させる。浴槽には、糸で縛った短刀が隠してある。犯人は発見者の一人を装い、共犯者がヒューズを切って、浴室を停電させ暗くすると同時に、被害者の胸に短刀を突き立てる。そこですでに刺殺された死体を、さもそのとき浴槽からひきずり出したように見せかける。⑬

〔他殺を装おう自殺〕

【ワ】(氷片自殺)癌で死期の迫った男が、日ごろ怨みのある相手方に嫌疑をかける目的で、常連になっているトルコ風呂へ行く。男はツララ形をしたするどい氷片を魔法瓶に入れて、蒸し風呂の中へ持ち込み、自分の心臓を突き刺す。氷はすぐに溶けるので、兇器の短剣が見あたらず、相手の男が容疑者になる。⑭

【カ】地方の旧家の庭先にある密室状態の離れ屋で、新婚初夜の夫婦が殺される。実は無理心中で、旧家の近くにある水車小屋を利用した機械的トリック。縄を巻いた水車の軸に、琴糸を巻きつけ、その琴糸を庭の竹藪と楠の木の枝に取りつけた鎌の上をつたわせて離れ屋まで引き、二重に往復させる。そしてその一方を庭の石灯籠の灯入れのあいだを通し、一方は屋根の上に取りつけた柱のあいだを通して、欄間から座敷に導く。二筋の琴糸の先端は、輪にして兇器に結びつける。水車が回転するにしたがい、兇器は欄間を抜けて庭に出、ピンと緊張した瞬間に、鎌の刃で切れて庭に突き刺さり、琴糸は水車の軸に巻きつくという仕組み。⑮

【ヨ】不治の病を宣告された彫刻家が、彼の家にある細身の短剣と同様の細さに竹ベラを削って、アトリエの暖炉の前で胸を突き刺す。そして倒れると同時に、竹ベラを火中へ投げ込む。窓の外には、血を塗った短剣（自殺の前に傷をつけたもの）が捨ててあるので、完全他殺と見誤られてしまう。⑯

［自殺を装おう他殺］

【タ】巨大なギムナジウムの建物の中で、断食苦行をしていた行者が、寝台に横たわったまま餓死する。これが他殺で、行者のかけた生命保険の受取人である四人の弟子が、まず、行者の食物の中に睡眠剤を入れておき、熟睡しているあいだに、先に鉤のついた長い綱を四本用意して屋根に登る。そしてその鉤のある綱を寝台の脚にひっかけて、天井近くまで引きあげ、そのまま吊りさげておいて、立ち去る。行者は目がさめても、高所恐怖症なので飛び降りることができず、餓死してしまう。四人の弟子たちはそれを見届けてから、寝台をもとどおりおろしておく。⑰

【レ】弓に長刀の抜身を矢のかわりにつがえて、刀匠の鍛冶場の、雨戸の隙間から射込む。その後、鍛冶場の小屋の主柱をゆすって、家鳴りと振動を起させ、神棚に祀ってあった刀身のない空の鞘と柄だけの白鞘を被害者のそばに落して、自殺と思わせる。⑱

（2）犯行時、犯人が室内にいたもの

【イ】女Aがガレージの二階にある部屋へ入ってまもなく、悲鳴が聞える。階段の下にいた者が驚いて駈け上ると、ドアに鍵がかかっている。まもなくドアがあいて中に入ると、Aが立ちすくみ、同室の女Bが撲殺されているが、兇器が見あたらず、ほかには犯人らしい人影も見あたらない。実はAが練瓦状のドライアイスを大形のハンドバッグに忍ばせ、被害者を撲殺してから金槌で打ち砕き、赤く燃えさかったストーブに投げこんだもの。(短時間のうちに行なう)①

【ロ】犯人である夫が、赤ペンキをからだに塗って血まみれになったごとく装い、就寝中の妻を刺す。はね起きた妻に向い、侵入した怪しい人間に、自分も襲われたといって欺き、また狙われるといけないから、戸締りをしておくよういい残して、人を呼びに部屋から出ていく。妻はいわれた通り、重傷の身でドアに内部から鍵をかけ、その後絶命する。②

【ハ】ホテルの経営者が三四〇一号室(A)に居住し、秘書が隣室の三四〇二号室(B)に住んでいる。秘書は経営者が毎夜、一定時間以後は外出しないことを知り、自室の鍵にAのルームナンバーを記した鍵札をつけ替え、経営者の部屋のテーブルの上に置いて、第三者に確認させる。その後で、共犯者が秘書からAの鍵を受け取り、経営者を殺害。犯行後、ふたたびもと通りの鍵札をAの鍵につけて、テーブルにもどしておく。③

【ニ】(ドアの鍵のメカニズム)ドアの掛金を上方に押しあげておき、そこへ握っていた雪をぶつけて、ドアを静かに閉める。そして外側から軽くドアを叩くと、いままで掛金を支えていた雪が床に落ち、同時に掛金がおりてしまう。④

【ホ】（窓のメカニズム）押上窓の上段のガラス戸の掛金に、細い銅線を二巻きして、この銅線の一方の端を下段のガラス戸のガラスの欠けた隙間から、外へたらす。犯人は内側から下のガラス戸をあけて外へ出、下の戸を閉めた上で、ガラスの隙間から出ている銅線を、ゆっくり引き出す。それがピンと緊張したときにグッと引けば掛金がかかる。更に強く引くと、巻いてあった銅線がはずれて、隙間の外へ引き出されてしまう。⑤

【へ】暖炉の煙抜けの穴から、翡翠の匂玉のついたタコ糸をたらす。このタコ糸の先に、三重の木綿糸が輪形に取りつけてあり、結び目には絆創膏がはってある。犯行後、その糸の輪をドアの掛金の曲り角にひっかけてから、煙突の上でたぐる。すると留金がゆっくりと起され、垂直まで引き上げられると、受口に飛びこんで閉る。⑥

【ト】英国式の列車の仕切室のある、一等客車内の殺人。各室とも独立した車室で、外側にドアと窓、内側の通路に面して、ドアがそれぞれついている。この一等車の前部から二つ目の仕切室内で射殺事件が起る。通路側のドアは閉されているし、外側は、人間のからだがとうてい一方から他方へとどくわけがなく、ドアの昇降段から次のドアの昇降段へ移ろうにも、途中につかまるものがない。実は犯人は、列車が前の駅で停車したとき、車両と同じ色の絹糸を緩衝器の腕にかけ、外側のドアのハンドルとのあいだを結んでおく。走行後、その紐の先にロープを結びつけ、ひとめぐりするようにひっぱって、緩衝器の腕と外側のドアのハンドルをつなぎ、固く結びつける。犯人が犯行後、窓から外側のドアの昇降段に降り、ピンとはったロープを手すりがわりに移動して、緩衝器に乗り移り、次の駅で消え去る。⑦

【チ】（周囲を高塀で囲まれ、その一画ぜんたいが密室状態にあるもの）塀の下に溝が通っている箇所で、犯人は索〔綱〕に石を結びつけて投げあげ、塀越しに溝に落す。鉤つきの竹竿でその石つきの索をひっぱり出し、外側の切株に結びつける。犯人はそれをつたってよじ登る。⑧

【リ】ドアの鍵穴に内部から布ぎれをつめこみ、合鍵の使用を不可能にして、発見時間を遅らせる。⑨

【ヌ】密室の屋根をジャッキで持ち上げて隙間を作り、そこから犯人が出入りする。⑩

【ル】小別荘内での殺人。雪の上に二筋の足跡があり夢中遊行病の女性に嫌疑がかかる。実は犯人は彼女の靴を手にはめ逆立ちしていった。⑪

（3）犯行時、被害者が室内にいなかったもの

【イ】別な場所で重傷を負った男が背中に上衣をかけて傷痕を隠し、自室へ入って鍵をかけてから絶命する。①

【ロ】犯人は被害者の令嬢を襲うが、拳銃で射たれて負傷し、血まみれの手で壁や扉にさわって逃走する。被害者はある事情のため、犯人のことを秘密にしておくが、その後部屋に鍵をかけてベッドに入ってから悪夢にうなされ、「人殺し」と叫んで夢中で拳銃

を乱射。ベッドから落ちて、テーブルの角でこめかみを打って傷つく。このとき事件が起ったように見えるので、犯人がどうやって部屋から抜け出したかわからなくなる。②

【ハ】重傷を負った被害者が、敵の追撃を恐れるため内部から鍵をかけて死ぬ。③

【ニ】密室状態の浴室内から、美女のバラバラ死体が発見される。それも首と両手両足だけで、スッパリと切断された肝心の胴体が見あたらない。とうぜん誰しもが、殺人現場を浴室内と思いこみ、いかにして密室の中から胴体を運び出したのか？　という点が問題になる。ところがじっさいには、犯人はほかの場所で死体を切断し、首と手足だけを逆に外から運びこんだ。④

【ホ】ある女が殺人を予告されているため、関係者が女の部屋の前の廊下で、二時間おきに見張り番に立つ。それにもかかわらず、一夜が明けると、女は胸を短刀で刺されて殺される。実は被害者に信頼されていた犯人が、ひそかに女を現場の隣りの自室に誘い、窓づたいに引き入れる。そこで殺害して、自分が見張り番にあたったさい、死体を女の部屋へ運びこむ。それから窓を内部から閉め、ドアにも鍵をかけて、あくる朝、他の者と室内に侵入したとき、その鍵をベッドの下から発見したふりをする。⑤

【ヘ】別な場所で殺した死体の四肢を、バラバラに切断して、三段階にわけて室内に搬入するもの。まず胴体は別な死体の入った棺桶に入れて運び、記録机の下に隠す。次に一部を、天井の換気窓から、器具と紐でおろす。そのとき、メスなどの解剖道具や荷札、油紙、新聞紙、麻紐の玉などもおろす。後は鞄に入れて運び込む。つまり互いの条件を相殺して、捜査を混乱させ、解剖室で死体を処理して小包で送り出す作業を行なったかのように見せかける。⑥

【ト】田舎のある旧家に数名の泊り客があり、そのうちの女優がただ一人、離れ屋で寝る。雪の朝、彼女は死体となって発見されるが、離れのまわりは空地で、雪の上には人間や動物の足跡はもちろん、他のいかなる痕跡も残っていない。実は女優は雪の降っているあいだに離れから抜け出し、別な場所で死んだのだが、それを見つけた男が、雪が降りやんでから離れへ運び、そのとき発見者を装った。したがって足跡は、この男のものしかないが、男には歴然たるアリバイがあるので、不可解な密室となる。⑦

【第三】犯行の時間に関するトリック（二二例）

（A）乗物による時間トリック（九例）

（1）列車を利用したもの

【イ】上野駅を出発するとき、信越本線の三一一列車と上越線の七二二九列車は、両線の分岐点である高崎駅までは、同じ一本の編成で、同じ機関車にひっぱられて走る。それでいて、上越経由の方が四時間余り早く長岡駅に到着する。犯人はこれを利用して、見送りの者には信越線の三一一列車に乗りこんだように思わせ、その実、上越回りで長岡へ行って殺人を行なう。①

【ロ】新旧ダイヤの改正により、同名の急行列車でも発車時間にズレがある。しかも乗客に混乱を起させないよう、大幅改正時の長距離列車に限り、切替日の三、四日前から新ダイヤの時間表によって走る。犯人はこの時間の差を利用して、アリバイを作る。②

【ハ】旅客列車の編成表を利用して、犯人が別な人間を容疑者に陥れるトリック。例えば十四両編成の客車の、後尾四両（11号車〜14号車）を途中駅で切り離す列車に、終着駅までの団体客用の臨時客車を一両増結する場合、最後部に一両連結しておいて、11号車以降の車両番号を一つずつずらせる。団体客の臨時客車は、欠番の0号として、10号車と11号車にはさむ。犯人は嫌疑をかけたい男に、この0号車を前から十一番目の11号車と欺して乗せる。彼は11号軍に乗ったと信じこんで、後日アリバイを主張するが、本物の11号車の坐席に坐った乗客は、その者を知らないので、警察の疑いを招く。③

【ニ】急行列車Aに乗りこんだ犯人は、ある人物を利用して、犯行現場近くの線路上に、等身大のマネキン人形を横たえさせる。突発事故として急行列車が臨時停車した隙に飛び降り、次に被害者を昏睡させて、線路上に横たえる。そしてそれを轢断させて、またもや急停車した急行列車Bに乗り替える。④

【ホ】犯人は殺人の前に、東京駅へ行き、超特急〝ひかり号〟の下り列車内の網棚に、現金入りのボストンバッグを載せておく。それを名古屋で待ち受けていた共犯者の妹が回収して、姉に変装して銀行へ行き、入金証明書を貰い、それを入れたボストンバッグを、逆に上り列車の網棚に載せておいて姉に回収させる。〝ひかり号〟は、東京駅の次には、名古屋駅しか停車しないので、乗降客の出入りはない。ボストンバッグを往復させただけで、犯人は名古屋へ旅行していたというアリバイができる。⑤

【ヘ】東海道線では、旅客線と貨物線の線路が別々になっているのは、東京、平塚間で、平塚以西では、一本に合わさる。犯人は女を横浜付近にある貨物線のトンネル上の丘へ、二ノ宮だと偽って車で連れ出し、睡眠薬を飲ませて偽装心中を図る。そして女が眠っているあいだに、二ノ宮まで運ぶ。女は、薬を飲んだとき、一方の線路がトンネルに隠されているため、上り線と下り線あわせて二本しか見ていない。したがって最初から二ノ宮にいたものと思いこみ、犯人のアリバイができる。⑥

(2)飛行機を利用したもの

【イ】大阪から飛行機で福岡へ飛ぶかわりに、逆行していったん大阪から東京へ飛ぶ。東京からはムーンライト便を利用して、福岡へ向う(東京、福岡間の方が便が多い)。板付《いたづけ》の空港から博多までは車で十分、博多から小倉までは電車に乗り、小倉で後から来た急行列車に乗り込み、ふたたび博多で下車して、大阪からさもその列車に乗り込んでいたように見せかける(作中の仮定)。⑦

【ロ】犯人は、一定期間内に何度でも出国できる数次旅券を使い、列車や国内線の飛行機のかわりに、国際線の飛行機で羽田から台北まで飛ぶ。そこから内地にトンボがえりする。⑧

（3）船を利用したもの

犯人は密航希望の被害者を、車に隠して、横浜から外国航路の貨物船に乗せる。船内で殺人を行ない、次に碇泊した四日市港で車とともに下船し、その車で死体を横浜の被害者宅まで運ぶ。死体は横浜で発見されるにもかかわらず、犯人はその間、海上の船内にいたというアリバイが成り立つ。⑨

（B）時計による時間トリック（一例）

女を別荘に誘い、カカオフィーズに相当量の睡眠薬を入れて飲ませる。そうとは知らない女は、一日おいた翌々日に目をさますが、翌日目ざめたように思いこませる。薬を飲んだ日が二十八日だとすると、三十日に覚醒したことになる。犯人はこのダブった一日を利用して別な場所で犯罪を行ない、別荘に戻ってから女に心中を持ちかける。そして今度は普通量の睡眠薬を飲ませ、実際は一日なのに、二日間眠っていたように錯覚させて、日付を調整する（作中の仮定）。①

（C）音による時間トリック（六例）

【イ】ベートーベンの「アンダンテ」のラベルを貼ったレコードに、被害者の悲鳴と「御免なさいね」という声を吹き込んでおき、死後も生きていたごとく見せかける。①

【ロ】被害者の男と声の質のよく似た女の声をテープレコーダーに吹き込み、回転数を変えて男の声を作り、電話で聞かせる。男が死後まだ生きているように見せかけるため。②

【ハ】脚本家で声優でもある犯人が、自宅に電話して手伝いのおばさんにラジオのコードをコンセントに挿入させる。その時刻に「おばさん、ちょっときてくれませんか」という自分のセリフをラジオからきかせてアリバイを証明させる。その間にジュースを用意してスタジオの女優を毒殺する。③

【ニ】ピストル射殺事件を扱ったドラマの銃声が、放送日の何時何分に起るかを知っている犯人が、当日、事務所を出がけに被害者を射殺しておき、外側の窓からリモコン操作のコードをぶらさげておく。それからタクシーで同僚を駅まで迎えに行き、車内で携帯ラジオのイヤホーンを耳にあて、時間を計る。事務所に着くと一足先に車を出て、コードの先のスイッチを入れ、ラジオの銃声を聞かせて消す。これによってアリバイを作る。④

【ホ】鼾《いびき》をかく犬にカルモチンを呑ませて眠る時間を加減し、自分の鼾の代りにその音を証人に聞かせてアリバイとする。⑤

【ヘ】室内で爆竹を鳴して、そこで銃撃の犯行が行なわれたごとく錯覚させる。⑥

（D）フィルムによる時間トリック（二例）

【イ】犯人は、東京のタクシー会社のスナップ写真を撮り、これをAとして、あらかじめコマ数を憶えておく。次に和布刈《めかり》神社（福岡県）の神事の情景をBとするが、予定したこの八コマ分は、キャップをはめて未撮影のままシャッターを切る。犯行後、小倉の旅館において、女中を撮影し、この数コマをCとする。それから第三者がカラーで写した神事のフィルムを入手し、白黒で灼きつけ、自身のカメラのフィルムを巻き戻して、未撮影のBの部分に複写する。①

【ロ】犯行の前日に、小諸の懐古園の写真を三枚撮影して、別に現像しておく。当日は上野駅でアパートの管理人夫婦を撮影、列車に乗ったふりをしてホームを出ると、デパートへおもむいてエレベーター内の殺人を行なう。その足でホテルの一室へ行き、前日の写真を複写。そのフィルムの後へ、銀座のカメラ屋の主人を写したコマをつなぎ、いかにも信州へ旅行して、犯行時に懐古園にいたというアリバイを作る。②

（E）天候、季節、天然現象を利用したもの（一例）

冬期、東京の都内と郊外では、気温が五度〜七度ぐらい違う。この温度差を利用して、凍った小沼に死体をつけ、何日かたってから都内へ運んで発見させる。死体の腐敗現象を誤魔化す。①

（F）人工的作為によるもの（二例）

【イ】被害者をクローム硫酸の池に四、五日間沈めて、腐爛死体に見える程度に肉片を残して引きあげる。その半ば白骨化した死体を麻袋につめ（こうすれば、重さが七分の一ぐらいに減る）、別な山中に運んで、縊死した死体が木の枝から落ちたように偽装する。①

【ロ】直前にある薬を飲ませて殺し、死後強直を早めて、死亡時間を誤認させる。②

（G）その他のアリバイ・トリック（一例）

（別な殺人事件の容疑者になることによって、実際の殺人行為に対するアリバイを作る）

事業上の失敗で窮地に陥った女社長が、彼女を熱愛する男（事業失敗の元となった発明家）に、高知県の室戸岬での心中を持ちかける。そして同じ時間に東京で死ぬといい、ひそかに上京して、彼女に結婚を迫る大株主を殺す。その後高知へ戻り、わざと心中に失敗して彼女だけが助ったように装い、発明家を殺した容疑者になる。だが前もって彼がアメリカにいる妹に遺書を郵送しているので、疑いが晴れる。このため、東京の事件の犯行の際、高知県にいたというアリバイが成り立つ。①

【第四】兇器と毒物に関するトリック（一一三例）

（A）兇器のトリック（一七例）

（1）異様な刃物

【イ】木の枝を大地に弓状にしならせて膝の高さに張り、歩いてきた被害者の足が触れると、兇器の短剣を飛ばすという、罠を応用したもの。その短剣は、手製の細長いヤスリを削ったもので、ツバをつけ、刃に黒く墨が塗ってある。①
【ロ】傷痍軍人の義手が兇器。それで被害者を殺して、動物の爪にやられたごとく見せかける。②
【ハ】金属製のパイプにスプリングを入れ、しゃもじ形に曲った針金がはずれると同時に、スプリングがナイフをはじき出すように仕掛ける。これを防空壕の柱に取りつけ、麻酔剤で一定時間眠らせた猫をおもしにして、防空壕に導き入れた人間を殺す。③
【ニ】密室の中で争論中、突然燭台の灯が消え、一人は十三ヶ所の傷を負って殺されるが、誰も武器をもっていない。室外には四人の召使が固めて出入りした者はない。普通のガラスの刃を用い、食器棚の上にある水を一杯はったガラスの水差しにほうりこんだのである。④

（2）異様な弾丸

【イ】被害者の洋服の背中に、暗中で発光するペンキ状のリンをこっそり塗っておき、遊園地にある恐怖の館と呼ばれるお化屋敷内の通路で射殺する。狙撃不可能な真暗闇のなかでの犯行。⑤
【ロ】サンルームの天井の日覆いに、ダイヤモンド形の破れ目があるのに着目して、タイル張りの台に置いた植木鉢に、装塡した猟銃を置く。照準には、タイルとタイルの合わせ目が、縦横に十字になっているのを利用、陽光が銃口の中心にむかって正確に這っていくように植木台の脚を動かして調節する。また光線がタイル一枚分を移動するのに何分かかるかをあらかじめ計算しておき、アリバイを作る。やがて陽光が、装薬を露出させた部分に落ちると、弾丸が発射される。⑥

【ハ】（赤外線警報器の変形）通路に赤外線を左の壁から右の壁へ噴水を横にとばしたように通しておく。右の壁の中に光電管（赤外線を感ずる真空管様のもの）が秘密に仕掛けてある。人の来ない時は赤外線が光電管に入って電気を起し、ピストルの引金をひっぱろうとするバネを動かさないようにとめてある。ところがもし、この通路を人が通り、赤外線を遮ると、光電管に流れていた電気がとまるから、ピストルを抑えていた力が抜けて即座に発射する。⑦

【ニ】風速により弾丸が流れる誤差をあらかじめ計算しておき、標的から離れた場所にいる人間を、第三者に故意に誤射させる。⑧

【ホ】二人の人間が鍵の掛った書斎に入り、一人は窓を開けて脱け出し、離れた部屋にいるCを射って、また駆け戻って来る。書斎に残った他の一人は、その間、二人の声を使い分け口論しているように思わせ、又、Cを射ったピストルの音をごまかすために、空砲を撃ったりしてアリバイをつくる。⑨

（3）殴打殺人

【イ】虜《とら》われの病人が、手鏡で被害者の位置を確めながら、二階の窓の鉄格子のあいだから、壁の角石を漬物樽用の縄でゆわえて落して殺し、そばの川に落しこむ。⑩

【ロ】乾燥して石のように固くなった海鼠《なまこ》餅で、禿頭の被害者を殺す。血のついた餅は、ぜんざいに入れて煮たり、黄粉《きなこ》にまぶして食べてしまう。⑪

【ハ】港にある自走式ギャングウェイ（渡船橋）が、前部の廊下部分が上下に動き、伸縮自在に設計されており、この可動部分で下を通行する人間を殺す（通路が兇器）。⑫

（4）圧殺

犯人は自家用車を運転して、後続のタクシーの前をわざと遮る。橋の途中まで来たとき、共犯者の女に前を突っ切らせて、とつぜん右に寄り急停車する。タクシーの運転手は、必然的にハンドルを左に切る。ところが、その前方の手摺に、被害者の男が立っている。タクシーはブレーキをかけても間に合わず、被害者の男を轢き殺してしまう（車を兇器に使う）。⑬

（5）絞殺

麻のロープで被害者のからだを、両手とともに運転席の背もたれに縛りつけておく。そして別なロープを首に巻きつけ、一端を後部のドアの内側についている、把手をかねた肘かけに結びつけ、他端は運転席の三角窓から外へのばして、前の車の後部バンパーに結びつける。前車が発車すると、自然に被害者の首が絞る（作中の未遂事件）。⑭

（6）溺死
【イ】犯人は夜釣りと見せかけて、自家用車に三杯の大バケツを積みこんでいき、海水を汲んでくる。それをレストランの大桶に入れてメバルを飼い、そこで被害者を溺死させてから、死体を車で真鶴海岸まで運び、波打ぎわに捨てておく。⑮
【ロ】二階の部屋の窓から大きな花瓶を真下の沼に水音をたてて落し、そのとき被害者を突き落したごとく思わせる。しかし実際はその後、外に出てから阿片をかがせてあった被害者を沼に投げこみ、溺死させる。⑯
（7）ショック死
水をたたえた風呂桶に、眠らせた被害者を入れ、氷を三貫目ほうりこんで心臓麻痺を起させる。その後で死体の入った水風呂を湯に沸かし、事故死のように見せかける。⑰
（B）毒殺トリック（七例）
（1）嚥下《えんげ》毒
【イ】胃薬の錠剤に、錐様の物で穴をあけ、有機燐化合物（農薬）の結晶を入れる。そして普通の砂糖を溶かして飴状にしたもので、その穴を塗りつぶしてしまう。被害者はそれと知らずに、胃薬と思って飲む。①
【ロ】長唄の師匠が、三味線を弾くとき下膊《かはく》のふくらみをなめる癖を利用して三味線の胴に青酸加里を塗っておく。弾手が三味線を弾こうとして、膝にのせ、ねじを締めながら調子を合わせる。この時、胴に塗っておいた毒薬が、右手の下のふくらみへつく。改めて弾こうとして撥《ばち》を持ったまま、右手をふりあげて、ペロリとなめると数秒の後に死ぬ。②

【ハ】飲食物なら微量でも勘づかれるので、岩絵具に水銀毒をまぜて、絵筆をなめる癖のある画家の夫を殺す。③

【ニ】ダイヤモンドに毒を塗って、寝室内の水槽に投げこんでおく。被害者はその水を飲んで死ぬ。④

【ホ】寮の階下に住む犯人が、二階の部屋は水道管が一本であることを知り、まず外へ出て水道の元栓を閉める。次に自室の水道の蛇口をはずして、そこから青酸カリを投入する。その後、蛇口をつけなおし、元栓を開いておく。二階にいる被害者は何も知らずに、自室の水道の蛇口をひねり、毒入りの水を飲んでしまう。⑤

（2）注射毒

【イ】空気注射による殺人。⑥

【ロ】油を注射して殺す。⑦

【第五】人及び物の隠し方トリック（一七例）

（A）死体の隠し方（一一例）

（1）一時的に隠す

【イ】造園師が、植樹用のモッコをかぶせた木の根元に死体を隠し、トラックで運ぶ。その土ごと別な場所へ捨てる。①

【ロ】医学者の犯人が、殺した被害者の首、眼球、脳髄、頭蓋骨という風にバラバラにして、それぞれの標本を研究室に飾る。②

【ハ】魔の森というところへピクニックに出かけた一団が、そのうちの一人を殺し、死体をバラバラにした上、バスケットにつめて持ち帰る。このため、奇怪な消失事件が起る。③

（2）永久に隠す

湖底に沈む水入れ直前のダムの古井戸に死体を隠す。後で浮き上がらないように、石を投げ込む。死体は湖水の水に永遠に隠れてしまう。④

（3）死体移動による欺瞞

【イ】街路と一本の袋小路が、ちょうどT字形に交叉したところがある。袋小路の出口あたりに、巡査の巡回区域の境界線に当る砂置場があり、この右寄りの外燈の下で、やくざの射殺死体が発見される。たまたま街路の左と右（ややひっこんだ場所）の地点から、AB二名の巡査が向い合わせにやってくるが、犯行直後で、街路は完全に見通しがきいたにもかかわらず、犯人の姿を見ていないという奇怪な事件である。実は袋小路の突きあたりのカフェーで、やくざ同志の喧嘩の末に射たれた被害者が、最初は境界線の左手（A巡査の分担区域）の街灯の下まで逃げて倒れたが、A巡査は行き倒れの世話などまっぴらだと思い、男を抱きあげると、B巡査の姿がまだ見えないときに、境界線の右手の街灯の下まで運んでおいた。このため、不可解なことが起ってしまった。⑤
【ロ】被害者を一室に監禁して、餓死させる。死期を早めるため、水を飲ませず、野イチゴやアケビだけをあたえる。瀕死の状態にしてから運び出し、登山者の服装をさせて、山中の崖から突き落とし、道に迷って事故死を遂げたごとく偽装する。⑥
【ハ】犯人はわざと安普請の不法建築を行ない、そのなかで殺人を行なう。共犯者に区役所の建築課監察係へ苦情をいわせる。監察係が注意すると、さっさと撤去して殺人現場を合法的に移動してしまう。⑦
【ニ】大宮市内に住む犯人は、被害者を駅の陸橋の上に誘い出して射殺してから、午前零時過ぎに大宮駅を発車する、青森行急行列車の上に死体を落す。その後、被害者の車で上野の両大師橋へとって返し、スポンジにふくませた血をなすりつけ、靴の片方を落し、さらに車を上野公園内に置き去りにして、さも犯行現場がそこであるかのように誤認させる。列車がその橋の下を通過するのは午後十一時四十分なので、その時間に大宮市内にいた犯人には、アリバイが成り立つ。⑧
【ホ】Aの地点で被害者を殺し、行李につめたのを急行便の貨物トラックの運転手にたのみ、内容を知らさずにBの地点まで運ばせる。さらに近所のCの地点で報酬の金を渡すふりをして、運転手を待ち受け、金槌で殴って昏倒させ、虫の息になったところを、崖から突き落して殺す。二人の死体はB付近で発見され、そこで殺されたように見える。⑨

【へ】（トランク詰めの死体トリック）犯人はまず出入りの運送屋に、知人から借りたトランクを自宅へ運ばせ、自身の持つ同色同形のトランクとすり替えて、新宿駅から福岡市の札島駅へ送り出させる。それとは別に、すり替えたトランクに東京で殺した死体をつめて、福岡の赤松駅へ送る。これを待ち受けた共犯者が、札島駅へ着いたトランクを受け出し、かわりに死体と同じ重量の砂をつめて一時預りにしておく。その後、犯人は赤松駅で死体入りのトランクを入手し、トラックで札島駅へ運び、共犯者だけを手荷物預所へ行かせて、トランクを古美術品として汐留駅へ送る。もう一つのトランクの方は、砂を捨てて遠賀川《おんがかわ》駅から新宿駅へ逆送する。このトランクのすり替を伏せておけば、運送業者は、最初からトランクを送ったと思いこんでいるので、共犯者が福岡で殺人を犯し、東京から届いたトランクに死体をつめて、一時預りにした上、汐留駅へ送ったごとく思わせることができる。犯人は後日、共犯者を船中で殺して海中へ投げ込み、自身がその男に変装して、別な場所へ行き、偽装自殺する。⑩

（4）生きた人間の隠れ方

張子の石人型の提灯のなかにひそむ。⑪

（B）物の隠し方（四例）

（1）宝石

【イ】クリスマス用の鵞鳥に、盗んだ宝石を呑ませる。①

【ロ】大学フットボール試合が終ったら、その大選手と愛嬢を結婚させるつもりのチームのパトロン富豪が、贈物に準備していた十万ドルのサファイヤーを盗まれる。チームが勝てばボールはパトロンに寄贈されるので、宝物蔵の管理人が運を賭けて、いったん盗んだ宝石をボールに隠す。②

（2）その他

【ハ】（切手）珍しい切手の展示会場から一ペニイ黒切手（ヴィクトリア女王自署、三万ドルの値打）が盗まれ、その後、周辺でベストセラーの本が何冊も盗まれる。切手を盗んだ犯人が逃走中、咄嗟に書店で本の間に切手を隠し、該当しそうな本を後から盗み廻ったのか。実は犯人は切手の所有者自身。保険金目当てのため、兄弟で共謀して狂言事件を起こし、その場で別の切手の裏にぴったり貼り合わせて隠した。後で本を盗んだのはそれをカムフラージュするため。③

【ニ】銀行強盗が捕まったが金を身につけていない。彼らに親しい別荘の住人が怪しいので家宅捜査するが見つからない。誰もが注意しようとしない調度品のスチーム・ラジエーターが実は偽装した石油ストーヴであった。コイルのうち二個分だけ火口を除いて、後ろが見えないよう蝶番でとめる。すると中が空洞になるのでそこへ金を隠す。④

【第六】その他の各種トリック（一六例）

（1）錯視

【イ】ある距離を隔てて一定の大きさの物像を見る時、盲点の作用でそれが消失する（月明と着衣が白色である場合）。①

【ロ】背の低い男が、頭の上に別なものを載せ、釣鐘《つりがね》マントを着て三角形の頭布をかぶり、背の高い男に見せかける。②

【ハ】墓場にある白張提灯に、とっさに紋を書いて、その家の使いのように錯覚させる。③

【ニ】犯人は同形の棟がいくつも並んでいる火薬工場の倉庫の一つ（4号）で、被害者に化けて背を向け、相手の顔をよく知らない訪問者に会う。そのあいだに共犯者は、隣りの5号倉庫で殺人を行ない、標識の赤い灯をつけてから素早く犯人のいる4号倉庫の方へ移る。外の暗がりに出た訪問者は、背後に人の倒れる物音を聞いて引き返す。このとき倉庫の赤い灯が目じるしなので、5号の灯を4号と間違えて飛び込み、死体を発見する。事件後、すぐに戻ったにもかかわらず犯人の姿が見えないというトリック（自殺と推定される)。④

【ホ】袋小路の二面は煉瓦塀、一方は医院。財布を落としておき、被害者が拾おうとしてかがみこんだところに、短剣を医院の屋根のてすりごしにおとして刺し殺す。門灯の光と灯台のサーチライトで光りきらめく細身の刃に目撃者は気がつかない。⑤

(2)二つの部屋トリック

【イ】(建物の消失)三階石造の建物が目がさめてみると消失している。そのそばにあった建物に寝たのだが、眠っているうち、それとそっくりの別の建物に移された。そのため元の場所にいると思い、石造の建物が消えたように見えたのである。⑥

【ロ】(兵営における殺人)AとBの兵舎は、かなりの距離がはなれている。犯人は、兵営内の地理に不案内な将校を、まずB舎へ連れていき、被害者の部屋の隣室(貼紙がしてある)へ案内する。そして二、三分、中座して、その間に殺人を行なう。その後将校を外へ連れ出して、別棟の厨房へ酒を取りに行き、今度引き返したときは、A舎の部屋(貼紙をはりなおす)へ案内する。このため将校は最初から殺人現場のB舎とは距離のはなれたA舎にいたものと錯覚するので、行動を共にした犯人のアリバイが成り立つ。⑦

【ハ】(団地における殺人)同形の建物が、向い合わせに立っている団地アパート内における犯罪。人妻と姦通したあげく、彼女を自室で殺した犯人は、彼女の夫を酒場へ誘い出して酩酊させ、介抱しながら連れ戻ると、彼の部屋だと偽って、犯行現場の自室へ案内し、浴室で死体を発見させる。それから二人で公衆電話のボックスへ飛び込み、警察へ急報してから、今度はほんとうの彼の部屋へ引き返す。このため死体が消失したごとく見え、犯人のアリバイができる。⑧

(3)犯人自身が遠方より、殺人行為を目撃するという不可能を作り出して見せるトリック

【イ】前もって被害者を断崖から突き落して、殺しておく。その後犯人は同伴者とともに、揺かはなれた別荘の窓から、双眼鏡で遠望する。このとき合図のハンケチを落すと、共犯者が被害者と同じ目だつ服装をしたマネキン人形を、断崖から突き落す。そのとき殺人が起ったごとく見せかける。⑨

【ロ】犯人は転勤になるか否かの結果を一刻も早く知りたがっている義父を、東海道線の沿線のある地点に待たせておく。その地点は斜面で、木柵がこわれている。結果が良ければ白、悪ければ赤のハンカチを振ると約束がしてあるので、義父はつい柵から身を乗り出す。犯人はわざとハンカチを見えにくいようにする。このため義父は崖下に転落して死ぬ。⑩

【ハ】アパートの向い側の部屋の事件を目撃する。手袋の手だけが見えてピストルが発射されると、第一弾で老人が倒れ、第二弾はこちらの室の窓ガラスを砕いてスタンドの

笠をこわす。かけつけてみると被害者の老人の姿は見えず、窓ガラスに弾丸の貫通した痕がない。実は目撃者が始終覗き見するので、向いの部屋の主がこらしめようとして奇術の鏡トリックを用いた。それが誤って空包の代りに実弾を発射し、窓の隙間から飛び出したもので、老人というのは奇術師の変装で負傷しただけだった。⑪

（4）遠隔殺人

被害者の女優は、父親を火事で死なせて、火の恐怖症にかかりノイローゼになっている。犯人（テレビ・ディレクター）はそれを利用して、自作の心理劇のドラマを演出するさい、彼女の住んでいるマンションの部屋とそっくり同じ構造の部屋を、スタジオ内にセットで作っておく。それから、演技の参考のため、指定の時間にテレビの画面を見るように命ずる。女優はテレビの前でブランデーを飲みながら、いわれた通りにするが、ドラマの中には火事という言葉がやたらに出てくる上、漏電の暗示をかけられるため、つい心配になってバルコニーを見に行く。ところがバルコニーの手摺がこわれているので、墜落死する。⑫

（5）心理的錯覚トリック

【イ】探偵役とワトソン役が入れ替る。実は探偵役が犯人で、ワトソン役が探偵。⑬

【ロ】社会的に地位のあるAが殺され、次に飯場の人夫のBが殺される。BはAの殺人の目撃者と思われるが、実はAの方がBの目撃者だったというトリック。⑭

【ハ】産婦人科医に妊娠の診断をされた女が、ひそかに中絶手術を行なったにもかかわらず、あくまで妊娠を装う。それによって、愛人を殺しても動機が成立しなくなる。また妊婦には不可能な犯罪をあえて行なって、捜査を偽瞞する。⑮

(6) 奇抜な盗品

沖縄海域で、二〇〇トンの貨物船を機帆船で襲撃。乗組員を全員拉致した上、木片と重油を海面に流し、乗組員のうち数名を殺して、死体にボロボロの服を着せ漂流させる。船が沈没したように見せかけ、じっさいはとある小島に隠す。⑯

作例

【第一】犯人(又は被害者)の人間に関するトリック

(A) 一人二役

①藤村正太「孤独なアスファルト」 ②笹沢左保「憂愁の取引」 ③江戸川乱歩「月と手袋」 ④江戸川乱歩「堀越捜査一課長殿」 ⑤松本清張「セント・アンドリュースの殺人」 ⑥G・K・チェスタトン「奇妙な足音」 ⑦江戸川乱歩「化人幻戯」 ⑧佐野洋「一本の鉛」 ⑨戸板康二「団十郎切腹事件」 ⑩土屋隆夫「天国は遠すぎる」 ⑪ディクスン・カー「二つの死」 ⑫大庭武年「十三号室の殺人」 ⑬佐野洋「賭の季節」 ⑬セバスチアン・ジャプリゾ「シンデレラの罠」

（B）一人二役のほかの意外な犯人トリック
①海渡英祐「伯林――一八八八年」②岡田鯱彦「薫大将と匂の宮」③アガサ・クリスティ「そして誰もいなくなった」④高木彬光「塔の判官」⑤加田伶太郎「完全犯罪」⑥大阪圭吉「デパートの絞刑吏」⑦アーサー・モリスン「レントン館盗難事件」⑧アントニー・ウイン「キプロスの峰」

（C）消失トリック
①ディクスン・カー「船室B十三号」②ディクスン・カー「木蔭の道」③高木彬光「わが一高時代の犯罪」④笹沢左保「突然の明日」

（D）異様な被害者
①山村正夫「獅子」②松本清張「点と線」③鮎川哲也「人それを情死と呼ぶ」

（E）共犯者トリック
①アガサ・クリスティ「ナイル河上の殺人」②坂口安吾「不連続殺人事件」③笹沢左保「人喰い」④アガサ・クリスティ「そして誰もいなくなった」⑤佐野洋「秘密パーティ」⑥ディクスン・カー「暁の出来事」⑦有馬頼義「バラ園の共犯者」⑧高木彬光「邪教の神」

【第二】犯人が現場に出入りした痕跡についてのトリック

（A）密室トリック

△犯行時、犯人が室内にいなかったもの
①M・D・ポースト「ズームドルフ事件」②ディクスン・カー「黒死荘殺人事件」③ディクスン・カー「孔雀殺人事件」④角田喜久雄「高木家の惨劇」⑤チェスタトン「ムーン・クレサントの奇蹟」⑥加田伶太郎「完全犯罪」⑦ディクスン・カー「ユダの窓」⑧陳舜臣「梨の花」⑨高木彬光「死を開く窓」⑩C・E・ベチョファー・ロバーツ「イギリス製濾過器」⑪スカーレット「エンジェル家の殺人」⑫江戸川乱歩「三角館の恐怖」⑬高木彬光「呪縛の家」⑭E・ジェプソン&ユーステス「茶の葉」⑮横溝正史「本陣殺人事件」⑯山村正夫「降霊術」⑰ロナルド・A・ノックス「密室の行者」⑱大河内常平「安房国住広正」

△犯行時、犯人が室内にいたもの
①笹沢左保「招かれざる客」②笹沢左保「赤のある死角」③森村誠一「高層の死角」④藤村正太「残雪」⑤江戸川乱歩「化人幻戯」⑥陳舜臣「アルバムより」⑦E・W・クロフツ「急行列車の謎」⑧陳舜臣「方壺園」⑨海渡英祐「伯林―一八八八年」⑩ロバート・アーサー「五十一番目の密室」⑪ディクスン・カー「空中の足跡」

△犯行時、被害者が室内にいなかったもの
①モーリス・ルブラン「八点鐘」②ガストン・ルルウ「黄色の部屋」③島久平「硝子

の家」 ④高木彬光「刺青殺人事件」 ⑤高木彬光「妖婦の宿」 ⑥鮎川哲也「赤い密室」
⑦ディクスン・カー「白い僧院の殺人」

【第三】犯行の時間に関するトリック

(A) 乗物による時間トリック
①鮎川哲也「黒い白鳥」 ②鮎川哲也「憎悪の化石」 ③鮎川哲也「急行出雲」 ④高木彬光「人形はなぜ殺される」 ⑤笹沢左保「憂愁の取引」 ⑥鮎川哲也「二ノ宮心中」
⑦高木彬光「黒白の囮」 ⑧森村誠一「高層の死角」 ⑨斎藤栄「真夜中の意匠」

(B) 時計による時間トリック
①鮎川哲也「憎悪の化石」

(C) 音による時間トリック
①ヴァン・ダイン「カナリヤ殺人事件」 ②仁木悦子「猫は知っていた」 ③戸板康二「六スタ殺人事件」 ④三好徹「野望の猟犬」 ⑤木々高太郎「二重殺人」 ⑥鮎川哲也「楡の木荘の殺人」

(D) フィルムによる時間トリック
①松本清張「時間の習俗」 ②土屋隆夫「影の告発」

(E) 天候、季節、天然現象を利用したもの

①藤村正太「孤独なアスファルト」

（F）人工的作為によるもの

①松本清張「眼の壁」 ②木々高太郎「死固」

（G）その他のアリバイ・トリック

①笹沢左保「暗い傾斜」

【第四】兇器と毒物に関するトリック

（A）兇器のトリック

①西村京太郎「天使の傷痕」 ②西東登「蟻の木の下で」 ③仁木悦子「猫は知っていた」 ④ディクスン・カー「目に見えぬ凶器」 ⑤エラリー・クイーン「黒い館の秘密」 ⑥ウィリアム・アイリッシュ「黒いカーテン」 ⑦甲賀三郎「妖光殺人事件」 ⑧大河内常平「謎の銃声」 ⑨アガサ・クリスティ「魔術の殺人」 ⑩陳舜臣「九雷渓」 ⑪松本清張「兇器」 ⑫斎藤栄「愛と血の炎」 ⑬松本清張「交通事故死亡1名」 ⑭海渡英祐「影の座標」 ⑮松本清張「濁った陽」 ⑯山田風太郎「黄色い下宿人」 ⑰松本清張「坂道の家」

（B）毒殺トリック

①有馬頼義「四万人の目撃者」 ②岡田鯱彦「三味線殺人事件」 ③赤沼三郎「寝台」

④陳舜臣「獣心図」⑤大河内常平「螢雪寮事件」⑥高木彬光「能面殺人事件」⑦塔晶夫「虚無への供物」

【第五】人及び物の隠し方トリック

(A) 死体の隠し方

①松本清張「ガラスの城」②高木彬光「人形はなぜ殺される」③ディクスン・カー「魔の森の家」④江戸川乱歩「死の十字路」⑤マージェリー・アリンガム「ボーダー・ライン事件」⑥松本清張「眼の壁」⑦松本清張「不法建築」⑧鮎川哲也「黒い白鳥」⑨松本清張「事故」⑩鮎川哲也「黒いトランク」⑪陳舜臣「方壺園」

(B) 物の隠し方

①コナン・ドイル「青い紅玉」②エラリー・クイーン「トロイヤの馬」③エラリー・クイーン「一ペニイ黒切手の冒険」④ディクスン・カー「ホットマネー」

【第六】その他の各種トリック

①甲賀三郎「月光魔曲」②③松本清張「家紋」④笹沢左保「人喰い」⑤ディクスン・カー「銀色のカーテン」⑥エラリー・クイーン「神の灯」⑦陳舜臣「大南営」⑧山村正夫「奇形の鏡」⑨江戸川乱歩「化人幻戯」⑩笹沢左保「空白の起点」⑪

ディスン・カー「新透明人間」⑫笹沢左保「火の虚像」⑬海渡英祐「影の座標」⑭藤村正太「孤独なアスファルト」⑮笹沢左保「招かれざる客」⑯笹沢左保「沖縄海賊」

（「推理小説研究」一九六九・十二）

解説

新保博久

――君は「類別トリック集成」を知っているか。

ミステリ小説が好き、関心があるという若い人に、こう尋ねたら年寄りの悪癖でしかない。え、「類別トリック集成」とは何なのか、説明してほしいって？　よろしい。

アガサ・クリスティ、エラリー・クイーンと並んで、海外の三大本格推理作家といわれるジョン・ディクスン・カーだが、戦前には二、三冊の長篇が紹介されただけ、しかも訳者に人を得なかったせいもあって、ほとんど注目されなかった。代表作とされる『三つの棺』（一九三五年）も翌年さっそく伴大矩《ばんだいく》訳で『魔棺殺人事件』として刊行されたが、作中で探偵フェル博士が開陳する「密室講義」の翻訳について江戸川乱歩は、「意味を取り違えている所が非常に多くて、お話にならない」と一蹴し、『三つの棺』自体も「私なんか戦前に拙い訳で最初読んだので印象が悪くなっているが、はじめに原本で読んでいたら、恐らくもっと」（光文社文庫版江戸川乱歩全集第27巻『続・幻影城』所収「J・D・カー問答」）

高く評価していたところだと述べている。

改めて乱歩が原書で触れた「密室講義」は、「実によく出来ている。あらゆる『密室』トリックが簡潔に網羅されている。（中略）種明しにならないようにと注意して、作品名はごく少ししか挙げていないから、卒然として読むと大したものにも見えないのだが、しかし、英米の代表的な探偵小説を読めば読むほど、あの『講義』の真価が分ってくる」（同前）と、大変な入れ込みようだ。乱歩は具体的に語っていないが、カーがまず抜け穴のある密室物を論外として排除したあと、それ以外のトリックを「犯行時、犯人が室内にいなかったもの」と、「外部からの操作で内部施錠されたと見せかけるもの」（すなわち「犯行時、犯人が室内にいたもの」）と二大別してみせた手法に感心したのだろう。これに乱歩は「犯行時、被害者が室内にいなかったもの」を加えて、さらにキメ細かく分類したものだ。

「あらゆる探偵小説のトリックを、系統的に分類して見る事は、きっと面白い仕事に違いありません。私も暇があったらやって見たいと」（本書収録「探偵小説のトリック」）十五年来、願ってきた乱歩だけに、小説でも惚れ込んでいたカーのやり方を見て完成への展望を得たらしい。既読未読ひっくるめて小説ごとに一篇ずつトリックと書誌情報をカードに書き込むという、当時としてはそうするしかないデータベース化に着手した。これだけでも気の遠くなる作業で、ありがちなことだが、そのうち手段が目的化していったようだ。

ところで〝トリック〟という言葉は日本では、おそらく最初は映画のトリック撮影のようなところから輸入されたのだろう。乱歩自身、大学を出たあと職業を転々としていた二十歳代前半（大正時代半ばの一九一〇年代）、映画会社の監督見習いに雇ってもらいたくて、映画に一家言あるところを見せようとした論文「活動写真のトリックを論ず。」「トリック写真の研究」（後者にいう写真とは活動写真＝映画のこと）などを書き、その下書き類が現存している（それらは立教大学学術リポジトリ「大衆文化」で閲覧可能）。

トリックがいつミステリに固有のたくらみの意味で用いられるようになったのかは調べがつかない。乱歩のデビュー作「二銭銅貨」（一九二三年）において早くも、盗んだ大金を玩具の紙幣と偽って第三者に保管させるという作中の仮定が「巧妙なトリック」と呼ばれ、別な作中人物には二銭銅貨が「トリックの出発点となった」と称されていた。筆歴では先輩の国枝史郎も乱歩より先にトリックの語を用いているから、大正の終わりにはそういう用法が通じ始めていたらしい。

ジャンルそのものの呼び名が探偵小説から推理小説へ、またミステリへと呼び名が変わっても、トリックなる語は現在に至るまで変わらずに使われている（二〇〇〇年代にはTVの連続ドラマの題名にまで使われて大ヒットしたのは記憶に新しい）。このトリックはtrickのカタカナ表記ではなく和製英語ではないかと指摘してみせたのは、謎解きミステリよりアメリカン・ハードボイルドに親愛を示し続けた評論家・翻訳家の小鷹信光だ（日本推理作家協会会報一九八一年九月号→読売新聞社刊『マイ・ミステリー』所収。その後『EQ』一九八三年七月号では、アントニア・フレイザーの新作『哀しみのカーテンコール』がcuteなtrickを用いていると『ニューズウィーク』で評されているのなどを見かけ、英語圏で全く使われないわけでないと補足している)。都筑道夫も佐野洋との対談(『別冊小説現代』一九八二年冬号→中央公論新社刊『都筑道夫の小説指南　増補完全版』所収)で劈頭《へきとう》この話題に触れて、「考えてみると確かに日本の作家がトリックと呼んでいるものにあたる言葉が(海外には)ないのね。結局〝プロット〟になってしまう」と述べている。掲載はそれより遅れたが、その前に対談の両氏に評論家二人が加わっての座談会(日本推理作家協会機関誌『推理小説研究』第十七号)でも話題になっていて、かつて「トリック分類表」(本書収録)でその増補作業に携わったこともある中島河太郎は、乱歩の「トリック集成もよし悪しだったんじゃないかという気がするんです。それをどう小説の中にはめ込んで、小説として生かしているかと言うことを、論じてなかったわけですから」との見解を示した。

「類別トリック集成」に功罪のあることは中島説の通りだろう。トリック「論」をもくろんだ手始めに、乱歩はA4判原稿用紙四枚を全長一・三メートルに貼り合わせ、密室トリック・場所のトリック・時間のトリック・人間のトリック、それ以外、と用例を細かく書き込んだ。長期の参照に耐えるよう堅表紙を着せて「欺瞞系譜」と題した細長い手製の冊子には、「(昭和)23・8・18作」と記されている。これを懐にねじ込んで、未記入のトリックに出会ったり新手を思いつくなり書き入れるつもりだったかのように。

だがこれでは既成トリックだけでも書ききれないと覚《さと》って、今度は原稿用紙三十枚の片側を綴じ、裏の白紙に主に項目や作品名を記入し、罫の刷られた表側を追記用に使うことにして「探偵小説ツリック分類表」と題した（ツリックとしたのは、ちょっと気取ってみせたものか）。一々原作名を挙げて詳しく説明すると、「手品の種あかしと同じ作用をして、その作をまだ読んでいない読者には、いざ読むときの感興を半減する」のを憚《はばか》って、「日本の作品は周知のものが多いので作者題名共に記したが、西洋の作例は、多くは作者名を記すのみにとどめた。それらの原作名は私の原簿には記入して保存してある」（「類別トリック集成」）という、その門外不出の「原簿」こそ「ツリック分類表」であり、「昭和二五年九月作」と表紙に記されている（講談社版江戸川乱歩推理文庫第57巻『わが夢と真実』に「欺瞞系譜」ともども翻字収録、「欺瞞系譜」は写真版でも『ＥＱ』一九八七年九月号及び河出書房新社刊『江戸川乱歩アルバム』に収録）。この原簿があったお蔭で、光文社文庫版『続・幻影城』に収録時には「類別トリック集成出典一覧」をこしらえて添えることが出来た。

「類別トリック集成」は探偵小説誌『宝石』一九五三年九月号と十月号とに分載された（【第二】（Ｂ）足跡トリックまでが上篇）。その直前の五三年五月、『別冊宝石』が第二七号で主要作家の傑作集を軸にした「探偵小説全書」を初めて企画刊行している。そのなかで「探偵小説入門」コーナーの一つとして掲げられた「江戸川乱歩先生とのトリック問答」は、トリック採集の有力なアドバイザーでもあった渡辺剣次（「類別トリック集成」に後年の知見も盛り込んだ好ガイドブック『ミステリイ・カクテル』を一九七五年に講談社より刊行している）がまとめたものだ。そこでトリックの定義を改めて問われた乱歩は、小考ののち、

「トリックとは、探偵小説の篇中の犯人が自分の犯行を隠すために案出した奇術又は欺瞞と、作者が読者に対して行う奇術又は欺瞞を指す、と思うね」

と答えている。当時すでに作者が読者に仕掛ける叙述トリックや構成トリックまで視野に入れていたのはさすがだが、そうした柔軟性は「類別トリック集成」にはあまり反映されなかった。「欺瞞系譜」から「ツリック分類表」「類別トリック集成」へと、洗練されていったには違いないが、理想的なゴールに到達したわけではない。「古来のあらゆる密室トリックのうちでも、最もすぐれたものの一つ」（『探偵小説の「謎」』）と目するガストン・ルルウの『黄色い部屋の謎』に「【第二】（A）密室トリック」のイントロ部分では触れたものの、本来の項目内では分類に入れ忘れてたりしている始末だ。ちなみにここ及び『探偵小説の「謎」』で、『黄色い部屋の謎』などに先立つ現実の密室犯罪だとして詳述されている（その割に発生年も不詳）パリの Rose Delacourt 事件は、「D坂の殺人事件」で初登場した明智小五郎に物語の語り手に向かって「君も知っているでしょう」と、まるでミス

テリファンの常識であるかのように言わせているくらい乱歩お気に入りの題材であった。しかしこの〝実話〟には、若き日の乱歩に衝撃を与え、もっぱら依拠させたイギリスの文筆家ジョージ・R・シムズの「殺人における独創性」（ヒラヤマ探偵文庫『英国犯罪実話集』に邦訳）以外にほとんど典拠がなく、「モルグ街の殺人」から逆算的にモデル事件として捏造されたアノニマス（匿名のヨタ記事）をシムズが真に受けたのが実際のところらしい。

「類別トリック集成」には、「【第二】（A）（1）犯行時、犯人が室内にいなかった密室」の【ニ】で（密室でない「他殺を装う自殺」）、【ホ】で（同じく「自殺を装う他殺」）はそれぞれ後に【第六：その他の各種トリック】に記すと言いながら失念しているケアレスミスも目立つ。というより、最初に企図したような「密室以外も含む全トリック講義」にまで育てるのは当面無理という断念から、とりあえず現時点までの収集を仮に整理しておこうという中間報告のつもりで、もとより完璧を期してはいない。小説執筆中も絶えず眼高手低意識につきまとわれる習性の乱歩は、ここでも似た気分に襲われたに違いない。トリックは探偵小説のエッセンスであるかのごとく考えてきたが、「類別トリック集成」を書き連ねるうちに、出《で》涸《が》らしを並べているような気持になりはしなかったか。物理トリック、手品的トリックを縷《る》々《る》記してきた末尾に、心理的探偵小説について長々と書き記しているのも、そこまでへの反歌のようにも見える。「類別トリック集成」の通俗普及版ともいうべき『探偵小説の「謎」』が、トリックとは関係ない旧稿「スリルの説」で締めくくられたのにも似て。

乱歩が「甚だ不完全な未成品」と自嘲した「類別トリック集成」だが、まだデビュー前で地方記者だった佐野洋は『続・幻影城』が出版されるや飛びついて買って貪り読んだ。「(「類別トリック集成」は)単にトリックをピックアップして簡単な説明がしてあるだけだったが、読んでいて楽しくてしかたがなかった。(中略)何年か経ち、自分で推理小説を書くようになって、(中略)小説の着想につまった折りなど、この〝類別トリック集成〟の任意のページを開くと、不思議に、何かが得られるのである。(中略)つまり、先人たちの苦心の結晶であるこのトリック集成を読むことが、私の脳細胞に特殊な刺激となり、変わった着想を生み出してくれるのかもしれない……」(潮出版社刊『推理日記』所収「ミステリー夜話」)。だが私は、それらを創案した先人たち当人によりも、懸命に拾い集めた乱歩の稚気のほうに共感してしまうのではないかとも思うのだ。佐野洋と同様の体験を語っている同時代作家はほかにもあり、主に乱歩の謦咳に直接触れた作家から一種の宝典さながらに珍重されたようなのは、そのことなしに考えられない。

これも佐野洋によれば、そうして何回も目を通しているうちに、たとえば被害者トリックに分類されているパット・マガーの犯人探しならぬ『被害者を探せ』などは、犯人が犯行を隠すためのトリックとは次元の違う「作者のアイデア」であり、「トリックとアイデアとが混同されている」ことに気がついたという。また、「類別トリック集成」が雑誌に

「発表されたときの感激を未だに忘れることが出来ない」という泡坂妻夫は奇術師でもあるだけに、「何度も読み返すうち、分類表に奇術のトリックも仲間に加えられないものだろうかと思うようになった。けれども、（中略）乱歩の分類表は『現象別』と『原理別』の二重構造になっていたため」（時事通信社→文春文庫『トリック交響曲』）無理だと悟った（密室といった〝現象〟と、一人二役のような〝原理〟とが、区別なく同じ次元で扱われていることを指すようだ）。そして、みずから全奇術のトリックを原理別に分類し、小説をも取り込んだ試案を発表している。分類作業の過程で、ミステリのトリックはすでに考え尽くされて新たな開発の余地はないという悲観論に抗して、「トリックは絶対になくならないものだ」と確信するようになったともいう。「人（の知覚）には無数の弱点があり、それをちょっと応用するだけなのである」（同前）

別な観点からトリックは無尽蔵であると、乱歩自身も分類のために英米の推理短篇を濫読するうちに希望をもったことは、本書収録の横溝正史との対談で語っていたものだ。そこでの説明は不得要領で正確なところは分からないが、「類別トリック集成」から七十年後の現在までも、おびただしいトリックで作品が書かれているのは確かだろう。そうした「類別トリック集成」以後のデータを追加する必要を早くから痛感していたのは、意外に思われるかも知れないが松本清張である。アルバイトを雇って、その作業をやらせたこともあるが、当時理事長を務めていた日本推理作家協会の不定期刊の機関誌『推理小説研究』第七号を「技法の研究」特集として編集責任を買って出て、新「トリック分類表」ともいうべきものを実現させた。

だが、「江戸川乱歩先生とのトリック問答」で本人も認めているように、乱歩の分類はそれまでの採集例の全体から試行錯誤して帰納的に編み出されたものであって、演繹的にこういうトリックもあり得るという追加の余地を残してはいない。新「トリック分類表」では、「【第一】犯人（又は被害者）の人間に関するトリック」に新たに「（E）共犯者トリック」が立項されたほかは乱歩分類を踏襲しており、そこにその後の用例をねじ込むこと自体、無理があった。また、ひとことで言えるような基本的なトリックは「類別トリック集成」の段階でほとんど尽くされているから、新しい用例はどうしても説明がくどくなる。さらに短時日でまとめる必要に追われ、推敲や校正が行き届いていない。繰り返して読むに堪える「類別トリック集成」からは、読物としての魅力の点だけでも退行していると言わざるを得ないのである（なにしろ『緑衣の鬼』や『幽霊塔』などの翻案作品に見られるように乱歩は再話の達人なのだ）。

乱歩は途中で倦《う》むことはあったにせよ、楽しんでトリック分類をやり、原稿を書いていて嬉しかった部分も少なくなかっただろう。新「トリック分類表」は、清張理事長の慫《しょう》慂《よう》により最終的に任された中島河太郎と山村正夫の労苦には敬意を表すべきながら、逆説的にいえば、「類別トリック集成」を増補しようという試みの無益さを教えてくれたことが最大の効用ではないか。密室や暗号、またアリバイなど個別については新たな分類を試みる人が出現しているが、全トリックを対象にする蛮勇に挑むのは泡坂妻夫を特異な例外として他になさそうだ。だから「類別トリック集成」は昭和のある時期まで、トリックなるものと考えられていた概念の壮大な墓碑銘として燦然と輝く無比の存在なのだ。

（しんぽ・ひろひさ　ミステリ評論家）

江戸川乱歩「赤い部屋」
イーデン・フィルポッツ「極悪人の肖像」
プリンス兄弟「指男」

顔のない死体
高木彬光「刺青殺人事件」
チャールズ・ディケンズ「バーナビー・ラッジ」

変身願望
マルセル・エイメ「第二の顔」

異様な犯罪動機
エラリー・クイーン「Yの悲劇」
アガサ・クリスティー「シタフォードの秘密」
ジェイムズ・ヒルトン「100パーセント・プラン」
G. R. Malloch *Murder Without Motive*
F・D・ルーズベルト／アントニー・アボット他「大統領探偵小説〔大統領のミステリ〕」
G・K・チェスタトン「紫の宝石」
ロナルド・ノックス「動機」

探偵小説に現われた犯罪心理
ヴァン・ダイン「僧正殺人事件」
イーデン・フィルポッツ「赤毛のレドメイン一家」

スリルの説
ヴァン・ダイン「グリーン・マアダー・ケース」

Ⅳ　トリック総論

探偵小説のトリック
ボアゴベ「死美人」
モーリス・ルブラン「８１３」
ガストン・ルルウ「黄色の部屋」

「謎」以上のもの
S・A・ドゥーゼ「スミルノ博士の日記」
アガサ・クリスティー「アクロイド殺し」
ロナルド・ノックス「陸橋殺人事件」

「本陣殺人事件」を読む
横溝正史「本陣殺人事件」
コナン・ドイル「ソア橋」
エラリー・クイーン「Yの悲劇」

トリックについて
谷崎潤一郎「途上」
江戸川乱歩「赤い部屋」

(資料) 探偵小説を語る
横溝正史「深紅の秘密」
レイモンド・ポストゲート「十二人の審判」
ヒュー・ウォルポール「銀仮面」
ロナルド・ノックス「動機」
同「密室の行者」

A・J・リース「死人の指〔邦題「指」〕」
E・A・ポー「モルグ街の殺人」
コナン・ドイル「まだらの紐」
アーサー・モリスン「レントン館盗難事件」
G・K・チェスタトン「アーサー卿〔ヴォードリー〕の失踪」

兇器としての氷

A. K. Green　*Initials Only*
楠田匡介「雪」
カーター・ディクスン「黒死荘の殺人」
E・ジェプスン＆R・ユーステス「茶の葉」
カーター・ディクスン「五つの箱の死」
赤沼三郎「悪魔黙示録」
北洋「失楽園」
江戸川乱歩「夢遊病者の死」

異様な兇器

G・K・チェスタトン「神の鉄槌」
コナン・ドイル「覆面の下宿人」
オースチン・フリーマン「青いスパンコール」
J・D・カー「目に見えぬ凶器」

密室トリック

カーター・ディクスン「ユダの窓」
横溝正史「本陣殺人事件」
ロナルド・ノックス「密室の行者」
E・A・ポー「モルグ街の殺人」
コナン・ドイル「まだらの紐」
ロバート・アーサー「五十一番目の密室」
鷲尾三郎「妖魔」
W・ハイデンフェルト「〈引き立て役倶楽部〉の不快な事件」
ガストン・ルルウ「黄色の部屋」
ジャック・フットレル「十三号独房の問題」

隠し方のトリック

E・A・ポー「盗まれた手紙」
G・K・チェスタトン「見えない人」
エラリー・クリーン「Xの悲劇」
L・J・ビーストン「マイナスの夜光珠」
コナン・ドイル「六つのナポレオン」
同「青い紅玉〔ガーネット／柘榴石〕」
アーサー・モリスン「十一の瓶〔緑のダイヤ〕」
ロバート・バー「チズルリッグ卿の遺産」
J・D・カー「目に見えぬ凶器」
ヴァン・ダイン「ケンネル殺人事件」
J・D・カー「猫と鼠の殺人」
同「弓弦城殺人事件」
大坪砂男「天狗」

プロバビリティーの犯罪

R・L・スティヴンソン「殺人なりや？」〔『バラントレイの若殿』第9章「若殿同道のマケラー氏の旅」中の挿話〕
谷崎潤一郎「途上」

荘の怪事件」
M・D・ポースト「鉄の指を持つ男」
George Pleydell Bancroft *The Ware Case*
ヴァン・ダイン「スカラベ〔甲虫〕殺人事件」
デニス・ホイートリー「誰がロバート・プレンティスを殺したか」
J・D・カー「皇帝の嗅煙草入」
エリザベス・フェラーズ「私と蠅が云いました〔私が見たと蠅は言う〕」
パトリシア・ハイスミス「見知らぬ乗客」

【第九】トリッキイな犯罪発覚の手掛り
コナン・ドイル「恐怖の谷」
同「金縁の鼻めがね」
J・D・カー「剣の八」
クリストファー・ブッシュ「百パーセント・アリバイ」
M・D・ポースト「神わざ〔不可抗力〕」
ヴァン・ダイン「甲虫殺人事件」
アガサ・クリスティー「スタイルズの怪事件」
A・A・ミルン「赤い家の怪事件」

【附記】
Henry James Forman *Guilt*

Ⅱ　探偵小説の「謎」

奇矯な着想
E・A・ポー「モルグ街の殺人」
T・W・ハンシュー「ライオンの微笑」
M・D・ポースト「ズームドルフ事件」
ロバート・ウイントン「二つの部屋」
J・D・カー「見知らぬ部屋の犯罪」
エラリー・クイーン「神の灯」
V・L・ホワイトチャーチ「ギルバート・マーレル卿の名画」
コナン・ドイル「消え失せた急行列車」
Leonard R. Gribble *The Case of Jacob Heylyn*
カーター・ディクスン「暁の出来事」
F・W・クロフツ「船から消えた男」

意外な犯人
ヴァン・ダイン「グリーン家殺人事件」
エラリー・クイーン「Yの悲劇」
アーサー・モリスン「スタンウェイ・カメオ事件」
江戸川乱歩「何者」
ロナルド・ノックス「動機」
モーリス・ルブラン「８１３」
ガストン・ルルウ「黄色の部屋」
E・A・ポー「お前が犯人だ」
イズレイル・ザングウィル「ビッグ・ボウ事件」
アガサ・クリスティー「アクロイド殺し」
S・A・ドゥーゼ「スミルノ博士の日記」

海野十三「電気風呂の怪死事件」
飛鳥高「犯罪の場」
島田一男「古墳殺人事件」
江戸川乱歩「夢遊病者の死」
コナン・ドイル「まだらの紐」
高木彬光「能面殺人事件」
赤沼三郎「悪魔黙示録」

【第五】人及び物の隠し方トリック
江戸川乱歩「吸血鬼」
同「一寸法師」
大下宇陀児「紅座の庖厨」
横溝正史「蝶々殺人事件」
江戸川乱歩「湖畔亭事件」
水谷準「お・それ・みお」
谷崎潤一郎「白昼鬼語」
E・A・ポー「アモンチリャドー〔の樽〕」
バルザック「高櫓館（グランド・ブルテーシュ綺譚）」
江戸川乱歩「パノラマ島」
同「白昼夢」
楠田匡介「人肉の詩集」
江戸川乱歩「鬼」
横溝正史「探偵小説」
ロンドン探偵作家クラブ／アガサ・クリスティー他「フローティング・アドミラル〔漂う提督〕」
蒼井雄「黒潮殺人事件」
島田一男「社会部記者（午前零時の脱獄）」
高木彬光「刺青殺人事件」
大下宇陀児「蛭川博士」
甲賀三郎「水晶の角玉」
E・A・ポー「盗まれた手紙」
葛山二郎「赤いペンキを買った女」

【第六】その他の各種トリック
角田喜久雄「奇蹟のボレロ」
横溝正史「深紅の秘密」
甲賀三郎「緑色の犯罪」
木々高太郎「赤と緑」
江戸川乱歩「D坂の殺人事件」
コナン・ドイル「技師の拇指」
G・K・チェスタトン「赤勝て青勝て〔《ブルー》氏の追跡〕」
同「ヴォードレイの消失」
E・A・ポー「盗まれた手紙」
コナン・ドイル「赤髪聯盟」
ロバート・ウイントン「二つの部屋」
カーター・ディクスン「見知らぬ部屋の犯罪」
エラリー・クイーン「神の燈火」
スーヴェストル&アラン「ファントマ対ジューヴ警部」
江戸川乱歩「黄金仮面」
谷崎潤一郎「途上」
R・L・スティヴンソン *Was It Murder?*〔『バラントレイの若殿』第9章「若殿同道のマケラー氏の旅」中の挿話〕
イーデン・フィルポッツ「〔極〕悪人の肖像」
アガサ・クリスティー「ポアロ一依頼者を失う〔もの言えぬ証人〕」
プリンス兄弟「指男」
江戸川乱歩「赤い部屋」
Leonard R. Gribble *The Case of Jacob Heylyn*
江戸川乱歩「断崖」
アガサ・クリスティー「スタイルズ

甲賀三郎「姿なき怪盗」
E・A・ポー「お前が犯人だ」
イズレイル・ザングウィル「ビッグ・ボウの殺人」
Marie & Robert Leighton *Michael Dred, Detective*
ガストン・ルルウ「黄色の部屋」
H・v・クライスト「壊れ瓶」
M・D・ポースト「ナボテの葡萄園」
A. K. Green *Dark Hollow*
高木彬光「能面殺人事件」
J・D・カー「絞首台の秘密」
トマス・バーク「オッタモール氏の手」
アガサ・クリスティー「山荘〔シタフォード〕の秘密」
S・A・ドゥーゼ「スミルノ博士の日記」
アガサ・クリスティー「アクロイド殺し」
エラリー・クイーン「Yの悲劇」
バルドゥイン・グロルラー「異様な痕跡〔奇妙な跡〕」
木々高太郎「折芦」
A・J・リース「死人の指〔邦題「指」〕」
アガサ・クリスティー「十二の刺傷〔オリエント急行の殺人〕」
E・V・ノックス「藪をつつく」
E・A・ポー「モルグ街」
コナン・ドイル「まだらの紐」
黒岩涙香「幽霊塔」
江戸川乱歩「石榴」
ホフマン「スキュデリー嬢」
マージェリー・アリンガウム「判事への花束」
カーター・ディクスン「青銅ランプの呪」

【第二】犯人が現場に出入りした痕跡についてのトリック

飛鳥高「犯罪の場」
甲賀三郎「琥珀のパイプ」
カーター・ディクスン「赤後家殺人事件」
横溝正史「本陣殺人事件」
ロバート・アーサー「五十一番目の密室」
W・ハイデンフェルト「〈引き立て役倶楽部〉の不快な事件」
芝山倉平「電気機関車殺人事件」
島久平「硝子の家」
江戸川乱歩「何者」
同「黒手組」
高木彬光「白雪姫」
コナン・ドイル「金縁の鼻眼鏡」
同「ノーウッドの建築師」
オースチン・フリーマン「赤い拇指紋」
江戸川乱歩「双生児」

【第三】犯行の時間に関するトリック

ボアゴベ「海底の重罪」
F・W・クロフツ「ポンスン事件」
蒼井雄「黒潮殺人事件」
木々高太郎「折芦」
千代有三「痴人の宴」
楠田匡介「雪」

【第四】兇器と毒物に関するトリック

大坪砂男「立春大吉」

トリックに関する本文中の主な言及作品一覧

本書の第Ⅰ部「類別トリック集成」は、著者の私的メモ「欺瞞系譜」「探偵小説ツリック分類表」を前身としています。その原簿に記された作例の著者名・作品名は、原稿発表時には、未読の読者への配慮としておおむね伏せられています（「欺瞞系譜」「探偵小説ツリック分類表」を翻字した作品目録は『江戸川乱歩推理文庫57　わが夢と真実』講談社文庫、1988に、またそれを基に「類別トリック集成」の内容順に新保博久氏が並べ直した「類別トリック集成出典一覧」は『江戸川乱歩全集27　続・幻影城』光文社文庫、2004所収）。

以下では、本書所収の文中でトリックないし作品の核心部に言及されている作例を一覧として掲載します。第Ⅰ部の項では具体的な著者名・作品名を明記している作例のみを記しました。第Ⅱ部以降の項では、本文中に具体的な著者名・作品名のない作例でも、内容が詳しく紹介されているものについては上記目録を基に推測のうえ掲載しました（未訳と思われるものは原題を記しています）。

（中公文庫編集部）

Ⅰ　類別トリック集成

【第一】犯人（又は被害者）の人間に関するトリック

パーシヴァル・ワイルド「インクェスト〔検死審問〕」
F・W・クロフツ「ポンスン事件」
同「マギル卿最後の旅」
チャールズ・ディケンズ「バーナビー・ラッジ」
コナン・ドイル「恐怖の谷」
J・D・カー「夜歩く」
ヴァン・ダイン「グリーン家殺人事件」
アーサー・モリスン「スタンウェイ・カメオ事件」
江戸川乱歩「何者」
イーデン・フィルポッツ「赤毛のレドメイン」
ジョン・ロード「プレエド街の殺人」
江戸川乱歩「石榴」
A・A・ミルン「赤い家の秘密」
クリストファー・ブッシュ「完全殺人事件」
G・D・H&M・コール「百万長者〔の死〕」
江戸川乱歩「陰獣」
G・K・チェスタトン「妖書〔古書の呪い〕」
カーター・ディクスン「一角獣殺人事件」
ドロシー・セイヤーズ「ストロング・ポイズン〔毒を食らわば〕」

編集付記

一、本書は、トリックをテーマとした著者の随筆・評論を独自に編集したものです。中公文庫オリジナル。

一、各篇の初出誌は、それぞれの末尾に記しました。編集にあたり、I～IVの収録作は『江戸川乱歩推理文庫』（講談社文庫、一九八七～八九）、『江戸川乱歩コレクション』（河出文庫、一九九四～九五）、『江戸川乱歩全集』（光文社文庫、二〇〇三～〇六）を底本としました。

一、底本中、旧字旧かな遣いのものは新字新かな遣いに改め、明らかな誤植と思われる箇所は訂正しました。本文中の〔　〕は、本文庫編集部による注記です。

一、本文中、今日では不適切と思われる表現も見受けられますが、著者が故人であること、刊行当時の時代背景と作品の文化的価値に鑑みて、そのままとしました。

中公文庫

江《え》戸《ど》川《がわ》乱《らん》歩《ぽ》トリック論集《ろんしゅう》

2024年10月25日　初版発行
2025年 6 月30日　3刷発行

著　者　江《え》戸《ど》川《がわ》乱《らん》歩《ぽ》

発行者　安 部 順 一

発行所　中央公論新社
〒100-8152　東京都千代田区大手町1-7-1
電話　販売 03-5299-1730　編集 03-5299-1890
URL https://www.chuko.co.jp/

DTP　ハンズ・ミケ
印　刷　三晃印刷
製　本　フォーネット社

Published by CHUOKORON-SHINSHA, INC.
Printed in Japan　ISBN978-4-12-207566-5 C1195

中公文庫既刊より

各書目の下段の数字はISBNコードです。978－4－12が省略してあります。

え-24-1
江戸川乱歩座談
江戸川乱歩

森下雨村から花森安治まで、探偵小説の魅力を共に語り尽くす。江戸川乱歩の参加した主要な座談・対談を初集成した文庫オリジナル。〈解説〉小松史生子

207559-7

ホ-3-3
ポー傑作集　江戸川乱歩名義訳
E・A・ポー
渡辺温
渡辺啓助 訳

全集から削除された幻のベストセラー、渡辺兄弟のゴシック風名訳が堂々の復刊。温《おん》について綴った江戸川乱歩と谷崎潤一郎の文章も収載。〈解説〉浜田雄介

206784-4

ち-8-11
開化の殺人　大正文豪ミステリ事始
中央公論新社 編

佐藤、芥川、里見に久米。乱歩が耽読した幻のミステリ特集が、一〇四年の時を超えて甦る！「犯罪と怪奇への情熱」に彩られた全九篇。〈解説〉北村 薫

207191-9

そ-3-14
ビショップ氏殺人事件　曽野綾子ミステリ傑作選
曽野綾子
日下三蔵 編

ミステリ分野でも手腕を発揮した作家・曽野綾子の真価。江戸川乱歩に称賛された表題作をはじめ、サスペンスと心理描写に優れた異色作六篇をセレクトする。

207155-1

お-99-1
小沼丹推理短篇集　古い画《え》の家
小沼 丹

「私小説の名手」が作家活動の初期に書き続けた、スリルとユーモアとペーソス溢れる物語の数々。巻末に全集未収録作品二篇所収。〈解説〉三上 延

207269-5

な-52-5
文豪と東京　明治・大正・昭和の帝都を映す作品集
長山靖生 編

繁栄か退廃か？ 栄達か挫折か？ 漱石、鷗外、鏡花、荷風、芥川、谷崎、乱歩、太宰などが描いた珠玉の作品を通して移り変わる首都の多面的な魅力を俯瞰。

206660-1

す-31-1
幸せな家族　そしてその頃はやった唄
鈴木悦夫

不気味な唄の歌詞とともに、次々と家族が死んでゆく……刊行以来、全国の少年少女に衝撃を与えてきた伝説のジュヴナイル・ミステリ長篇。〈解説〉松井和翠

207418-7